文史通义

中国史学要籍丛刊

〔清〕章学诚 撰

上海古籍出版社

图书在版编目（CIP）数据

文史通义／（清）章学诚撰 . 一上海：上海古籍出
版社，2015.7（2023.6重印）
（中国史学要籍丛刊）
ISBN 978 - 7 - 5325 - 7603 - 6

Ⅰ.①文… Ⅱ.①章… Ⅲ.①文史—研究—中国—清
前期 Ⅳ.①K092.49

中国版本图书馆 CIP 数据核字（2015）第 080904 号

中国史学要籍丛刊
文史通义
［清］章学诚　撰

上海古籍出版社出版发行
（上海市闵行区号景路159弄1–5号A座5F　邮政编码 201101）
（1）网址：www.guji.com.cn
（2）E - mail：guji1@guji.com.cn
（3）易文网网址：www.ewen.co
江阴市机关印刷服务有限公司印刷
开本 890×1240　1/32　印张11　插页 5　字数306,000
2015 年 7 月第 1 版　2023 年 6 月第 3 次印刷
印数：1,601–2,100
ISBN 978 - 7 - 5325 - 7603 - 6
K・2024　定价：42.00 元
如有质量问题,请与承印公司联系

大梁本《文史通义》原序

　　先君子幼资甚鲁，赋禀复孱弱，少从童子塾，日诵百余言，常形亟亟。先大父顾而怜之，从不责以课程。惟性耽坟籍，不甘为章句之学，塾师所授举子业，不甚措意。塾课稍暇，辄取子史等书，日夕披览，孜孜不倦。观书常自具识力，知所去取，意所不惬，辄批抹涂改，疑者随时札记，以俟参考。自游朱竹君先生之门，先生藏书甚富，因得遍览群书，日与名流讨论讲贯，备知学术源流同异，以所闻见证平日之见解，有幼时所见及，至老不可移者。乃知一时创见，或亦有关天授，特少时学力未充，无所取证，不能发挥尽致耳。从此所学益以坚定。著有《文史通义》一书，其中倡言立议，多前人所未发，大抵推原《官礼》，而有得于向、歆父子之传，故于古今学术渊源，辄能条别而得其宗旨。易箦时，以全稿付萧山王毂塍先生，乞为校定，时嘉庆辛酉年也。毂塍先生旋游道山。道光丙戌，长兄杼思，自南中寄出原草并毂塍先生订定目录一卷，查阅所遗尚多，亦有与先人原编篇次互异者，自应更正以复旧观。先录成副本十六册，其中亥豕鲁鱼，别无定本，无从校正。庚寅辛卯，得交洪洞刘子敬、华亭姚春木二先生，将副本乞为覆勘。今勘定《文史通义》内篇五卷，外篇三卷，《校雠通义》三卷，先为付梓。尚有杂篇及《湖北通志》检存稿并文集等若干卷，当俟校定再为续刊。

　　道光壬辰十月，男华绂谨识。

目　录

内篇一

易教上

六经皆史也。古人不著书，古人未尝离事而言理，六经皆先王之政典也。或曰：《诗》、《书》、《礼》、《乐》、《春秋》，则既闻命矣；《易》以道阴阳，愿闻所以为政典而与史同科之义焉。曰：闻诸夫子之言矣："夫《易》开物成务，冒天下之道。""知来藏往，吉凶与民同患。"其道盖包政教典章之所不及矣。象天法地，"是兴神物，以前民用"。其教盖出政教典章之先矣。《周官》太卜掌三易之法，夏曰《连山》，殷曰《归藏》，周曰《周易》，各有其象与数，各殊其变与占，不相袭也。然三易各有所本，《大传》所谓庖羲、神农与黄帝、尧、舜是也。《归藏》本庖羲，《连山》本神农，《周易》本黄帝。由所本而观之，不特三王不相袭，三皇五帝亦不相沿矣。盖圣人首出御世，作新视听，神道设教，以弥纶乎礼乐刑政之所不及者，一本天理之自然；非如后世托之诡异妖祥，谶纬术数，以愚天下也。

夫子曰："我观夏道，杞不足征，吾得夏时焉；我观殷道，宋不足征，吾得坤乾焉。"夫夏时，夏正书也；坤乾，《易》类也。夫子憾夏商之文献无所征矣，而坤乾乃与夏正之书同为观于夏、商之所得，则其所以厚民生与利民用者，盖与治宪明时同为一代之法宪,而非圣人一己之心思,离事物而特著一书,以谓明道也。夫悬象设教与治宪授时,天道也;《礼》、《乐》、《诗》、《书》与刑政、教令,人事也。天与人参,王者治世之大权也。韩宣子之聘鲁也,观书于太史氏,得见《易象》、《春秋》,以为周礼在鲁。夫《春秋》乃周公之旧典,谓周礼之在鲁可也。《易象》亦称周礼,其为政教典章,切于民用而非一己空言,自垂昭代而非相沿旧制,则又明矣。夫子曰:"《易》之兴也,其于中古乎!作《易》者其有忧患乎!"顾氏炎武尝谓《连山》、《归藏》,不名为"易",太卜所谓"三易",因《周易》而牵连得名。今观八卦起于伏羲,《连山》作于夏后,而夫子乃谓《易》兴于中古,作《易》之人独指文王,则《连山》、《归藏》不名为"易",又其征矣。或曰:文王拘幽,未尝得位行道,岂得谓之作《易》以垂政典欤?曰:八卦为三易所同,文王自就八卦而系之辞。商道之衰,文王与民同其忧患,故反覆于处忧患之道而要于无咎,非创制也。周武既定天下,遂名《周易》而立一代之典教,非文王初意所计及也。夫子生不得位,不能创制立法以前民用,因见《周易》之于道法,美善无可复加,惧其久而失传,故作《彖》、《象》、《文言》诸传以申其义蕴,所谓述而不作,非力有所不能,理势固有所不可也。

后儒拟《易》,则亦妄而不思之甚矣。彼其所谓理与数者,有以出《周易》之外邪?无以出之,而惟变其象数法式,以示与古不相袭焉,此王者宰制天下,作新耳目,殆如汉制所谓色黄数五,事与改正朔而易服色者为一例也。扬雄不知而作，则以九九八十一者变其八八六十四矣。后代大儒，多称许之，则以其数通于治历，而蓍揲合其吉凶也。夫数乃古今所共，凡明于历学者皆可推寻，岂必《太玄》而始合哉！蓍揲合其吉凶，则又阴阳自然之至理，诚之所至，探筹钻瓦，皆可以知吉凶，何必支离其文，艰深其字，然后可以知吉凶乎！《元包》妄托《归藏》，不足言也。司马《潜虚》又以五五更其九九，不免贤者之多事矣。故六经不可拟也，先儒所论，仅谓畏先圣而当知严惮耳；此指扬氏《法言》、王氏《中说》，诚为中其弊矣。若夫六经，皆先王得位行道，经纬世宙之迹，而非托于空言，故以夫子之圣，犹且述而不作。如其不知妄作，不特有拟圣之嫌，抑且蹈于僭窃王章之罪也，可不慎欤！

易教中

孔仲达曰："夫《易》者，变化之总名，改换之殊称。"先儒之释《易》义，未有明通若孔氏者也。得其说而进推之，《易》为王者改制之巨典，事与治历明时相表里，其义昭然若揭矣。许叔重释"易"文曰："蜥易，守宫；象形。秘书说：'日月为易，象阴阳也。'"《周官》太卜，掌三易之法。郑氏注："易者揲蓍变易之数可占者也。"朱子以谓"易"有交易变易之义。是皆因文生解，各就一端而言，非当日所以命《易》之旨也。三易之名，虽始于《周官》，而《连山》、《归藏》可并名《易》；《易》不可附《连山》、《归藏》而称为三连、三归者，诚以《易》之为义，实该羲、农以来不相沿袭之法数也。易之初见于文字,则《帝典》之"平在朔易"也。孔《传》谓"岁改易,而周人即取以名揲卦之书",则王者改制更新之大义,显而可知矣。《大传》曰:"生生之谓易。"韩康伯谓"阴阳转易以成化生",此即朱子交易变易之义所由出也。三易之文虽不传,今观《周官》太卜有其法,左氏记占有其辞,则《连山》、《归藏》皆有交易变易之义,是羲、农以来,《易》之名虽未立,而《易》之意已行乎其中矣。上古淳质,文字无多,固有具其实而未著其名者。后人因以定其名,则彻前后而皆以是为主义焉,一若其名之向著者,此亦其一端也。

钦明之为敬也,允塞之为诚也,历象之为历也,_{历象之历,作推步解,非历书之名。}皆先具其实而后著之名也。《易·革·象》曰:"泽中有火,君子以治历明时。"其《彖》曰:"天地革而四时成,汤、武革命,顺乎天而应乎人。"历自黄帝以来,代为更变,而夫子乃为取象于泽火,且以天地改时,汤、武革命为《革》之卦义,则《易》之随时废兴,道岂有异乎!《易》始羲、农而备于成周;历始黄帝而递变于后世,上古详天道而中古以下详人事之大端也。然卦气之说,虽创于汉儒,而卦序卦位,则已具函其终始。则疑大挠未造甲子以前,羲、农即以卦画为历象,所谓天人合于一也。《大传》曰:"古者庖羲氏之王天下也,仰则观象于天,俯则观法于地,观鸟兽之文与地之宜,近取诸身,远取诸物,于是始作八卦,以通神明之德,以类万物之情。"此黄帝未作干支之前所创造也。观于羲和分命,则象法文宜,其道无所不备,皆用以为授人时也。是知上古圣人,开天创制,立法以治天下,作《易》之与造历,同出一源,未可强分孰先孰后。故《易》曰:"开物成务,冒天下之道。"《书》曰:"平秩敬授,作讹成易。"皆一理也。夫子曰:"加我数年,五十以学《易》,可以无大过矣。"又曰:"吾学周礼,今用之,吾从周。"学《易》者,所以学周礼也。韩宣子见《易·象》、《春秋》,以为周礼在鲁。夫子学《易》而志《春秋》,所谓学周礼也。

夫子语颜渊曰:"行夏之时,乘殷之辂,服周之冕,乐则《韶》舞。"是斟酌百王,损益四代,为万世之圭臬也。历象递变,而夫子独取于夏时;筮占不同,而夫子独取于《周易》;此三代以后,至今循行而不废者也。然三代以后,历显而《易》微,历存于官守而《易》流于师传,故儒者敢于拟《易》而不敢造历也。历之薄蚀盈亏,有象可验,而《易》之吉凶悔吝,无迹可拘,是以历官不能穿凿于私智,而《易》师各自为说,不胜纷纷也。故学《易》者,不可以不知天。观此益知《太玄》、《元包》、《潜虚》之属,乃是万无可作之理,其故总缘不知为王制也。

易教下

《易》之象也,《诗》之兴也,变化而不可方物矣;《礼》之官也,《春秋》之例也,谨严而不可假藉矣。夫子曰:"天下同归而殊途,一致而百虑。"君子之于六艺,一以贯之斯可矣。物相杂而为之文,事得比而有其类。知事物名义之杂出而比处也。非文不足以达之,非类不足以通之。六艺之文,可以一言尽也。夫象歟,兴歟,例歟,官歟,风马牛之不相及也,其辞可谓文矣,其理则不过曰通于类也。故学者之要,贵乎知类。

象之所包广矣,非徒《易》而已,六艺莫不兼之,盖道体之将形而未显者也。雎鸠之于好逑,樛木之于贞淑,甚而熊蛇之于男女,象之通于《诗》也。五行之征五事,箕毕之验雨风,甚而傅岩之入梦赉,象之通于《书》也。古官之纪云鸟,《周官》之法天地四时,以至龙翟章衣,熊虎志射,象之通于《礼》也。歌协阴阳,舞分文武,以至磬念封疆,鼓思将帅,象之通于《乐》也。笔削不废灾异,《左氏》遂广妖祥,象之通于《春秋》也。《易》与天地准,故能弥纶天地之道,万事万物,当其自静而动,形迹未彰而象见矣。故道不可见,人求道而恍若有见者,皆其象也。

有天地自然之象,有人心营构之象。天地自然之象,《说卦》为天为圜诸条,约略足以尽之;人心营构之象,《睽》车之载鬼,翰音之登天,意之所至,无不可也。然而心虚用灵,人累于天地之间,不能不受阴阳之消息。心之营构,则情之变易为之也。情之变易,感于人世之接构而乘于阴阳倚伏为之也。是则人心营构之象,亦出天地自然之象也。

《易》象虽包六艺,与《诗》之比兴,尤为表里。夫《诗》之流别,盛于战国人文,所谓长于讽喻,不学《诗》则无以言也。详《诗教》篇。然战国之文,深于比兴,即其深于取象者也。《庄》、《列》之寓言也,则触、蛮可以立国,蕉、鹿可以听讼;《离骚》之抒愤也,则帝阙可上九天,鬼情可察九地。他若纵横驰说之士,飞箝捭阖之流,徙蛇引虎之营谋,桃梗土偶之问答,愈出愈奇,不可思议。然而指迷从道,固有其功,饰奸售欺,亦受其毒。故人心营构之象,有吉有凶,宜察天地自然之象而衷之以理，此《易》教之所以范天下也。

诸子百家，不衷大道，其所以持之有故而言之成理者，则以本原所出，皆不外于《周官》之典守。其支离而不合道者，师失官守，末流之学，各以私意恣其说尔，非于先王之道全无所得，而自树一家之学也。至于佛氏之学，来自西域，毋论彼非世官典守之遗，且亦生于中国，言语不通，没于中国，文字未达也。然其所言与其文字，持之有故而言之成理者，殆较诸子百家为尤盛。反覆审之，而知其本原出于《易》教也。盖其所谓心性理道，名目有殊，推其义指，初不异于圣人之言；其异于圣人者，惟舍事物而别见有所谓道尔。至于丈六金身，庄严色相，以至天堂清明，地狱阴惨，天女散花，夜叉披发，种种诡幻，非人所见，儒者斥之为妄。不知彼以象教，不啻《易》之龙血玄黄，张弧载鬼。是以阎摩变相，皆即人心营构之象而言，非彼造作诳诬以惑世也。至于末流失传，凿而实之，夫妇之愚，偶见形于形凭于声者而附会出之，遂谓光天之下，别有境焉。儒者又不察其本末，攘臂以争，愤若不共戴天，而不知非其实也。令彼所学，与夫文字所指拟，但切入于人伦之所日用，即圣人之道也。以象为教，非无本也。

《易》象通于《诗》之比兴，《易》辞通于《春秋》之例。严天泽之分，则二多誉，四多惧焉。谨治乱之际，则阳君子，阴小人也。杜微渐之端，《姤》一阴而已惕女壮，《临》二阳而即虑八月焉。慎名器之假，五戒阴柔，三多危惕焉；至于四德尊元而无异称，亨有小亨，利贞有小利贞，贞有贞吉贞凶，吉有元吉,悔有悔亡,咎有无咎,一字出入,谨严甚于《春秋》。盖圣人于天人之际,以谓甚可畏也。《易》以天道而切人事,《春秋》以人事而协天道,其义例之见于文辞,圣人有戒心焉。

书教上

《周官》外史,掌三皇五帝之书,今存虞、夏、商、周之策而已,五帝仅有二,而三皇无闻焉。左氏所谓《三坟》、《五典》,今不可知,未知即是其书否也。以三王之誓、诰、贡、范诸篇,推测三皇诸帝之义例,则上古简质,结绳未远,文字肇兴,书取足以达微隐,通形名而已矣。因事命篇,本无成法,不得如后史之方圆求备,拘于一定之名义者也。夫子叙而述之,取其疏通知远,足以垂教矣。世儒不达,以谓史家之初祖实在《尚书》,因取后代一成之史法纷纷拟《书》者,皆妄也。

三代以上之为史,与三代以下之为史,其同异之故可知也。三代以上,记注有成法而撰述无定名;三代以下,撰述有定名而记注无成法。夫记注无成法,则取材也难,撰述有定名,则成书也易。成书易,则文胜质矣;取材难,则伪乱真矣。伪乱真而文胜质,史学不亡而亡矣。良史之才,间世一出,补偏救弊,愈且不支,非后人学识不如前人,《周官》之法亡而《尚书》之教绝,其势不得不然也。

《周官》三百六十,具天下之纤析矣。然法具于官而官守其书,观于六卿联事之义,而知古人之于典籍,不惮繁复周悉，以为记注之备也。即如六典之文，繁委如是，太宰掌之，小宰副之，司会、司书、太史又为各掌其贰，则六典之文，盖五倍其副贰，而存之于掌故焉。其他篇籍，亦当称是。是则一官失其守，一典出于水火之不虞，他司皆得藉征于副策，斯非记注之成法详于后世歟！汉至元成之间，典籍可谓备矣。然刘氏《七略》，虽溯六典之流别，亦已不能具其官。而律令藏于法曹，章程存于故府，朝仪守于太常者，不闻石渠、天禄别储副贰，以备校司之讨论，可谓无成法矣。汉治最为近古，而荒略如此，又何怪乎后世之文章典故。杂乱而无序也哉！孟子曰："王者之迹息而《诗》亡，《诗》亡然后《春秋》作。"盖言王化之不行也，推原《春秋》之用也。不知《周官》之法废而《书》亡，《书》亡而后《春秋》作，则言王章之不立也，可识《春秋》之体也。何谓《周官》之法废而《书》亡哉？盖官礼制密而后记注有成法，记注有成法而后撰述可以无定名。以谓纤悉委备，有司具有成书，而吾特举其重且大者笔而著之，以示帝王经世之大略。而典、谟、训、诰、贡、范、官、刑之属，详略去取，惟意所命，不必著为一定之例焉。斯《尚书》之所以经世也。至官礼废而记注不足备其全，《春秋》比事以属辞，而左氏不能不取百司之掌故与夫百国之宝书，以备其事之始末，其势有然也。马、班以下，演左氏而益畅其支焉，所谓记注无成法而撰述不能不有定名也。故曰：王者迹息而《诗》亡，见《春秋》之用；《周官》法废而《书》亡，见《春秋》之体也。

《记》曰："左史记言，右史记动。"其职不见于《周官》，其书不传于后世,殆礼家之衍文欤?后儒不察,而以《尚书》分属记言,《春秋》分属记事,则失之甚也。夫《春秋》不能舍传而空存其事目,则左氏所记之言,不啻千万矣。《尚书》典、谟之篇,记事而言亦具焉;训、诰之篇,记言而事亦见焉。古人事见于言,言以为事,未尝分事言为二物也。刘知幾以二典、贡、范诸篇之错出,转讥《尚书》义例之不纯,毋乃因后世之空言而疑古人之实事乎!《记》曰:"疏通知远,《书》教也。"岂曰记言之谓哉!

六艺并立,《乐》亡而入于《诗》、《礼》,《书》亡而入于《春秋》,皆天时人事,不知其然而然也。《春秋》之事则齐桓、晋文,而宰孔之命齐侯,王子虎之命晋侯,皆训、诰之文也;而左氏附传以翼经,夫子不与《文侯之命》同著于编,则《书》入《春秋》之明证也。马迁绍法《春秋》,而删润典、谟以入纪传;班固承迁有作,而《禹贡》取冠《地理》,《洪范》特志《五行》,而《书》与《春秋》不得不合为一矣。后儒不察,又谓纪传法《尚书》而编年法《春秋》,是与左言右事之强分流别,又何以异哉!

书教中

《书》无定体,故易失其传;亦惟《书》无定体,故托之者众。周末文胜,官礼失其职守,而百家之学,多争托于三皇五帝之书矣。艺植托于神农,兵法医经托于黄帝,好事之徒,传为《三坟》之逸书而《五典》之别传矣。不知书固出于依托,旨亦不尽无所师承。官礼政举而人存,世氏师传之掌故耳。惟"三"、"五"之留遗，多存于《周官》之职守，则外史所掌之书，必其籍之别具，亦如六典各存其副之制也。左氏之所谓"三坟"、"五典"，或其概而名之，或又别为一说，未可知也；必欲确指如何为三皇之坟，如何为五帝之典，则凿矣。《逸周书》七十一篇，多《官礼》之别记与《春秋》之外篇，殆治《尚书》者杂取以备经书之旁证耳。刘、班以谓孔子所论百篇之余，则似逸篇初与典、谟、训、诰同为一书，而孔子为之删彼存此耳。毋论其书文气不类，醇驳互见，即如《职方》、《时训》诸解，明用经记之文；《太子晋解》，明取春秋时事，其为外篇别记，不待繁言而决矣。而其中实有典言宝训，识为先王誓、诰之遗者，亦未必非百篇之逸旨，而不可遽为删略之余也。夫子曰："信而好古。"先王典、诰，衰周犹有存者，而夫子删之，岂得为好古哉！惟《书》无定体，故《春秋》、官礼之别记外篇，皆得从而附合之，亦可明《书》教之流别矣。

　　《书》无定体，故附之者杂。后人妄拟《书》以定体，故守之也拘。古人无空言，安有记言之专书哉？汉儒误信《玉藻》记文，而以《尚书》为记言之专书焉。于是后人削趾以适屦，转取事文之合者，削其事而辑录其文，以为《尚书》之续焉，若孔氏《汉魏尚书》、王氏《续书》之类，皆是也。无其实而但貌古人之形似，譬如画饼饵之不可以充饥，况《尚书》本不止于记言，则孔衍、王通之所拟，并古人之形似而不得矣。刘知幾尝患史策记事之中，忽间长篇文笔，欲取君上诏诰，臣工奏章，别为一类，编次纪传史中，略如书志之各为篇目，是刘亦知《尚书》折而入《春秋》矣。然事言必分为二，则有

11

事言相贯、质与文宣之际，如别自为篇，则不便省览；如仍然合载，则为例不纯。是以刘氏虽有是说，后人讫莫之行也。至如论事章疏，本同口奏，辨难书牍，不异面论，次于纪传之中，事言无所分析，后史恪遵成法可也。乃若扬、马之辞赋，原非政言；严、徐之上书，亦同献颂；邹阳、枚乘之纵横，杜钦、谷永之附会，本无关于典要；马、班取表国华，削之则文采灭如，存之则纪传猥滥，斯亦无怪刘君之欲议更张也。

杜氏《通典》，为卷二百，而《礼典》乃八门之一，已占百卷。盖其书本官礼之遗，宜其于礼事加详也。然叙典章制度，不异诸史之文，而礼文疑似，或事变参差，博士经生，折中详议，或取裁而径行，或中格而未用，入于正文，则繁复难胜，削而去之，则事理未备；杜氏并为采辑其文，附著礼门之后，凡二十余卷，可谓穷天地之际而通古今之变者矣。史迁之书，盖于《秦纪》之后，存录秦史原文，惜其义例未广，后人亦不复踵行。斯并记言记事之穷，别有变通之法，后之君子，所宜参取者也。

滥觞流为江河，事始简而终巨也。东京以还，文胜篇富，史臣不能概见于纪传，则汇次为文苑之篇。文人行业无多，但著官阶贯系，略如《文选》人名之注，试榜履历之书，本为丽藻篇名，转觉风华消索，则知一代文章之盛，史文不可得而尽也。萧统《文选》以还，为之者众。今之尤表表者，姚氏之《唐文粹》，吕氏之《宋文鉴》，苏氏之《元文类》，并欲包括全代，与史相辅，此则转有似乎言事分书，其实诸选乃是春华，正史其秋实尔。史与《文选》，各有言与事，故仅可分华与实，不可分言与事。

四部既分，集林大畅。文人当诰，则内制外制之集自为编矣。宰相论思，言官白简，卿曹各言职事，阃外料敌善谋，陆贽奏议之篇，苏轼进呈之策，又各著于集矣。萃合则有名臣经济，策府议林，连编累牍，可胜数乎！大抵前人著录，不外别集总集二条，盖以一人文字观也。其实应隶史部，追源当系《尚书》。但训、诰乃《尚书》之一端，不得如汉人之直以记言之史目《尚书》耳。名臣章奏，隶于《尚书》，以拟训、诰，人所易知。撰辑章奏之人，宜知训、诰之记言，必叙其事以备所言之本末，故《尚书》无一空言，有言必措诸事也。后之辑章奏者，但取议论晓畅，情辞慨切，以为章奏之佳也，不备其事之始末，虽有佳章，将何所用！文人尚华之习见，不可语于经史也。班氏董、贾二传，则以《春秋》之学为《尚书》也。即《尚书》折入《春秋》之证也。其叙贾、董生平行事，无意求详，前后寂寥数言，不过为政事诸疏、天人三策备始末尔。贾、董未必无事可叙，班氏重在疏策，不妨略去一切，但录其言，前后略缀数语，备本末耳；不似后人作传，必尽生平，斤斤求备。噫！观史裁者必知此意，而始可与言《尚书》、《春秋》之学各有其至当，不似后世类钞征事，但知方圆求备而已也。

书教下

《易》曰："筮之德圆而神，卦之德方以智。"间尝窃取其义以概古今之载籍，撰述欲其圆而神，记注欲其方以智也。夫智以藏往，神以知来，记注欲往事之不忘，撰述欲来者之兴起，故记注藏往似智，而撰述知来拟神也。藏往欲其赅备无遗,故体有一定而其德为方;知来欲其决择去取,故例不拘常而其德为圆。《周官》三百六十,天人官曲之故,可谓无不备矣。然诸史皆掌记注,而未尝有撰述之官,<small>祝史命告未尝非撰述,然无撰史之人,如《尚书》誓、诰自出史职,至于帝典诸篇,并无应撰之官。</small>则传世行远之业,不可拘于职司,必待其人而后行,非圣哲神明,深知二帝三王精微之极致,不足以与此。此《尚书》之所以无定法也。

《尚书》、《春秋》,皆圣人之典也。《尚书》无定法而《春秋》有成例,故《书》之支裔折入《春秋》,而《书》无嗣音。有成例者易循,而无定法者难继,此人之所知也。然圆神方智,自有载籍以还,二者不偏废也,不能究六艺之深耳,未有不得其遗意者也。史氏继《春秋》而有作,莫如马、班,马则近于圆而神,班则近于方以智也。

《尚书》一变而为左氏之《春秋》,《尚书》无成法而左氏有定例,以纬经也;左氏一变而为史迁之纪传,左氏依年月,而迁书分类例,以搜逸也;迁书一变而为班氏之断代,迁书通变化,而班氏守绳墨,以示包括也。就形貌而言,迁书远异左氏,而班史近同迁书,盖左氏体直,自为编年之祖,而马、班曲备,皆为纪传之祖也。推精微而言,则迁书之去左氏也近,而班史之去迁书也远。盖迁书体圆用神,多得《尚书》之遗,班氏体方用智,多得官礼之意也。

迁书纪、表、书、传,本左氏而略示区分,不甚拘拘于题目也。《伯夷列传》,乃七十篇之序例,非专为伯夷传也;《屈贾列传》,所以恶绛、灌之谗,其叙屈之文,非为屈氏表忠,乃吊贾之赋也。《仓公》录其医案,《货殖》兼书物产,《龟策》但言卜筮,亦有因事命篇之意,初不沾沾为一人具始末也。《张耳陈余》,因此可以见彼耳。《孟子荀卿》,总括游士著书耳。名姓标题,往往不拘义例,仅取名篇,譬如《关雎》、《鹿鸣》,所指乃在嘉宾淑女。而或且讥其位置不伦,如孟子与三邹子。或又摘其重复失检,如子贡已在《弟子传》,又见于《货殖》。不知古人著书之旨,而转以后世拘守之成法,反訾古人之变通,亦知迁书体圆而用神,犹有《尚书》之遗者乎!

迁《史》不可为定法,固《书》因迁之体而为一成之义例,遂为后世不祧之宗焉。三代以下,史才不世出,而谨守绳墨,待其人而后行,势之不得不然也。然而固《书》本撰述而非记注,则于近方近智之中,仍有圆且神者以为之裁制,是以能成家而可以传世行远也。后史失班史之意,而以纪表志传,同于科举之程式,官府之簿书,则于记注撰述两无所似,而古人著书之宗旨不可复言矣。史不成家而事文皆晦,而犹拘守成法,以谓其书固祖马而宗班也,而史学之失传也久矣!

历法久则必差,推步后而愈密,前人所以论司天也;而史学亦复类此。《尚书》变而为《春秋》,则因事命篇,不为常例者,得从比事属辞为稍密矣。《左》、《国》变而为纪传,则年经事纬不能旁通者,得从类别区分为益密矣。纪传行之千有余年,学者相承,殆如夏葛冬裘,渴饮饥食,无更易矣。然无别识心裁,可以传世行远之具,而斤斤如守科举之程式,不敢稍变;如治胥吏之簿书,繁不可删。以云方智,则冗复疏舛,难为典据;以云圆神,则芜滥浩瀚,不可诵识,盖族史但知求全于纪表志传之成规,而书为体例所拘;但欲方圆求备,不知纪传原本《春秋》,《春秋》原合《尚书》之初意也。《易》曰:"穷则变,变则通,通则久。"纪传实为三代以后之良法,而演习既久,先王之大经大法,转为末世拘守之纪传所蒙,曷可不思所以变通之道欤!

左氏编年,不能曲分类例。《史》、《汉》纪表传志,所以济类例之穷也。族史转为类例所拘,以致书繁而事晦;亦犹训诂注疏所以释经,俗师反溺训诂注疏而晦经旨也。夫经为解晦,当求无解之初;史为例拘,当求无例之始。例自《春秋》左氏始也,盍求《尚书》未入《春秋》之初意欤!

神奇化臭腐,臭腐复化为神奇,解《庄》书者,以谓天地自有变化,人则从而奇腐云耳。事屡变而复初,文饰穷而反质,天下自然之理也。《尚书》圆而神,其于史也,可谓天之至矣。非其人不行,故折入左氏,而又合流于马、班。盖自刘知幾以还,莫不以谓《书》教中绝,史官不得衍其绪矣。又自隋《经籍志》著录,以纪传为正史,编年为古史,历代依之,遂分正附,莫不甲纪传而乙编年。则马、班之史,以支子而嗣《春秋》,荀悦、袁宏,且以左氏大宗而降为旁庶矣。司马《通鉴》,病纪传之分而合之以编年;袁枢《纪事本末》,又病《通鉴》之合而分之以事类。按本末之为体也,因事命篇,不为常格,非深知古今大体,天下经纶,不能网罗隐括,无遗无滥。文省于纪传,事豁于编年,决断去取,体圆用神,斯真《尚书》之遗也。在袁氏初无其意,且其学亦未足与此,书亦不尽合于所称,故历代著录诸家,次其书于杂史,自属纂录之家便观览耳。但即其成法，沉思冥索，加以神明变化，则古史之原，隐然可见。书有作者甚浅而观者甚深，此类是也。故曰，神奇化臭腐而臭腐复化为神奇，本一理耳。

夫史为记事之书，事万变而不齐，史文屈曲而适如其事，则必因事命篇，不为常例所拘，而后能起讫自如，无一言之或遗而或溢也。此《尚书》之所以神明变化，不可方物。降而左氏之传，已不免于以文徇例，理势不得不然也。以上古神圣之制作，而责于晚近之史官，岂不悬绝欤！不知经不可学而能，意固可师而仿也。且《尚书》固有不可尽学者也。即《纪事本末》，不过纂录小书，亦不尽取以为史法，而特以义有所近，不得以辞害意也。斟酌古今之史，而定文质之中，则师《尚书》之意，而以迁史义例通左氏之裁制焉，所以救纪传之极弊，非好为更张也。

纪传虽创于史迁，然亦有所受也。观于《太古年纪》、夏殷《春秋》、《竹书纪年》，则本纪编年之例，自文字以来即有之矣。《尚书》为史文之别具，如用左氏之例而合于编年，即传也。以《尚书》之义为《春秋》之传，则左氏不致以文徇例，而浮文之刊落者多矣。以《尚书》之义，为迁史之传，则八书、三十世家不必分类，皆可仿左氏而统名曰传。或考典章制作，或叙人事终始，或究一人之行，即列传本体。或合同类之事，或录一时之言，训诰之类。或著一代之文，因事命篇，以纬本纪。则较之左氏翼经，可无局于年月后先之累，较之迁史之分列，可无歧出互见之烦。文省而事益加明，例简而义益加精，岂非文质之适宜，古今之中道欤！至于人名事类，合于本末之中,难于稽检,则别编为表以经纬之;天象、地形、舆服、仪器,非可本末该之,且亦难以文字著者,别绘为图以表明之。盖通《尚书》、《春秋》之本原,而拯马《史》、班《书》之流弊,其道莫过于此。至于创立新裁,疏别条目,较古今之述作,定一书之规模,别具《圆通》之篇,此不具言。

邵氏晋涵云:"纪传史裁,参仿袁枢,是貌同心异;以之上接《尚书》家言,是貌异心同。是篇所推,于六艺为支子,于史学为大宗,于前史为中流砥柱,于后学为蚕丛开山。"

诗教上

周衰文弊,六艺道息,而诸子争鸣。盖至战国而文章之变尽,至战国而著述之事专,至战国而后世之文体备,故论文于战国,而升降盛衰之故可知也。战国之文,奇邪错出而裂于道,人知之;其源皆出于六艺,人不知也。后世之文,其体皆备于战国,人不知;其源多出于《诗》教,人愈不知也。知文体备于战国,而始可与论后世之文;知诸家本于六艺,而后可与论战国之文;知战国多出于《诗》教,而后可与论六艺之文。可与论六艺之文,而后可与离文而见道;可与离文而见道,而后可与奉道而折诸家之文也。

战国之文,其源皆出于六艺,何谓也?曰:道体无所不该,六艺足以尽之。诸子之为书,其持之有故而言之成理者,必有得于道体之一端,而后乃能恣肆其说,以成一家之言也。所谓一端者,无非六艺之所该,故推之而皆得其所本,非谓诸子果能服六艺之教而出辞必衷于是也。老子说本阴阳，庄、列寓言假象，《易》教也；邹衍侈言天地，关尹推衍五行，《书》教也；管、商法制，义存政典，《礼》教也；申、韩刑名，旨归赏罚，《春秋》教也；其他杨、墨、尹文之言，苏、张、孙、吴之术，辨其源委，挹其旨趣，九流之所分部，《七录》之所叙论，皆于物曲人官得其一致，而不自知为六典之遗也。战国之文既源于六艺，又谓多出于《诗》教，何谓也？曰：战国者，纵横之世也。纵横之学，本于古者行人之官。观春秋之辞命，列国大夫聘问诸侯，出使专对，盖欲文其言以达旨而已。至战国而抵掌揣摩，腾说以取富贵，其辞敷张而扬厉，变其本而加恢奇焉，不可谓非行人辞命之极也。孔子曰："诵《诗》三百，授之以政，不达；使于四方，不能专对，虽多奚为！"是则比兴之旨，讽谕之义，固行人之所肆也。纵横者流，推而衍之，是以能委折而入情，微婉而善讽也。九流之学，承官曲于六典，虽或原于《书》、《易》、《春秋》，其质多本于《礼》教，为其体之有所该也。及其出而用世，必兼纵横，所以文其质也。古之文质合于一，至战国而各具之质，当其用也，必兼纵横之辞以文之，周衰文弊之效也。故曰，战国者，纵横之世也。

后世之文，其体皆备于战国，何谓也？曰：子史衰而文集之体盛，著作衰而辞章之学兴。文集者，辞章不专家，而萃聚文墨以为蛇龙之菹也。详见《文集》篇。后贤承而不废者，江河导而其势不容复遏也。经学不专家，而文集有经义；史学不专家，而文集有传记；立言不专家，即诸子书也。而文集有论辨；后世之文集，舍经义与传记论辨之三体，其余莫非辞章之属也。而辞章实备于战国,承其流而代变其体制焉。学者不知,而溯挚虞所哀之《流别》,挚虞有《文章流别集》。甚且以萧梁《文选》举为辞章之祖也,其亦不知古今流别之义矣。今即《文选》诸体,以征战国之赅备:挚虞《流别》,孔逭《文苑》,今俱不传,故据《文选》。京、都诸赋,苏、张纵横六国,侈陈形势之遗也;《上林》、《羽猎》,安陵之从田,龙阳之同钓也;《客难》、《解嘲》,屈原之《渔父》、《卜居》,庄周之惠施问难也;韩非《储说》,比事征偶,《连珠》之所肇也,前人已有言及之者。而或以为始于傅毅之徒,傅玄之言。非其质矣。孟子问齐王之大欲,历举轻暖肥甘,声音采色,《七林》之所启也,而或以为创之枚乘,忘其祖矣。邹阳辨谤于梁王,江淹陈辞于建平,苏秦之自解忠信而获罪也。《过秦》、《王命》、《六代》、《辨亡》诸论,抑扬往复,诗人讽谕之旨,孟、荀所以称述先王儆时君也。屈原上称帝喾,中述汤、武,下道齐桓,亦是。淮南宾客,梁苑辞人,原、尝、申、陵之盛举也。东方、司马侍从于西京,徐、陈、应、刘征逐于邺下,谈天雕龙之奇观也。遇有升沉,时有得失,畸才汇于末世,利禄萃其性灵,廊庙山林,江湖魏阙,旷世而相感,不知悲喜之何从,文人情深于《诗》、《骚》,古今一也。

　　至战国而文章之变尽,至战国而后世之文体备,其言信而有征矣。至战国而著述之事专,何谓也?曰:古未尝有著述之事也。官师守其典章,史臣录其职载,文字之道,百官以之治而万民以之察,而其用已备矣。是故圣王书同文以平天下,未有不用之于政教典章,而以文字为一人之著述者也。道不行而师儒立其教,我夫子之所以功贤尧、舜也。然而"予欲无言","无行不与",六艺存周公之旧典,夫子未尝著述也。《论语》记夫子之微言,而曾子、子思俱有述作以垂训,至孟子而其文然后闳肆焉,著述至战国而始专之明验也。《论语》记曾子之没,吴起尝师曾子,则曾子没于战国初年,而《论语》成于战国之时明矣。春秋之时,管子尝有书矣。《鬻子》、《晏子》,后人所托。然载一时之典章政教,则犹周公之有官礼也。记管子之言行,则习管氏法者所缀辑,而非管仲所著述也。或谓管仲之书不当称桓公之谥,阎氏若璩又谓后人所加,非管子之本文,皆不知古人并无私自著书之事,皆是后人缀辑,详《诸子》篇。兵家之有《太公阴符》,医家之有《黄帝素问》,农家之《神农》、《野老》,先儒以为后人伪撰而依托乎古人,其言似是,而推究其旨,则亦有所未尽也。盖末数小技,造端皆始于圣人,苟无微言要旨之授受,则不能以利用千古也。

三代盛时,各守人官物曲之世氏,是以相传以口耳,而孔、孟以前,未尝得见其书也。至战国而官守师传之道废,通其学者述旧闻而著于竹帛焉。中或不能无得失,要其所自,不容遽昧也。以战国之人而述黄、农之说,是以先儒辨之文辞而断其伪托也;不知古初无著述,而战国始以竹帛代口耳,外史掌三皇五帝之书及四方之志,与孔子所述六艺旧典,皆非著述一类,其说已见于前。实非有所伪托也。然则著述始专于战国,盖亦出于势之不得不然矣。著述不能不衍为文辞,而文辞不能不生其好尚。后人无前人之不得已,而惟以好尚逐于文辞焉,然犹自命为著述,是以战国为文章之盛,而衰端亦已兆于战国也。

诗教下

或曰：若是乎，三代以后，六艺惟《诗》教为至广也。敢问文章之用莫盛于《诗》乎？曰：岂特三代以后为然哉！三代以前，《诗》教未尝不广也。夫子曰："不学《诗》，无以言。"古无私门之著述，未尝无达衷之言语也，惟托于声音而不著于文字，故秦人禁《诗》、《书》，《书》阙有间，而《诗》篇无有散失也。后世竹帛之功胜于口耳，而古人声音之传胜于文字，则古今时异而理势亦殊也。自古圣王以礼乐治天下，三代文质出于一也。世之盛也，典章存于官守，礼之质也；情志和于声诗，乐之文也。迨其衰也，典章散而诸子以术鸣，故专门治术，皆为官礼之变也，情志荡而处士以横议，故百家驰说，皆为声诗之变也。名法兵农阴阳之类，主实用者谓之专门治术，其初各有职掌，故归于官而为礼之变也；谈天雕龙坚白异同之类，主虚理者谓之百家驰说，其言不过达其情志，故归于诗而为乐之变也。战国之文章，先王礼乐之变也。六艺为官礼之遗。然而独谓《诗》教广于战国者，专门之业少而纵横腾说之言多，后世专门子术之书绝伪体子书不足言也。而文集繁，虽有醇驳高下之不同，其究不过自抒其情志。故曰，后世之文体皆备于战国，而《诗》教于斯可谓极广也。学者诚能博览后世之文集，而想见先王礼乐之初焉，庶几有立而能言，学问有主即是立，不尽如朱子所云肌肤筋骸之束而已也。可以与闻学《诗》学《礼》之训矣。学者惟拘声韵之为诗，而不知言情达志，敷陈讽谕，抑扬涵泳之文，皆本于《诗》教。是以后世文集繁，而纷纭承用之文，相与沿其体而莫由知其统要也。至于声韵之文，古人不尽通于《诗》，而后世承用诗赋之属，亦不尽出六义之教也，其故亦备于战国。

是故明于战国升降之体势，而后礼乐之分可以明，六艺之教可以别，《七略》九流诸子百家之言可以导源而浚流，两汉、六朝、唐、宋、元、明之文可以畦分而塍别，官曲术业、声诗辞说、口耳竹帛之迁变，可坐而定矣。

演畴皇极，训、诰之韵者也，所以便讽诵，志不忘也；六象赞言，爻系之韵者也，所以通卜筮，阐幽玄也。六艺非可皆通于《诗》也，而韵言不废，则谐音协律不得专为《诗》教也。传记如《左》、《国》，著说如《老》、《庄》，文逐声而遂谐，语应节而遽协，岂必合《诗》教之比兴哉！焦贡之《易林》，史游之《急就》，经部韵言之不涉于《诗》也；《黄庭经》之七言，《参同契》之断字，子术韵言之不涉于《诗》也。后世杂艺百家，诵拾名数，率用五言七字，演为歌诀，咸以取便记诵，皆无当于诗人之义也。而文指存乎咏叹，取义近于比兴，多或滔滔万言，少或寥寥片语，不必谐韵和声，而识者雅赏其为《风》、《骚》遗范也。故善论文者，贵求作者之意指，而不可拘于形貌也。

传曰："不歌而诵谓之赋。"班氏固曰："赋者古诗之流。"刘氏勰曰："六艺附庸，蔚为大国。"盖长言咏叹之一变，而无韵之文可通于《诗》者，亦于是而益广也。屈氏二十五篇，刘、班著录以为《屈原赋》也。《渔父》之辞，未尝谐韵而入于赋，而文体承用之流别，不可不知其渐也。文之敷张而扬厉者，皆赋之变体，不特附庸之为大国，抑亦陈完之后，离去宛丘故都，而大启疆宇于东海之滨也。后世百家杂艺，亦用赋体为拾诵，窦氏《述书赋》，吴氏《事类赋》，医家《药性赋》，星卜命相术业赋之类。盖与歌诀同出六艺之外矣。然而赋家者流,犹有诸子之遗意,居然自命一家之言者,其中又各有其宗旨焉。殊非后世诗赋之流,拘于文而无其质,茫然不可辨其流别也。是以刘、班《诗赋》一略,区分五类,而屈原、陆贾、荀卿定为三家之学也。马、班二史,于相如、扬雄诸家之著赋,俱详载于列传。自刘知幾以还,从而抵排非笑者,盖不胜其纷纷矣,要皆不为知言也。盖为后世文苑之权舆,而文苑必致文采之实迹,以视范史而下,标文苑而止叙文人行略者为远胜也。然而汉廷之赋,实非苟作,长篇录入于全传,足见其人之极思,殆与贾疏董策为用不同,而同主于以文传人也。是则赋家者流,纵横之派别而兼诸子之余风,此其所以异于后世辞章之士也。故论文于战国而下,贵求作者之意指,而不可拘于形貌也。论文拘形貌之弊,至后世文集而极矣。盖编次者之无识,亦缘不知古人之流别,作者之意指,不得不拘貌而论文也。集文虽始于建安,魏文撰徐、陈、应、刘文为一集,此文集之始,挚虞《流别集》犹其后也。而实盛于齐、梁之际;古学之不可复,盖至齐、梁而后荡然矣。挚虞《流别集》,乃是后人集前人;人自为集,自齐之《王文宪集》始;而昭明《文选》又为总集之盛矣。范、陈、《晋》、《宋》诸史所载文人列传,总其撰著,必云诗、赋、碑、箴、颂、诔若干篇,而未尝云文集若干卷,则古人文字散著篇籍,而不强以类分可知也。孙武之书,盖有八十二篇矣,而阖闾以谓"子之十三篇,吾既得而见",是《始计》以下十三篇,当日别出独行,而后世始合之明征也。韩非之书,今存五十五篇矣,而秦王见其《五蠹》、《孤愤》,恨不得与同时,是

《五蠹》、《孤愤》当日别出独行,而后世始合之明征也。《吕氏春秋》自序,以为良人问《十二纪》,是八览六论未尝入序次也。董氏《清明》、《玉杯》、《竹林》之篇,班固与《繁露》并纪其篇名,是当日诸篇未入《繁露》之书也。夫诸子专家之书,指无旁及,而篇次犹不可强绳以类例;况文集所衷,体制非一,命意各殊,不深求其意指之所出,而欲强以篇题形貌相拘哉!

赋先于诗,骚别于赋。赋有问答发端,误为赋序,前人之议《文选》,犹其显然者也。若夫《封禅》、《美新》、《典引》,皆颂也。称符命以颂功德,而别类其体为"符命",则王子渊以圣主得贤臣而颂嘉会,亦当别类其体为"主臣"矣。班固次韵,乃《汉书》之自序也。其云"述《高帝纪》第一"、"述《陈项传》第一"者,所以自序撰书之本意,史迁有作于先,故己退居于述尔。今于史论之外,别出一体为"史述赞",则迁书《自序》所谓"作《五帝纪》第一"、"作《伯夷传》第一"者,又当别出一体为"史作赞"矣。汉武诏策贤良,即策问也。今以出于帝制,遂于"策问"之外,别名曰"诏"。然则制策之对,当离诸策而别名为"表"矣。贾谊《过秦》,盖《贾子》之篇目也。今传贾氏《新书》,首列《过秦》上下二篇,此为后人辑定,不足为据。《汉志》、《贾谊》五十八篇,又赋七篇,此外别无论著,则《过秦》乃《贾子》篇目明矣。因陆机《辨亡》之论,规仿《过秦》,遂援左思"著论准《过秦》"之说,而标体为"论"矣。左思著论之说,须活看,不可泥。魏文《典论》,盖犹桓子《新论》、王充《论衡》之以论名书耳,《论文》其篇目也。今与《六代》、《辨亡》诸篇同次于论,然则昭明《自序》所谓"老、庄之作,管、孟之流,立意为宗,不以能文为本",其例不收诸子篇次者,岂以有取斯文,即可裁篇题论,而改子为集乎?《七林》之文,皆设问也。今以枚生发问有七,而遂标为"七",则《九歌》、《九章》、《九辨》,亦可标为"九"乎?《难蜀父老》,亦设问也。今以篇题为难,而别为"难"体,则《客难》当与同编,而《解嘲》当别为"嘲"体,《宾戏》当别为"戏"体矣。《文选》者,辞章之圭臬,集部之准绳,而淆乱芜秽,不可殚诘;则古人流别,作者意指,流览诸集,孰是深窥而有得者乎?集人之文尚未得其意指,而自衷所著为文集者,何纷纷耶!若夫总集别集之类例,编辑撰次之得失,今古详略之攸宜,录选评钞之当否,别有专篇讨论,不尽述也。

经解上

六经不言经,三传不言传,犹人各有我而不容我其我也。依经而有传,对人而有我,是经传人我之名,起于势之不得已,而非其质本尔也。《易》曰:"上古结绳而治,后世圣人易之以书契,百官以治,万民以察。"夫为治为察,所以宣幽隐而达形名,布政教而齐法度也,未有以文字为一家私言者也。《易》曰:"云雷屯,君子以经纶。"经纶之言,纲纪世宙之谓也。郑氏注谓"论撰书礼乐,施政事",经之命名所由昉乎?然犹经纬经纪云尔,未尝明指《诗》、《书》、六艺为经也。

三代之衰,治教既分,夫子生于东周,有德无位,惧先圣王法积道备,至于成周,无以续且继者而至于沦失也,于是取周公之典章，所以体天人之撰而存治化之迹者，独与其徒相与申而明之，此六艺之所以虽失官守而犹赖有师教也。然夫子之时，犹不名经也。逮夫子既殁，微言绝而大义将乖，于是弟子门人各以所见、所闻、所传闻者，或取简毕，或授口耳，录其文而起义。左氏《春秋》、子夏《丧服》诸篇皆名为传，而前代逸文不出于六艺者，称述皆谓之传，如孟子所对汤武及文王之囿是也。则因传而有经之名，犹之因子而立父之号矣。至于官师既分，处士横议，诸子纷纷著书立说，而文字始有私家之言，不尽出于典章政教也。儒家者流乃尊六艺而奉以为经，则又不独对传为名也。荀子曰："夫学始于诵经，终于读《礼》。"庄子曰："孔子言《诗》、《书》、《礼》、《乐》、《易》、《春秋》六经。"又曰："翻十二经以见老子。"荀、庄皆出子夏门人，而所言如是，六经之名起于孔门弟子亦明矣。然所指专言六经，则以先王政教典章纲维天下，故《经解》疏别六经，以为入国可知其教也。《论语》述夫子之言行，《尔雅》为群经之训诂，《孝经》则又再传门人之所述，与《缁衣》、《坊》、《表》诸记相为出入者尔。刘向、班固之徒，序类有九而称艺为六，则固以三者为传而附之于经，所谓离经之传，不与附经之传相次也。当时诸子著书，往往自分经传，如撰辑《管子》者之分别经言，墨子亦有《经》篇，韩非则有《储说》经传，盖亦因时立义，自以其说相经纬尔，非有所拟而僭其名也。经同尊称，其义亦取综要，非如后世之严也。

圣如夫子而不必为经，诸子有经以贯其传，其义各有攸当也。后世著录之家,因文字之繁多,不尽关于纲纪,于是取先圣之微言与群经之羽翼皆称为经,如《论语》、《孟子》、《孝经》与夫大小《戴记》之别于《礼》,《左氏》、《公》、《穀》之别于《春秋》,皆题为经,乃有九经、十经、十三、十四诸经以为专部,盖尊经而并及经之支裔也。而儒者著书,始严经名,不敢触犯,则尊圣教而慎避嫌名,盖犹三代以后非人主不得称我为朕也。然则今之所谓经,其强半皆古人之所谓传也;古之所谓经,乃三代盛时,典章法度见于政教行事之实,而非圣人有意作为文字以传后世也。

经解中

事有实据而理无定形,故夫子之述六经,皆取先王典章,未尝离事而著理。后儒以圣师言行为世法,则亦命其书为经,此事理之当然也。然而以意尊之,则可以意僭之矣。盖自官师之分也,官有政,贱者必不敢强干之,以有据也;师有教,不肖者辄敢纷纷以自命,以无据也。孟子时以杨、墨为异端矣,杨氏无书,墨翟之书初不名经,虽有《经》篇《经说》,未名全书为经。而庄子乃云“苦获、邓陵之属,皆诵《墨经》”,则其徒自相崇奉而称经矣。东汉秦景之使天竺,《四十二章》皆不名经。佛经皆中国翻译,竺书无经字。其后华言译受,附会称经,则亦文饰之辞矣。《老子》二篇,刘、班著录初不称经,《隋志》乃依阮《录》称《老子经》,意者阮《录》出于梁世,梁武崇尚异教,则佛老皆列经科,其所仿也。而加以《道德真经》,与《庄子》之加以《南华真经》,《列子》之加以《冲虚真经》，则开元之玄教设科，附饰文致，又其后而益甚者也。韩退之曰："道其所道，非吾所谓道。"则名教既殊，又何妨于经其所经，非吾所谓经乎！若夫国家制度，本为经制。李悝《法经》，后世律令之所权舆；唐人以律设科，明祖颁示《大诰》，师儒讲习以为功令，是即《易》取经纶之意，国家训典，臣民尊奉为经，义不背于古也。

孟子曰："行仁政必自经界始。"地界言经，取经纪之意也。是以地理之书，多以经名。《汉志》有《山海经》，《隋志》乃有《水经》，后代州郡地理多称图经，义皆本于经界，书亦自存掌故，不与著述同科，其于六艺之文固无嫌也。至于术数诸家，均出圣门制作。周公经理垂典，皆守人官物曲而不失其传。及其官司失守而道散品亡，则有习其说者，相与讲贯而授受，亦犹孔门传习之出于不得已也。然而口耳之学，不能历久而不差，则著于竹帛以授之其人，说详《诗教》上篇。亦其理也。是以至战国而羲、农、黄帝之书，一时杂出焉。其书皆称古圣，如天文之甘、石《星经》，方技之《灵》、《素》、《难》经，其类实繁，则犹匠祭鲁般，兵祭蚩尤，不必著书者之果为圣人，而习是术者奉为依归，则亦不得不尊以为经言者也。又如《汉志》以后，杂出春秋战国时书，若师旷《禽经》、伯乐《相马》之经，其类亦繁，不过好事之徒因其人而附合，或略知其法者托古人以鸣高，亦犹儒者之传梅氏《尚书》与子夏之《诗大序》也。他若陆氏《茶经》，张氏《棋经》，酒则有《甘露经》，货则有《相贝经》，是乃以文为谐戏，本无当于著录之收。譬犹毛颖可以为传，蟹之可以为志，琴之可以为史，荔枝牡丹之可以为谱耳。此皆若有若无，不足议也。盖即数者论之，异教之经，如六国之各王其国，不知周天子也。而《春秋》名分，人具知之，彼亦不能窃而据也。制度之经，时王之法，一道同风，不必皆以经名，而礼时为大，既为当代臣民，固当率由而不越；即服膺六艺，亦出遵王制之一端也。术艺之经，则各有其徒相与守之，固无虞其越畔也。至谐戏而亦以经名，此赵佗之所谓"妄窃帝号，聊以自娱"，不妨谐戏置之。六经之道，如日中天，岂以是为病哉！

经解下

异学称经以抗六艺，愚也；儒者僭经以拟六艺，妄也。六经初不为尊称，义取经纶为世法耳。六艺皆周公之政典，故立为经。夫子之圣非逊周公，而《论语》诸篇不称经者，以其非政典也。后儒因所尊而尊之，分部隶经，以为传固翼经者耳。佛老之书，本为一家之言，非有纲纪政事，其徒欲尊其教，自以一家之言尊之过于六经，无不可也。强加经名以相拟，何异优伶效楚相哉！亦其愚也。扬雄、刘歆，儒之通经者也。扬雄《法言》，盖云时人有问，用法应之，抑亦可矣。乃云象《论语》者，抑何谬邪？虽然，此犹一家之言，其病小也。其大可异者，作《太玄》以准《易》，人仅知谓僭经尔，不知《易》乃先王政典而非空言，雄盖蹈于僭窃王章之罪，弗思甚也！详《易教》篇。卫氏之《元包》，司马之《潜虚》，方且拟《玄》而有作，不知《玄》之拟《易》已非也。刘歆为王莽作《大诰》，其行事之得罪名教，固无可说矣。即拟《尚书》，亦何至此哉？河汾六籍，或谓好事者之缘饰，王通未必遽如斯妄也。诚使果有其事，则"六经奴婢"之诮，犹未得其情矣。奴婢未尝不服劳于主人，王氏六经服劳于孔氏者又何在乎！束皙之《补笙诗》，皮日休之《补九夏》，白居易之《补汤征》，以为文人戏谑而不为虐，称为拟作，抑亦可矣。标题曰"补"，则亦何取辞章家言以缀《诗》、《书》之阙邪！至《孝经》虽名为经，其实传也。儒者重夫子之遗言，则附之经部矣。马融诚有志于劝忠，自以马氏之说，援经征传，纵横反覆，极其言之所至可也，必标《忠经》，亦已异矣！乃至分章十八，引《风》缀《雅》，一一效之，何殊张载之《拟四愁》，《七林》之仿《七发》哉！诚哉非马氏之书，俗儒所依托也。宋氏之《女孝经》，郑氏之《女论语》，以谓女子有才，嘉尚其志可也。但彼如欲明女教，自以其意立说可矣。假设班氏惠姬与诸女相问答，则是将以书为训典，而先自托于子虚、亡是之流，使人何所适从？彼意取其似经传耳，夫经岂可似哉？经求其似，则诨骗有卦，见《辍耕录》。韡始收声，有《月令》矣。皆谐谑事。

　　若夫屈原抒愤，有辞二十五篇，刘、班著录，概称之曰《屈原赋》矣。乃王逸作注，《离骚》之篇已有经名。王氏释经为径，亦不解题为经者始谁氏也。至宋人注屈，乃云"一本《九歌》以下有传字"。虽不知称名所始，要亦依经而立传名，不当自宋始也。夫屈子之赋，固以《离骚》为重，史迁以下，至取《骚》以名其全书，今犹是也。然诸篇之旨本无分别，惟因首篇取重而强分经传，欲同正《雅》为经，变《雅》为传之例，是《孟子》七篇，当分《梁惠王》经与《公孙》、《滕文》

诸传矣。夫子之作《春秋》,庄生以谓议而不断,盖其义寓于其事其文,不自为赏罚也。汉魏而下,仿《春秋》者盖亦多矣。其间或得或失,更仆不能悉数。后之论者,至以迁、固而下拟之《尚书》;诸家编年拟之《春秋》。不知迁、固本纪本为《春秋》家学,书志表传殆犹《左》、《国》内外之与为终始发明耳。诸家阳秋,先后杂出,或用其名而变其体,《十六国春秋》之类。或避其名而拟其实,《通鉴纲目》之类。要皆不知迁、固之书本绍《春秋》之学,并非取法《尚书》者也。

故明于《春秋》之义者,但当较正迁、固以下,其文其事之中,其义固何如耳。若欲萃聚其事,以年分编,则荀悦、袁宏之例具在,未尝不可法也。必欲于纪传编年之外别为《春秋》,则亦王氏《元经》之续耳。夫异端抗经,不足道也。儒者服习六经,而不知经之不可以拟,则浅之乎为儒者矣!

卷二

内篇二

原道上

"道之大原出于天",天固谆谆然命之乎？曰：天地之前，则吾不得而知也。天地生人，斯有道矣，而未形也；三人居室，而道形矣，犹未著也；人有什伍而至百千，一室所不能容，部别班分，而道著矣。仁义忠孝之名，刑政礼乐之制，皆其不得已而后起者也。

人生有道，人不自知。三人居室，则必朝暮启闭其门户，饔飧取给于樵汲，既非一身，则必有分任者矣。或各司其事，或番易其班，所谓不得不然之势也，而均平秩序之义出矣。又恐交委而互争焉，则必推年之长者持其平，亦不得不然之势也，而长幼尊卑之别形矣。至于什伍千百，部别班分，亦必各长其什伍而积至于千百，则人众而赖于干济，必推才之杰者理其繁，势纷而须于率俾，必推德之懋者司其化，是亦不得不然之势也；而作君、作师、画野、分州、井田、封建、学校之意著矣。故道者，非圣人智力之所能为，皆其事势自然，渐形渐著，不得已而出之，故曰"天"也。

《易》曰："一阴一阳之谓道。"是未有人而道已具也。继之者善，成之者性。是天著于人而理附于气。故可形其形而名其名者，皆道之故而非道也。道者，万事万物之所以然，而非万事万物之当然也。人可得而见者，则其当然而已矣。人之初生，至于什伍千百，以及作君、作师、分州、画野，盖必有所需而后从而给之，有所郁而后从而宣之，有所弊而后从而救之，羲、农、轩、颛之制作，初意不过如是尔。法积美备，至唐、虞而尽善焉；殷因夏监，至成周而无憾焉。譬如滥觞积而渐为江河，培塿积而至于山岳，亦其理势之自然，而非尧、舜之圣过乎羲、轩，文、武之神胜于禹、汤也。后圣法前圣，非法前圣也，法其道之渐形而渐著者也。三皇无为而自化，五帝开物而成务，三王立制而垂法，后人见为治化不同有如是尔。当日圣人创制，则犹暑之必须为葛，寒之必须为裘，而非有所容心，以谓吾必如是而后可以异于前人，吾必如是而后可以齐名前圣也。此皆一阴一阳往复循环所必至，而非可即是以为一阴一阳之道也。一阴一阳，往复循环者，犹车轮也；圣人创制，一似暑葛寒裘，犹轨辙也。

　　道有自然，圣人有不得不然，其事同乎？曰：不同。道无所为而自然，圣人有所见而不得不然也。圣人有所见，故不得不然；众人无所见，则不知其然而然。孰为近道？曰：不知其然而然，即道也。非无所见也，不可见也。不得不然者，圣人所以合乎道，非可即以为道也。圣人求道，道无可见，即众人之不知其然而然，圣人所藉以见道者也。故不知其然而然，一阴一阳之迹也。学于圣人，斯为贤人。学于贤人，斯为君子。学于众人，斯为圣人。非众可学也，求道必于一阴一阳之迹也。自有天地而至唐、虞、夏、商，迹既多而穷变通久之理亦大备。周公以天纵生知之圣，而适当积古留传道法大备之时，是以经纶制作，集千古之大成，则亦时会使然，非周公之圣智能使之然也。盖自古圣人，皆学于众人之不知其然而然，而周公又遍阅于自古圣人之不得不然而知其然也。周公固天纵生知之圣矣，此非周公智力所能也，时会使然也。譬如春夏秋冬各主一时，而冬令告一岁之成，亦其时会使然，而非冬令胜于三时也。故创制显庸之圣，千古所同也。集大成者，周公所独也。时会适当然而然，周公亦不自知其然也。

孟子曰："孔子之谓集大成。"今言集大成者为周公，毋乃悖于孟子之指欤？曰：集之为言，萃众之所有而一之也。自有天地而至唐、虞、夏、商，皆圣人而得天子之位，经纶治化，一出于道体之适然。周公成文、武之德，适当帝全王备，殷因夏监，至于无可复加之际，故得藉为制作典章，而以周道集古圣之成，斯乃所谓集大成也。孔子有德无位，即无从得制作之权，不得列于一成，安有大成可集乎？非孔子之圣逊于周公也，时会使然也。孟子所谓集大成者，乃对伯夷、伊尹、柳下惠而言之也。恐学者疑孔子之圣与三子同，无所取譬，譬于作乐之大成也。故孔子大成之说，可以对三子，而不可以尽孔子也。以之尽孔子，反小孔子矣。何也？周公集羲、轩、尧、舜以来之大成，周公固学于历圣而集之，无历圣之道法，则固无以成其周也。孔子非集伯夷、尹、惠之大成，孔子固未尝学于伯夷、尹、惠，且无伯夷、尹、惠之行事，岂将无以成其孔子乎？夫孟子之言，各有所当而已矣，岂可以文害意乎！

达巷党人曰："大哉孔子！博学而无所成名。"今人皆嗤党人不知孔子矣；抑知孔子果成何名乎？以谓天纵生知之圣，不可言思拟议而为一定之名也，于是援天与神，以为圣不可知而已矣，斯其所见何以异于党人乎！天地之大，可以一言尽；孔子虽大，不过天地，独不可以一言尽乎？或问何以一言尽之？则曰：学周公而已矣。周公之外别无所学乎？曰：非有学而孔子有所不至；周公既集群圣之成，则周公之外，更无所谓学也。周公集群圣之大成，孔子学而尽周公之道，斯一言也，足以蔽孔子之全体矣。"祖述尧、舜"，周公之志也；"宪章文、武"，周公之业也。一则曰："文王既没，文不在兹。"再则曰："甚矣吾衰，不复梦见周公。"又曰："吾学周礼，今用之。"又曰："郁郁乎文哉，吾从周。"哀公问政，则曰："文、武之政，布在方策。"或问"仲尼焉学"，子贡以为"文、武之道，未坠于地"。"述而不作"，周公之旧典也；"好古敏求"，周公之遗籍也。党人生同时而不知，乃谓无所成名，亦非全无所见矣。后人观载籍而不知夫子之所学，是不如党人所见也，而犹嗤党人为不知，奚翅百步之笑五十步乎！故自古圣人，其圣虽同，而其所以为圣不必尽同，时会使然也。惟孔子与周公，俱生法积道备至于无可复加之后，周公集其成以行其道，孔子尽其道以明其教，符节吻合，如出于一人，不复更有毫末异同之致也。然则欲尊孔子者，安在援天与神而为恍惚难凭之说哉！

或曰：孔子既与周公同道矣，周公集大成，而孔子独非大成欤？曰：孔子之大成，亦非孟子所谓也。盖与周公同其集羲、农、轩、顼、唐、虞、三代之成，而非集夷、尹、柳下之成也。盖君师分而治教不能合于一，气数之出于天者也。周公集治统之成，而孔子明立教之极，皆事理之不得不然，而非圣人异于前人，此道法之出于天者也。故隋唐以前，学校并祀周、孔，以周公为先圣，孔子为先师，盖言制作之为圣，而立教之为师。故孟子曰："周公、仲尼之道，一也。"然则周公、孔子以时会而立统宗之极，圣人固藉时会欤？宰我以为"夫子贤于尧、舜"，子贡以为"生民未有如夫子"，有若以夫子较古圣人则谓"出类拔萃"，三子皆舍周公，独尊孔氏，朱子以谓事功有异，是也。然而治见实事，教则垂空言矣。后人因三子之言，而盛推孔子，过于尧、舜，因之崇性命而薄事功，于是千圣之经纶，不足当儒生之坐论矣。伊川论禹、稷较颜子为粗。朱子又以二程与颜、孟切比长短。盖门户之见，贤者不免，古今之通患。夫尊夫子者，莫若切近人情。不知其实，而但务推崇，则玄之又玄，圣人一神天之通号耳，世教何补焉？故周、孔不可优劣也，尘垢秕糠，陶铸尧、舜，庄生且谓寓言，曾儒者而袭其说欤？故欲知道者，必先知周、孔之所以为周、孔。

原道中

韩退之曰："由周公而上，上而为君，故其事行；由周公而下，下而为臣，故其说长。"夫说长者道之所由明，而说长者亦即道之所由晦也。夫子明教于万世，夫子未尝自为说也。表章六籍，存周公之旧典，故曰："述而不作，信而好

古。"又曰："盖有不知而作之者,我无是也。""子所雅言,
《诗》、《书》执《礼》。"所谓明先王之道以导之也。非夫子推
尊先王,意存谦牧而不自作也,夫子本无可作也。有德无
位,即无制作之权。空言不可以教人,所谓"无征不信"也。
教之为事,羲、轩以来,盖已有之。观《易大传》之所称述,则
知圣人即身示法,因事立教,而未尝于敷政出治之外,别有
所谓教法也。虞廷之教,则有专官矣,司徒之所敬敷,典乐
之所咨命,以至学校之设通于四代,司成师保之职详于《周
官》。然既列于有司,则肄业存于掌故,其所习者修齐治平
之道,而所师者守官典法之人。治教无二,官师合一,岂有
空言以存其私说哉!儒家者流尊奉孔子,若将私为儒者之
宗师,则亦不知孔子矣。孔子立人道之极,岂有意于立儒道
之极也。儒也者,贤士不遇明良之盛,不得位而大行,于是
守先王之道以待后之学者,出于势之无可如何尔。人道所
当为者,广矣大矣,岂当身皆无所遇,而必出于守先待后,不
复涉于人世哉!学《易》原于羲画,不必同其卉服野处也;观
《书》始于虞典,不必同其呼天号泣也,以为所处之境,各有
不同也。然则学夫子者,岂曰屏弃事功,预期道不行而垂其
教邪?

　　《易》曰："形而上者谓之道,形而下者谓之器。"道不离
器,犹影不离形。后世服夫子之教者自六经,以谓六经载道
之书也,而不知六经皆器也。《易》之为书,所以开物成务,
掌于《春官》太卜,则固有官守而列于掌故矣。《书》在外史,
《诗》领太师,《礼》自宗伯,《乐》有司成,《春秋》各有国史。

三代以前,《诗》《书》六艺,未尝不以教人,不如后世尊奉六经,别为儒学一门而专称为载道之书者。盖以学者所习,不出官司典守、国家政教,而其为用,亦不出于人伦日用之常,是以但见其为不得不然之事耳,未尝别见所载之道也。夫子述六经以训后世,亦谓先圣先王之道不可见,六经即其器之可见者也。后人不见先王,当据可守之器而思不可见之道,故表章先王政教,与夫官司典守以示人,而不自著为说,以致离器言道也。夫子自述《春秋》之所以作,则云"我欲托之空言,不如见诸行事之深切著明"。则政教典章人伦日用之外,更无别出著述之道,亦已明矣。秦人禁偶语《诗》、《书》,而云"欲学法令,以吏为师"。夫秦之悖于古者,禁《诗》、《书》耳。至云学法令者以吏为师,则亦道器合一,而官师治教未尝分歧为二之至理也。其后治学既分,不能合一,天也。官司守一时之掌故,经师传授受之章句,亦事之出于不得不然者也。然而历代相传,不废儒业,为其所守先王之道也。而儒家者流,守其六籍,以为是特载道之书耳。夫天下岂有离器言道,离形存影者哉!彼舍天下事物人伦日用,而守六籍以言道,则固不可与言夫道矣。

《易》曰:"仁者见之谓之仁,智者见之谓之智,百姓日用而不知。"然而不知道而道存,见谓道而道亡。大道之隐也,不隐于庸愚,而隐于贤智之伦者纷纷有见也。盖官师治教合,而天下聪明范于一,故即器存道,而人心无越思;官师治教分,而聪明才智不入于范围,则一阴一阳入于受性之偏,而各以所见为固然,亦势也。夫礼司乐职,各守专官,虽有离娄之明，师旷之聪，不能不赴范而就律也。今云官守失传，而吾以道德明其教，则人人皆自以为道德矣。故夫子述而不作，而表章六艺，以存周公之旧典也，不敢舍器而言道也。而诸子纷纷则已言道矣，庄生譬之为耳目口鼻，司马谈别之为六家，刘向区之为九流，皆自以为至极，而思以其道易天下者也。由君子观之，皆仁智之见而谓之，而非道之果若是易也。夫道因器而显，不因人而名也。自人有谓道者，而道始因人而异其名矣。仁见谓仁，智见谓智是也。人自率道而行，道非人之所能据而有也。自人各谓其道而各行其所谓，而道始得为人所有矣。墨者之道，许子之道，其类皆是也。夫道自形于三人居室而大备于周公、孔子，历圣未尝别以道名者，盖犹一门之内不自标其姓氏也。至百家杂出而言道，而儒者不得不自尊其所出矣。一则曰尧、舜之道，再则曰周公、仲尼之道，故韩退之谓"道与德为虚位"也。夫"道与德为虚位"者，道德之衰也。

原道下

人之萃处也，因宾而立主之名；言之庞出也，因非而立是之名。自诸子之纷纷言道而为道病焉，儒家者流乃尊尧、舜、周、孔之道以为吾道矣。道本无吾而人自吾之，以谓庶几别于非道之道也。而不知各吾其吾，犹三军之众可称我军，对敌国而我之也；非临敌国，三军又各有其我也。夫六艺者，圣人即器而存道，而三家之《易》，四氏之《诗》，攻且习者，不胜其入主而出奴也。不知古人于六艺，被服如衣食，人人习之为固然，未尝专门以名家者也。后儒但即一经之隅曲，而终身殚竭其精力，犹恐不得一当焉，是岂古今人不相及哉？其势有然也。古者道寓于器，官师合一，学士所肄，非国家之典章，即有司之故事，耳目习而无事深求，故其得之易也；后儒即器求道，有师无官，事出传闻而非目见，文须训故而非质言，是以得之难也。夫六艺并重，非可止守一经也；经旨闳深，非可限于隅曲也。而诸儒专攻一经之隅曲，必倍古人兼通六艺之功能，则去圣久远，于事固无足怪也。但既竭其耳目心思之智力，则必于中独见天地之高深，因谓天地之大，人莫我尚也，亦人之情也。而不知特为一经之隅曲，未足窥古人之全体也。训诂章句，疏解义理，考求名物，皆不足以言道也。取三者而兼用之，则以萃聚之力补遥溯之功，或可庶几耳。而经师先已不能无抵牾，传其学者又复各分其门户，不啻儒墨之辨焉，则因宾定主而又有主中之宾，因非立是而又有是中之非，门径愈歧而大道愈隐矣。

　　"上古结绳而治，后世圣人易之以书契，百官以治，万民以察。"夫文字之用，为治为察，古人未尝取以为著述也。以文字为著述，起于官师之分职，治教之分途也。夫子曰："予欲无言。"欲无言者，不能不有所言也；孟子曰："予岂好辨哉？予不得已也。"后世载笔之士，作为文章，将以信今而传后，其亦尚念"欲无言"之旨与夫"不得已"之情，庶几哉，言出于我，而所以为言者初非由我也。夫道备于六经，义蕴之匿于前者，章句训诂足以发明之。事变之出于后者，六经不能言，固贵约六经之旨而随时撰述以究大道也。"太上立德,其次立功,其次立言。"立言与立功相准,盖必有所需而后从而给之,有所郁而后从而宣之,有所弊而后从而救之,而非徒夸声音采色,以为一己之名也。《易》曰:"神以知来,智以藏往。"知来,阳也;藏往,阴也。一阴一阳,道也。文章之用,或以述事,或以明理。事溯已往,阴也;理阐方来,阳也。其至焉者,则述事而理以昭焉,言理而事以范焉,则主适不偏,而文乃衷于道矣。迁、固之史,董、韩之文,庶几哉有所不得已于言者乎! 不知其故而但溺文辞,其人不足道已。即为高论者,以谓文贵明道,何敢声情色采以为愉悦,亦非知道之言也。夫无为之治而奏薰风,灵台之功而乐钟鼓,以及弹琴遇文,风雩言志,则帝王致治,贤圣功修,未尝无悦目娱心之适,而谓文章之用,必无咏叹抑扬之致哉!

子贡曰:"夫子之文章,可得而闻也;夫子之言性与天道,不可得而闻也。"盖夫子所言,无非性与天道,而未尝表而著之曰,此"性",此"天道"也。故不曰"性与天道不可得闻",而曰"言性与天道不可得闻"也。所言无非性与天道,而不明著此性与天道者,恐人舍器而求道也。夏礼能言,殷礼能言,皆曰"无征不信",则夫子所言,必取征于事物,而非徒托空言以为明道也。曾子真积力久,则曰"一以贯之",子贡多学而识,则曰"一以贯之",非真积力久与多学而识,则固无所据为一之贯也。训诂名物,将以求古圣之迹也,而侈记诵者如货殖之市矣;撰述文辞,欲以阐古圣之心也,而溺光采者如玩好之弄矣。异端曲学,道其所道而德其所德,固不足为斯道之得失也。记诵之学,文辞之才,不能不以斯道为宗主，而市且弄者之纷纷忘所自也。宋儒起而争之，以谓是皆溺于器而不知道也。夫溺于器而不知道者，亦即器而示之以道斯可矣。而其弊也，则欲使人舍器而言道。夫子教人"博学于文"，而宋儒则曰"玩物而丧志"；曾子教人"辞远鄙倍"，而宋儒则曰"工文则害道"。夫宋儒之言，岂非末流良药石哉！然药石所以攻脏腑之疾耳，宋儒之意，似见疾在脏腑，遂欲并脏腑而去之。将求性天，乃薄记诵而厌辞章，何以异乎？然其析理之精，践履之笃，汉、唐之儒未之闻也。孟子曰："义理之悦我心，犹刍豢之悦我口。"义理不可空言也，博学以实之，文章以达之，三者合于一，庶几哉周、孔之道虽远，不啻累译而通矣。顾经师互诋，文人相轻，而性理诸儒，又有朱、陆之同异，从朱从陆者之交攻，而言学问与文章者又逐风气而不悟，庄生所谓"百家往而不反，必不合矣"，悲夫！

邵氏晋涵曰：是篇初出，传稿京师，同人素爱章氏文者，皆不满意，谓蹈宋人语录习气，不免陈腐取憎，与其平日为文不类，至有移书相规诫者。余谛审之，谓朱少伯名锡庚。曰：此乃明其《通义》所著一切创言别论，皆出自然，无矫强耳。语虽浑成，意多精湛，未可议也。

族子廷枫曰：叔父《通义》，平日脍炙人口，岂尽得其心哉？不过清言高论，类多新奇可喜，或资为掌中之谈助耳。不知叔父尝自恨其名隽过多，失古意也。是篇题目虽似迂阔，而意义实多创辟，如云道始三人居室，而君师政教岂出乎天；贤智学于圣人，圣人学于百姓；集大成者为周公而非孔子，学者不可妄分周、孔；学孔子者，不当先以垂教万世为心；孔子之大，学周礼一言，可以蔽其全体；皆乍闻至奇，深思至确,《通义》以前,从未经人道过,岂得谓陈腐耶！诸君当日诋为陈腐,恐是读得题目太熟,未尝详察其文字耳。

原学上

《易》曰:"成象之谓乾,效法之谓坤。"学也者,效法之谓也;道也者,成象之谓也。夫子曰:"下学而上达。"盖言学于形下之器,而自达于形上之道也。"士希贤,贤希圣,圣希天。"希贤希圣,则有其理矣。"上天之载,无声无臭。"圣如何而希天哉？盖天之生人,莫不赋之以仁义礼智之性,天德也;莫不纳之于君臣、父子、夫妇、兄弟、朋友之伦,天位也。以天德而修天位,虽事物未交隐微之地,已有适当其可,而无过与不及之准焉,所谓成象也。平日体其象,事至物交,一如其准以赴之,所谓效法也。此圣人之希天也,此圣人之下学上达也。伊尹曰:"天之生斯民也,使先知觉后知,使先觉觉后觉也。"人生禀气不齐,固有不能自知适当其可之准者,则先知先觉之人从而指示之,所谓教也。教也者,教人自知适当其可之准,非教之舍己而从我也。故士希贤,贤希圣,希其效法于成象,而非舍己之固有而希之也。然则何以使知适当其可之准欤？何以使知成象而效法之欤？则必观于生民以来,备天德之纯而造天位之极者,求其前言往行,所以处夫穷变通久者而多识之,而后有以自得所谓成象者,而善其效法也。故效法者,必见于行事。《诗》、《书》诵读,所以求效法之资,而非可即为效法也。

然古人不以行事为学,而以《诗》、《书》诵读为学者,何邪？盖谓不格物而致知,则不可以诚意,行则如其知而出之也。故以诵读为学者,推教者之所及而言之,非谓此外无学也。子路曰:"有民人焉,有社稷焉,何必读书,然后为学?"夫子斥以为佞者,盖以子羔为宰,不若是说;非谓学必专于诵读也。专于诵读而言学,世儒之陋也。

原学中

古人之学,不遗事物,盖亦治教未分,官师合一,而后为之较易也。司徒敷五教,典乐教胄子,以及三代之学校皆见于制度。彼时从事于学者,入而申其占毕,出而即见政教典章之行事,是以学皆信而有征,而非空言相为授受也。然而其知易入,其行难副,则从古已然矣。尧之斥共工也,则曰"静言庸违",夫静而能言,则非不学者也。试之于事而有违,则与效法于成象者异矣。傅说之启高宗也,则曰"非知之艰,行之惟艰",高宗旧学于甘盘,久劳于外,岂不学者哉?未试于事,则恐行之而未孚也。又曰"人求多闻,时惟建事,学于古训乃有获",说虽出于古文,其言要必有所受也。夫求多闻而实之以建事,则所谓学古训者非徒诵说,亦可见矣。夫治教一而官师未分,求知易而实行已难矣;何况官师分,而学者所肄皆为前人陈迹哉!

夫子曰:"学而不思则罔,思而不学则殆。"又曰:"吾尝终日不食,终夜不寝,以思,无益,不如学也。"夫思,亦学者之事也。而别思于学,若谓思不可以言学者,盖谓必习于事而后可以言学,此则夫子诲人知行合一之道也。诸子百家之言,起于徒思而不学也,是以其旨皆有所承禀而不能无敝耳。刘歆所谓某家者流,其源出于古者某官之掌,其流而为某家之学,其失而为某事之敝。夫某官之掌,即先王之典章法度也;流为某家之学,则官守失传,而各以思之所至自为流别也;失为某事之敝,则极思而未习于事,虽持之有故,言之成理,而不能知其行之有病也。是以三代之隆,学出于一,所谓学者,皆言人之功力也。统言之,十年曰幼学,是也;析言之,则十三学乐,二十学礼,是也。国家因人功力之名而名其制度,则曰乡学、国学、学则三代共之,是也。未有以学属乎人,而区为品诣之名者。官师分而诸子百家之言起,于是学始因人品诣以名矣,所谓某甲家之学,某乙家之学是也。学因人而异名,学斯舛矣。是非行之过而至于此也,出于思之过也。故夫子言学思偏废之弊,即继之曰:"攻乎异端,斯害也已。"夫异端之起,皆思之过而不习于事者也。

原学下

诸子百家之患,起于思而不学;世儒之患,起于学而不思;盖官师分而学不同于古人也。后王以谓儒术不可废,故立博士,置弟子,而设科取士,以为诵法先王者劝焉。盖其始也,以利禄劝儒术;而其究也,以儒术徇利禄,斯固不足言也。而儒宗硕师由此辈出,则亦不可谓非朝廷风教之所植也。

夫人之情不能无所歆而动,既已为之,则思力致其实而求副乎名,中人以上可以勉而企焉者也。学校科举,奔走千百才俊,岂无什一出于中人以上者哉！去古久远,不能学古人之所学,则既以诵习儒业即为学之究竟矣。而攻取之难,势亦倍于古人。故于专门攻习儒业者,苟果有以自见而非一切庸俗所可几,吾无责焉耳。学博者长于考索,侈其富于山海,岂非道中之实积？而骛于博者,终身敝精劳神以徇之,不思博之何所取也。才雄者健于属文,矜其艳于云霞,岂非道体之发挥？而擅于文者,终身苦心焦思以构之,不思文之何所用也。言义理者似能思矣,而不知义理虚悬而无薄,则义理亦无当于道矣。此皆知其然而不知所以然也。程子曰:"凡事思所以然,天下第一学问。"人亦盍求所以然者思之乎！

天下不能无风气,风气不能无循环,一阴一阳之道,见于气数者然也。所贵君子之学术,为能持世而救偏,一阴一阳之道,宜于调剂者然也。风气之开也,必有所以取,学问文辞与义理,所以不无偏重畸轻之故也;风气之成也,必有所以敝,人情趋时而好名,徇末而不知本也。是故开者虽不免于偏,必取其精者为新气之迎;敝者纵名为正,必袭其伪者为末流之托;此亦自然之势也。而世之言学者,不知持风气而惟知徇风气,且谓非是不足邀誉焉,则亦弗思而已矣。

博约上

沈枫墀以书问学,自愧通人广座,不能与之问答。余报之以学在自立,人所能者,我不必以不能愧也。因取譬于货殖,居布帛者不必与知粟菽,藏药饵者不必与闻金珠;患己不能自成家耳,譬市布而或阙于衣材,售药而或欠于方剂,则不可也。或曰:此即苏子瞻之教人读《汉书》法也,今学者多知之矣。余曰:言相似而不同,失之毫厘,则谬以千里矣。

或问苏君曰:"公之博赡,亦可学乎?"苏君曰:"可。吾尝读《汉书》矣,凡数过而尽之,如兵农礼乐,每过皆作一意求之,久之而后贯彻。"因取譬于市货,意谓货出无穷而操贾有尽,不可不知所择云尔。学者多诵苏氏之言以为良法,不知此特寻常摘句,如近人之纂类策括者尔。问者但求博赡,固无深意。苏氏答之,亦不过经生决科之业,今人稍留意于应举业者,多能为之,未可进言于学问也。而学者以为良法,则知学者鲜矣。夫学必有所专,苏氏之意,将以班书为学欤?则终身不能竟其业也,岂数过可得而尽乎?将以所求之礼、乐、兵、农为学欤?则每类各有高深,又岂一过所能尽一类哉?就苏氏之所喻,比于操贾求货,则每过作一意求,是欲初出市金珠,再出市布帛,至于米粟药饵,以次类求矣。如欲求而尽其类欤?虽陶朱、猗顿之富,莫能给其贾也。如约略其贾,而每种姑少收之,则是一无所成其居积也。苏氏之言,进退皆无所据。而今学者方奔走苏氏之不暇,则以苏氏之言,以求学问则不足,以务举业则有余也。举业比户皆知诵习,未有能如苏氏之所为者,偶一见之,则固矫矫流俗之中,人亦相与望而畏之;而其人因以自命,以谓是学问,非举业也,而不知其非也。苏氏之学,出于纵横,其所长者,揣摩世务,切实近于有用,而所凭以发挥者,乃策论也。策对必有条目，论锋必援故实，苟非专门夙学，必须按册而稽。诚得如苏氏之所以读《汉书》者尝致力焉，则亦可以应猝备求，无难事矣。

韩昌黎曰："记事者必提其要，纂言者必钩其玄。"钩玄提要，千古以为美谈；而韩氏所自为玄要之言，不但今不可见，抑且当日绝无流传，亦必寻章摘句取备临文摭拾者耳。而人乃欲仿钩玄提要之意而为撰述，是亦以苏氏类求误为学问，可例观也。或曰：如子所言，韩、苏不足法欤？曰：韩、苏用其功力，以为文辞助尔，非以此谓学也。

博约中

或曰：举业所以觇人之学问也。举业而与学问科殊，末流之失耳。苟有所备以俟举，即《记》之所谓博学强识以待问也，宁得不谓之学问欤？余曰：博学强识，儒之所有事也。以谓自立之基，不在是矣。学贵博而能约，未有不博而能约者也。以言陋儒荒俚，学一先生之言以自封域，不得谓专家也。然亦未有不约而能博者也。以言俗儒记诵，漫漶至于无极，妄求遍物，而不知尧、舜之知所不能也。博学强识，自可以待问耳。不知约守而只为待问设焉，则无问者，儒将无学乎？且问者固将闻吾名而求吾实也；名有由立，非专门成学不可也，故未有不专而可成学者也。

或曰：苏氏之类求，韩氏之钩玄提要，皆待问之学也，子谓不足以成家矣。王伯厚氏搜罗摘抉，穷幽极微，其于经传子史，名物制数，贯串旁骛，实能讨先儒所未备，其所纂辑诸书，至今学者资衣被焉，岂可以待问之学而忽之哉？答曰：王伯厚氏盖因名而求实者也。昔人谓韩昌黎因文而见道，既见道则超乎文矣。王氏因待问而求学，既知学则超乎待问矣。然王氏诸书，谓之纂辑可也，谓之著述则不可也；谓之学者求知之功力可也，谓之成家之学术则未可也。今之博雅君子，疲精劳神于经传子史，而终身无得于学者，正坐宗仰王氏，而误执求知之功力以为学即在是尔。学与功力，实相似而不同。学不可以骤几，人当致攻乎功力则可耳，指功力以谓学，是犹指秫黍以谓酒也。夫学有天性焉，读书服古之中，有入识最初而终身不可变易者是也。学又有至情焉，读书服古之中，有欣慨会心而忽焉不知歌泣何从者是也。功力有余而性情不足，未可谓学问也。性情自有而不以功力深之，所谓有美质而未学者也。

夫子曰："发愤忘食，乐以忘忧，不知老之将至。"不知孰为功力，孰为性情，斯固学之究竟，夫子何以致是？则曰："好古敏以求之者也。"今之俗儒，且憾不见夫子未修之《春秋》，又憾戴公得《商颂》而不存七篇之阙目，以谓高情胜致，至相赞叹。充其僻见，且似夫子删修，不如王伯厚之善搜遗逸焉。盖逐于时趋，而误以襞绩补苴谓足尽天地之能事也。幸而生后世也，如生秦火未毁以前，典籍具存，无事补辑，彼将无所用其学矣。

博约下

或曰：子言学术功力必兼性情，为学之方不立规矩，但令学者自认资之所近与力能勉者而施其功力,殆即王氏良知之遗意也。夫古者教学,自数于方名,诵《诗》舞《勺》,各有一定之程,不问人之资近与否,力能勉否。而子乃谓人各有能有所不能,不相强也,岂古今人有异教与?答曰:今人为学,不能同于古人,非才不相及也,势使然也。自官师分而教法不合于一,学者各以己之所能私相授受,其不同者一也。且官师既分,则肄习惟资简策,道不著于器物,事不守于职业,其不同者二也。故学失所师承,六书九数,古人幼学皆已明习,而后世老师宿儒,专门名家,殚毕生精力求之,犹不能尽合于古,其不同者三也。

天时人事,今古不可强同,非人智力所能为也。然而六经大义,昭如日星,三代损益,可推百世。高明者由大略而切求,沈潜者循度数而徐达。资之近而力能勉者,人人所有,则人人可自得也,岂可执定格以相强欤!王氏"致良知"之说,即孟子之遗言也。良知曰致,则固不遗功力矣。朱子欲人因所发而遂明,孟子所谓察识其端而扩充之,胥是道也。而世儒言学,辄以良知为讳,无亦惩于末流之失,而谓宗指果异于古所云乎?

或曰:孟子所谓扩充,固得仁义礼智之全体也。子乃欲人自识所长,遂以专其门而名其家,且戒人之旁骛焉,岂所语于通方之道欤?答曰:言不可以若是其几也。道欲通方而业须专一,其说并行而不悖也。圣门身通六艺者七十二人,然自颜、曾、赐、商,所由不能一辙。再传而后,荀卿言《礼》,孟子长于《诗》、《书》,或疏或密,途径不同,而同归于道也。后儒途径所由寄，则或于义理，或于制数，或于文辞，三者其大较矣。三者致其一，不能不缓其二，理势然也。知其所致为道之一端，而不以所缓之二为可忽，则于斯道不远矣。徇于一偏而谓天下莫能尚，则出奴入主，交相胜负，所谓物而不化者也。是以学必求其心得，业必贵于专精，类必要于扩充，道必抵于全量，性情喻于忧喜愤乐，理势达于穷变通久，博而不杂，约而不漏，庶几学术醇固，而于守先待后之道，如或将见之矣！

言公上

古人之言，所以为公也，未尝矜于文辞而私据为己有也。志期于道，言以明志，文以足言。其道果明于天下而所志无不申，不必其言之果为我有也。《虞书》曰："敷奏以言，明试以功。"此以言语观人之始也。必于试功而庸服，则所贵不在言辞也。誓、诰之体，言之成文者也。苟足立政而敷治，君臣未尝分居立言之功也。周公曰："王若曰多方。"诰四国之文也。说者以为周公将王之命，不知斯言固本于周公，成王允而行之，是即成王之言也。盖圣臣为贤主立言，是谓贤能任圣，是亦圣人之治也。曾氏巩曰："典、谟载尧、舜功绩，并其精微之意而亦载之，是岂寻常所及哉？当时史臣载笔，亦皆圣人之徒也。"由是观之，贤臣为圣主述事，是谓贤能知圣，是亦圣人之言也。文与道为一贯，言与事为同条，犹八音相须而乐和，不可分属一器之良也；五味相调而鼎和，不可标识一物之甘也。故曰，古人之言，所以为公也，未尝矜于文辞而私据为己有也。

司马迁曰：“《诗》三百篇，大抵贤圣发愤所为作也。”是则男女慕悦之辞，思君怀友之所托也；征夫离妇之怨，忠国忧时之所寄也。必泥其辞而为其人之质言，则《鸱鸮》实鸟之哀音，何怪鲋鱼忿诮于庄周；《苌楚》乐草之无家，何怪雌风慨叹于宋玉哉！夫诗人之旨，温柔而敦厚，主文而谲谏，言之者无罪，闻之者足戒；舒其所愤懑而有裨于风教之万一焉，是其所志也。因是以为名，则是争于艺术之工巧，古人无是也。故曰，古人之言，所以为公也，未尝矜于文辞而私据为己有也。

夫子曰：“述而不作。”六艺皆周公之旧典，夫子无所事作也。《论语》则记夫子之言矣。“不恒其德”，证义巫医，未尝明著《易》文也；“不忮不求”之美季路，“诚不以富”之叹夷、齐，未尝言出于《诗》也；“允执厥中”之述尧言，“玄牡昭告”之述《汤誓》，未尝言出于《书》也。墨子引《汤誓》。《论语》记夫子之微言，而《诗》、《书》初无识别，盖亦述作无殊之旨也。王伯厚常据古书出孔子前者，考证《论语》所记夫子之言，多有所本。古书或有伪托，不尽可凭。要之古人引用成说，不甚拘别。夫子之言见于诸家之称述，诸家不无真伪之参，而子思、孟子之书，所引精粹之言，亦多出于《论语》所不载。而《论语》未尝兼收，盖亦详略互托之旨也。夫六艺为文字之权舆，《论语》为圣言之荟萃，创新述故，未尝有所庸心；盖取足以明道而立教，而圣作明述，未尝分居立言之功也。故曰，古人之言，所以为公也，未尝矜其文辞而私据为己有也。

周衰文弊，诸子争鸣，盖在夫子既殁，微言绝而大义之已乖也。然而诸子思以其学易天下，固将以其所谓道者争天下之莫可加，而语言文字未尝私其所出也。先民旧章存录而不为识别者，《幼官》《弟子》之篇，《月令》、《土方》之训是也。《管子·地圆》、《淮南·地形》，皆《土训》之遗。辑其言行，不必尽其身所论述者，管仲之述其身死后事，韩非之载其李斯驳议是也。《庄子·让王》、《渔父》之篇，苏氏谓之伪托；非伪托也，为庄氏之学者所附益尔。《晏子春秋》，柳氏以谓墨者之言，非以晏子为墨，为墨学者述晏子事以名其书，犹孟子之《告子》、《万章》名其篇也。《吕氏春秋》，先儒与《淮南鸿烈》之解同称，盖谓集众宾客而为之，不能自命专家，斯固然矣。然吕氏、淮南未尝以集众为讳，如后世之掩人所长以为己有也。二家固以裁定之权自命家言，故其宗旨未尝不约于一律，吕氏将为一代之典要，刘安托于道家之支流。斯又出于宾客之所不与也。诸子之奋起，由于道术既裂，而各以聪明才力之所偏，每有得于大道之一端，而遂欲以之易天下。其持之有故而言之成理者，故将推衍其学术而传之其徒焉。苟足显其术而立其宗，而援述于前与附衍于后者，未尝分居立言之功也。故曰，古人之言，所以为公也，未尝矜其文辞而私据为己有也。

夫子因鲁史而作《春秋》，孟子曰：其事齐桓、晋文，其文则史，孔子自谓窃取其义焉耳。载笔之士，有志《春秋》之业，固将惟义之求，其事与文，所以藉为存义之资也。世之讥史迁者，责其裁裂《尚书》、《左氏》、《国语》、《国策》之文，以谓割裂而无当，出苏明允《史论》。世之讥班固者，责其孝武以前之袭迁书，以谓盗袭而无耻，出郑渔仲《通志》。此则全不通乎文理之论也。迁《史》断始五帝，沿及三代、周、秦，使舍《尚书》《左》、《国》，岂将为凭虚亡是之作赋乎？必谓《左》、《国》而下为迁所自撰，则陆贾之《楚汉春秋》，高祖、孝文之传，皆迁之所采摭，其书后世不传，而徒以所见之《尚书》、《左》、《国》怪其割裂焉，可谓知一十而不知二五者矣。固《书》断自西京一代，使孝武以前不用迁《史》，岂将为经生决科之同题而异文乎？必谓孝武以后为固之自撰，则冯商、扬雄之纪，刘歆、贾护之书，皆固之所原本，其书后人不见，而徒以所见之迁《史》怪其盗袭焉，可谓知白出而不知黑入者矣。以载言为翻空欤？扬、马词赋，尤空而无实者也；马、班不为"文苑传"，藉是以存风流文采焉，乃述事之大者也。以叙事为征实欤？年表传目，尤实而无文者也。《屈贾》、《孟荀》、《老庄申韩》之标目，《同姓侯王》、《异姓侯王》之分表，初无发明而仅存题目，褒贬之意默寓其中，乃立言之大者也。作史贵知其意，非同于掌故，仅求事文之末也。夫子曰："我欲托之空言，不如见诸行事之深切著明也。"此则史氏之宗旨也。苟足取其义而明其志，而事次文篇，未尝分居立言之功也。故曰，古人之言，所以为公也，未尝矜其文辞而私据为己有也。

汉初经师，抱残守缺，以其毕生之精力，发明前圣之绪言，师授渊源，等于宗支谱系；观弟子之术业，而师承之传授，不啻凫鹄黑白之不可相淆焉，学者不可不尽其心也。

公、穀之于《春秋》,后人以谓假设问答以阐其旨尔。不知古人先有口耳之授而后著之竹帛焉,非如后人作经义,苟欲名家,必以著述为功也。商瞿受《易》于夫子,其后五传而至田何,施、孟、梁丘,皆田何之弟子也。然自田何而上,未尝有书,则三家之《易》著于《艺文》,皆悉本于田何以上口耳之学也。是知古人不著书,其言未尝不传也。治《韩诗》者不杂齐、鲁,传伏《书》者不知孔学,诸家章句训诂,有专书矣。门人弟子援引称述,杂见传纪章表者,不尽出于所传之书也,而宗旨卒亦不背乎师说。则诸儒著述成书之外,别有微言绪论口授其徒,而学者神明其意,推衍变化,著于文辞,不复辨为师之所诏与夫徒之所衍也。而人之观之者,亦以其人而定为其家之学,不复辨其孰为师说,孰为徒说也。盖取足以通其经而传其学,而口耳竹帛,未尝分居立言之功也。故曰:古人之言,所以为公也,未尝矜于文辞而私据为己有也。

言公中

呜呼!世教之衰也,道不足而争于文,则言可得而私矣;实不充而争于名,则文可得而矜矣。言可得而私,文可得而矜,则争心起而道术裂矣。古人之言,欲以喻世;而后人之言,欲以欺世。非心安于欺世也,有所私而矜焉,不得不如是也。古人之言,欲以淑人;后人之言,欲以炫己。非古人不欲炫而后人偏欲炫也,有所不足与不充焉,不得不如是也。孟子曰:"矢人岂不仁于函人哉?操术不可不慎也。"

古人立言处其易，后人立言处其难。何以明之哉？古人所欲通者，道也。不得已而有言，譬如喜于中而不得不笑，疾被体而不能不呻，岂有计于工拙敏钝而勉强为之效法哉？若夫道之所在，学以趋之；学之所在，类以聚之。古人有言，先得我心之同然者，即我之言也。何也？其道同也。传之其人，能得我说而变通者，即我之言也。何也？其道同也。穷毕生之学问思辨于一定之道，而上通千古同道之人以为之藉，下俟千古同道之人以为之辅，其立言也不易然哉！惟夫不师之智，务为无实之文，则不喜而强为笑貌，无病而故为呻吟，已不胜其劳困矣；而况挟恐见破之私意，窃据自擅之虚名，前无所藉，后无所援，处势孤危而不可安也，岂不难哉？夫外饰之言与中出之言，其难易之数可知也；不欲争名之言与必欲争名之言，其难易之数又可知也；通古今前后而相与公之之言，与私据独得必欲己出之言，其难易之数又可知也。立言之士，将有志于道而从其公而易者欤？抑徒竞于文而从其私而难者欤？公私难易之间，必有辨矣。呜呼！安得知言之士而与之勉进于道哉！

　　古未有窃人之言以为己有者，伯宗、梁山之对，既受无后之诮，而且得蔽贤之罪矣；古未有窃人之文以为己有者，屈平属草稿未定，上官大夫见而欲夺，既思欺君而且以谗友矣。窃人之美，等于窃财之盗，老氏言之，断断如也，其弊由于自私其才智而不知归公于道也。向令伯宗荐辇者之贤，而用缟素哭祠之成说，是即伯宗兴邦之言也，功不止于梁山之事也；上官大夫善屈平，而赞助所为宪令焉，是即上官造楚之言也,功不止于宪令之善也。韩琦为相而欧阳修为翰林学士,或谓韩公无文章。韩谓:"琦相而用修为学士,天下文章孰大于琦!"呜呼!若韩氏者,可谓知古人言公之旨矣。

　　窃人之所言以为己有者,好名为甚,而争功次之;功欺一时而名欺千古也。以己之所作伪托古人者,奸利为甚,而好事次之;好事则罪尽于一身,奸利则效尤而蔽风俗矣。齐丘窃《化书》于谭峭,郭象窃《庄》注于向秀,君子以谓儇薄无行矣。作者如有知,但欲其说显白于天下而不必明之自我也。然而不能不恫心于窃之者,盖穿窬胠箧之智。必有窜易更张以就其掩着,而因以失其本指也。刘炫之《连山》,梅赜之《古文尚书》,应诏入献,将以求禄利也。侮圣人之言而窃比河间、河内之搜讨,君子以为罪不胜诛矣。夫坟、典既亡,而作伪者之搜辑补苴,如古文之采辑逸书,散见于记传者,几无遗漏。亦未必无什一之存也。然而不能不深恶于作伪者,遗篇逸句附于阙文而其义犹存,附会成书而其义遂亡也。向令易作伪之心力而以采辑补缀为己功,则功岂下于河间之《礼》,河内之《书》哉!王伯厚之《三家诗考》,吴草庐之《逸礼》,生于宋、元之间,去古浸远,而尚有功于经学;六朝古书不甚散亡,其为功较之后人,必更易为力。惜乎计不出此,反藉以作伪。郭象《秋水》、《达生》之解义,非无精言名理可以为向之亚也。向令推阐其旨,与秀之所注相辅而行,观者亦不辨其孰向孰郭也,岂至遽等穿窬之术哉!不知言公之旨而欲自私自利以为功,大道隐而心术不可复问矣。

　　学者莫不有志于不朽,而抑知不朽固自有道乎?言公于世,则书有时而亡,其学不至遽绝也。盖学成其家而流衍

者长,观者考求而能识别也。孔氏《古文》虽亡,而史迁问故
于安国,今迁书具存,而孔氏之《书》未尽亡也;韩氏之《诗》
虽亡,而许慎治《诗》兼韩氏,今《说文》具存,而韩婴之《诗》
未尽亡也;刘向《洪范五行传》与《七略》、《别录》虽亡,而班
固史学出刘歆,歆之《汉记》、《汉书》所本。今《五行》、《艺文》二志
具存,而刘氏之学未亡也。亦有后学托之前修者,褚少孙之
藉灵于马迁,裴松之之依光于陈寿,非缘附骥,其力不足自
存也。又有道同术近,其书不幸亡逸,藉同道以存者,《列
子》残阙,半述于庄生;杨朱书亡,多存于《韩子》;盖庄、列同
出于道家,而杨朱为我,其术自近名法也。又有才智自骋,
未足名家,有道获亲,幸存斧琢之质者,告子杞柳湍水之辨,
藉孟子而获传;惠施白马三足之谈,因庄生而遂显;虽为射
者之鹄,亦见不羁之才,非同泯泯也。又有琐细之言,初无
高论,而幸人会心,竟垂经训,孺子濯足之歌,通于家国;时
俗苗硕之谚,证于身心。其喻理者即浅可深,而获存者无俗
非雅也。凡若此者,非必古人易而后人难也,古人巧而后人
拙也,古人是而后人非也。名实之势殊,公私之情异,而有
意于言与无意于言者,不可同日语也。故曰:无意于文而
文存,有意于文而文亡。

今有细民之讼,两造具辞,有司受之,必据其辞而赏罚
其直枉焉。所具之辞,岂必乡曲细民能自撰哉?而曲直赏
罚,不加为之辞者而加之讼者,重其言之之意,而言固不必
计其所出也。墓田陇亩,祠庙宗支,履勘碑碣,不择鄙野,以
谓较论曲直,舍是莫由得其要焉。岂无三代钟鼎,秦、汉石

刻,款识奇古,文字雅奥,为后世所不可得者哉?取辨其事,虽庸而不可废;无当于事,虽奇而不足争也。然则后之学者,求工于文字之末而欲据为一己之私者,其亦不足与议于道矣。

或曰:指远辞文,《大传》之训也;辞远鄙背,贤达之言也;"言之不文,行之不远",辞之不可以已也!今日求工于文字之末者非也,其何以为立言之则欤?曰:非此之谓也。《易》曰:"修辞立其诚。"诚不必于圣人至诚之极致,始足当于修辞之立也。学者有事于文辞,毋论辞之如何,其持之必有其故而初非徒为文具者,皆诚也。有其故而修辞以副焉,是其求工于是者,所以求达其诚也。"《易》奇而法,《诗》正而葩","《易》以道阴阳",《诗》以道性情也。其所以修而为奇与葩者,则固以谓不如是则不能以显阴阳之理与性情之发也。故曰:非求工也。无其实而有其文,即六艺之辞犹无所取,而况其他哉!

文,虚器也;道,实指也。文欲其工,犹弓矢欲其良也。弓矢可以御寇,亦可以为寇,非关弓矢之良与不良也;文可以明道,亦可以叛道,非关文之工与不工也。陈琳为袁绍草檄,声曹操之罪状,辞采未尝不壮烈也。他日见操,自比矢之不得不应弦焉,使为曹操檄袁绍,其工亦必犹是尔。然则徒善文辞而无当于道,譬彼舟车之良,洵便于乘者矣,适燕与粤,未可知也。

圣人之言,贤人述之而或失其指;贤人之言,常人述之而或失其指。人心不同,如其面焉。而曰言托于公,不必尽出于己者,何也?盖谓道同而德合,其究终不至于背驰也。且赋诗断章,不啻若自其口出,而本指有所不拘也;引言互辨,与其言意或相反,而古人并存不废也。前人有言,后人援以取重焉,是同古人于己也;前人有言,后人从而扩充焉,是以己附古人也。仁者见仁,知者见知,言之从同而异、从异而同者,殆如秋禽之毛不可遍举也。是以后人述前人而不废前人之旧也,以为并存于天壤,而是非失得自听知者之别择,乃其所以为公也。君子恶夫盗人之言,而遽铲去其迹以遂掩着之私也。若夫前人已失其传,不得已而取裁后人之论述,是乃无可如何。譬失祀者得其族属而主之,亦可通其魂魄尔。非喻言公之旨,不足以知之。

言公下

于是泛滥文林,回翔艺苑,离形得似,弛羁脱辔,上窥作者之指,下挹时流之撰。口耳之学既微,竹帛之功斯显。窟巢托足,遂启璇雕;毛叶御寒,终开组纂;名言忘于太初,流别生于近晚。譬彼臠沸酌于觞窦,斯褰裳以厉津;堤防拯于横流,必方舟而济乱。推言公之宗旨,得吾道之一贯。惟日用而不知,鸮炙忘乎飞弹。试一揽夫沿流,蔚春畦之葱蒨。

若乃九重高拱,六合同风,王言纶綍,元气寰中。秉钧燮鼎之臣,襄谟殿柏;珥笔执简之士,承旨宸枫。于是西掖挥麻,北门视草。天风四方,渊雷八表。敷洋溢之德音,述忧勤之怀抱。崇文则山《韶》海《濩》,厉武则泰秣汃驱,敷政则云龙就律,恤灾则鸠鹄回腴。斯并石室金縢,史宬尊藏掌故,而缥函缃轴,学士辑为家书。左史右史之纪,王者无私;内制外制之集,词臣非擅。虽木天清閟,公言自有专官;而竹簟茅檐,存互何妨于外传也。制诰之公。

至于右文稽古,购典延英。兰台述史,虎观谈经。议簴校帜,六天五帝、三统九畴之论,专家互执;《礼》仇《书》讼、齐言鲁故、孔壁梁坟之说,称制以平。《正义》定著乎一家,《晋史》约删以百卷,六百年之解诂章疏,《五经正义》,取两汉六朝专家之说而定于一。十八家之编年纪传。《晋史》一十八家。譬彼漳分江合,济伏河横,淮申沔曲,汩兮朝宗于谷王;翡翠空青,蔚蓝芝紫,水碧砂丹,烂兮章施于采绚。凡以统车书而一视听,齐钧律而抑邪滥,虽统名乎敕定,实举职于儒臣。领袖崇班,表进勒名首简;群工集事,一时姓氏俱湮。盖新庙献功,岂计众匠奔趋;而将作用纪,明禋成礼,何论庖人治俎而尸祝辞陈?馆局之公。

尔其三台八座,百职庶司,节镇统部,郡县分治。罗群星于秋旻,茁百谷于东菑。簿书稠匝,卷牒纷披。文昌武库,礼司乐署之灿烂,若辐凑而运轴于车轮;甲兵犴讼,钱货农田之条理,若棋置而列枰以方罫。雁行进蓝田之牒,准令式而文行;牛耳招平原之徒,奉故事而诺画。是则命笔为刀,称书曰隶,遣言出自胥徒,得失归乎长吏。盖百官治而万民察,所以易结绳而为书契,昧者徒争于末流,知者乃通其初意。文移之公。

若夫侯王将相,岳牧群公,铃阁启事。戟门治戎,称崇高之富贵,具文武之威风。则有书记翩翩,风流名士,幕府宾客,文学掾史。鹗击海滨,仲连飞书于沙漠;鹰扬河朔,孔璋驰檄于当涂。王粲慷慨而依刘,赋传荆阙;班固倜傥以从窦,铭勒狼居。刍毁涂摧,死魄感惠连之吊;莺啼花发,生魂归希范之书。斯或精诚贯金石之坚,忠烈奋风云之气,输情则青草春生,腾说则黄涛夏沸,感幽则山鬼夜啼,显明则海灵朝霁。并能追杳入冥,传心达志,变化从人,曲屈如意。盖利禄之途既广,则揣摩之功微至。中晚文人之集,强半捉刀之技。既合驭而和鸾,岂分途而争帜? 书记之公。

盖闻富贵愿足,则慕神仙。黄白之术既绌,文章之尚斯专。度生人之不朽,久视弗若名传;既惩愚而显智,遂以后而胜前。则有爵擅七貂,抑或户封十万,当退食之委蛇,或休沐之闲宴,耻汩没于世荣,乃雅羡乎述赞。于是西园集雅,东阁宾儒,列铅置椠,纷墨披朱。求艺林之胜事,遂合力而并图。或抱荆山之璞,或矜隋侯之珠,或宝燕市之石,或滥齐门之竽。皆怀私而自媚,视匠指而奔趋。既取多而用闳,譬峙粮而聚稿;藉大力以赅存,供善学之搜讨。立功固等乎立言,何尝少谢于专家之独造也哉! 募集之公。

至如《诗》、《骚》体变,乐府登场。《朱鹭》、《悲翁》、《上邪》、《如张》之篇题,学士无征于诠解;呼豨、瑟二、存吾、几令之音拍,工师惟记乎铿锵。则有拟议形容,敷陈推表,好事者为之说辞,伤心人别有怀抱。金羁白马,酒市钗楼,年少之乐也;关山杨柳,行李风烟,离别之情也;草蒨禽肥,马骄弓逸,游猎之快也;陇水呜咽,塞日昏黄,征戍之行也。或以感愤而申征夫之怨,或以悒郁而抒去妾之悲,或以旷怀而恢游宴之兴,或以古意而托艳冶之词。盖传者未达其旨,遂谓《子夜》乃女子之号,《木兰》为自叙之诗。苟不背于六义之比兴,作者岂欲以名姓而自私!_{乐府之公。}

别有辞人点窜,略仿史删。因袭成文,或稍加点窜,惟史家义例有然,诗文集中本无此例。间有同此例者,大有神奇臭腐之别,不可不辨。凤困荆墟,疾迷阳于南国;庄子改《凤兮歌》。《鹿鸣》萍野,诵《宵雅》于《东山》。魏武用《小雅》诗。女萝薜荔,《陌上》演《山鬼》之辞;绮纨流黄,《狭斜》袭《妇艳》之故。乐府《陌上桑》与《三妇艳》之辞也。梁人改《陇头》之歌,增减古辞为之。韩公删《月蚀》之句,删改卢仝之诗。岂惟义取断章,不异宾筵奏赋。歌古人诗,见己意也。以至河分冈势,乃联春草青痕;宋诗僧用唐句。积雨空林,爱入水田白鹭。譬之古方今效,神加减于刀圭;赵壁汉师,变旌旗于节度。艺林自有雅裁,条举难穷其数者也。苟为不然,效出于尤。仿《同谷》之七歌,宋后诗人颇多。拟河间之《四愁》,傅玄、张载尚且为之,大可骇怪。非由中以出话,如随声而助讴。直是孩提学语,良为有识所羞者矣。点窜之公。

又有诗人流别,怀抱不同。变韵言兮裁文体,拟古事兮达私衷,旨原诸子之寓辞,文人沿袭而成风,后人不得其所自,因疑作伪而相攻。盖伤心故国,斯传塞外之书;李陵《答苏武书》,自刘知几以后,众口一辞,以为伪作。以理推之,伪者何所取乎?当是南北朝时,有南人羁北,而事类李陵,不忍明言者,拟此书以见志耳。灰志功名,乃托河边之喻;世传鬼谷子《与苏秦张仪书》,言河边之树,处非其地,故招剪伐,托喻以招二子归隐,疑亦功高自危之人所托言也。读者以意逆志,不异骚人之赋。出之本人,其意反浅,出之拟作,其意甚深,同于骚也。其后词科取士,用拟文为掌故,庄严则诏诰章表,威猛则文橄露布。作颂准于王褒，著论裁于贾傅。兹乃为矩为规，亦趋亦步，庶几他有心而予忖，亦足阐幽微而互著。拟文之公。

又如文人假设，变化不拘。《诗》通比兴，《易》拟象初。庄入巫咸之座，屈造詹尹之庐。楚太子疾，有客来吴，乌有、子虚之徒，争谈于较猎，凭虚、安处之属，讲议于京都。《解嘲》、《客难》、《宾戏》之篇衍其绪，镜机、玄微、冲漠之类浚其途。此则寓言十九，诡说万殊者也。乃其因事著称，缘人生义。譬若酒袭杜康之名，钱用邓通之字。空槐落火，桓温发叹于仲文之迁；<small>庾信《枯树赋》所藉用者，其实殷仲文迁东阳，在桓温久卒之后。</small>素月流天，王粲抽毫于应、刘之逝。<small>谢庄《月赋》所藉用者，其实王粲卒于应刘之前。</small>斯则善愁即为宋玉，岂必楚廷；旷达自是刘伶，何论晋世？善读古人之书，尤贵心知其意，愚者介介而争，古人不以为异也已。假设之公。

及夫经生制举，演义为文，虽源出于训故，实解主于餐新。截经书兮命题，制变化兮由人，长或连篇累章，短或片言只字，脱增减兮毫厘，即步移兮影徙，为圣贤兮立言，或庸愚兮申志。并欲描情摩态，设身处地，或语全而意半，或神到而形未。如云去而尚留，如马跃而未逝，纵收俄顷之间，刻画几希之际。水平剂量，何足喻其充周；历算交躔，曾莫名其微至。《易》奇《诗》正，《礼》节《乐》和，以至《左》夸、《庄》肆、《屈》幽、《史》洁之文理，无所不包；天人性命，经济阔通，以及儒纷、墨俭、名铩、法深之学术，无乎不备。惟制颁于功令，而义得于师承。严民生之三事，约智力于规绳，

守共由之义法,申各尽之精能。体会为言,曾何嫌乎拟圣;因心作则,岂必纵己说而成名。_{制义之公。}

凡此区分类别,鳞次部周。夭华媚春,硕果酣秋,极浅深之殊致,标左右之分流。其匿也几括,其争也寇仇;其同也交誉,其异也互纠;其合也沾沾而自喜,其违也耿耿而孤忧。孰鸿鹄而高举,孰鹦雀而啁啾;孰梧桐于高冈,孰茅苇于平洲?众自是而人非,喜伐异而党侔。饮齐井而相捽,曾不知伏泉之在幽。由大道而下览夫群言,奚翄激、嚆、叱、吸、叫、嚎、宾、咬之殊声,而酝酿于鼻、口、耳、枅、圈、臼、洼、污之异窍。厉风济而为虚,知所据而有者,一土囊之噫啸。能者无所竞其名,黜者无所事其剽,核者无所恃其辨,夸者无所争其耀。识言公之微旨,庶自得于道妙。_{或疑著述不当入辞赋,不知著述之体,初无避就,荀卿有《赋篇》矣。但无实之辞赋,自不宜淈著述尔。}

卷三

内篇三

史德

才、学、识，三者得一不易，而兼三尤难，千古多文人而少良史，职是故也。昔者刘氏子玄，盖以是说谓足尽其理矣。虽然，史所贵者义也，而所具者事也，所凭者文也。孟子曰："其事则齐桓、晋文，其文则史，义则夫子自谓窃取之矣。"非识无以断其义，非才无以善其文，非学无以练其事，三者固各有所近也；其中固有似之而非者也。记诵以为学也，辞采以为才也，击断以为识也，非良史之才学识也。虽刘氏之所谓才学识，犹未足以尽其理也。

夫刘氏以谓有学无识，如愚估操金，不解贸化，推此说以证刘氏之指，不过欲于记诵之间，知所决择以成文理耳。故曰：古人史取成家，退处士而进奸雄，排死节而饰主阙，亦曰一家之道然也。此犹文士之识，非史识也。能具史识者，必知史德。德者何？谓著书者之心术也。夫秽史者所以自秽，谤书者所以自谤，素行为人所羞，文辞何足取重！魏收之矫诬，沈约之阴恶，读其书者先不信其人，其患未至于甚也。所患夫心术者，谓其有君子之心而所养未底于粹也。

夫有君子之心而所养未粹,大贤以下所不能免也,此而犹患于心术,自非夫子之《春秋》不足当也。以此责人,不亦难乎？是亦不然也。

盖欲为良史者,当慎辨于天人之际,尽其天而不益以人也。尽其天而不益以人,虽未能至,苟允知之,亦足以称著书者之心术矣。而文史之儒,竞言才学识而不知辨心术,以议史德,乌乎可哉？

夫是尧、舜而非桀、纣,人皆能言矣;崇王道而斥霸功,又儒者之习故矣。至于善善而恶恶,褒正而嫉邪,凡欲托文辞以不朽者,莫不有是心也。然而心术不可不虑者,则以天与人参,其端甚微,非是区区之明所可恃也。夫史所载者事也,事必藉文而传,故良史莫不工文,而不知文又患于为事役也。盖事不能无得失是非,一有得失是非,则出入予夺相奋摩矣,奋摩不已而气积焉。事不能无盛衰消息,一有盛衰消息,则往复凭吊生流连矣,流连不已而情深焉。

凡文不足以动人,所以动人者气也;凡文不足以入人,所以入人者情也。气积而文昌,情深而文挚;气昌而情挚,天下之至文也。然而其中有天有人,不可不辨也。气得阳刚而情合阴柔,人丽阴阳之间,不能离焉者也。气合于理,天也;气能违理以自用,人也。情本于性,天也;情能汩性以自恣,人也。史之义出于天,而史之文不能不藉人力以成之。人有阴阳之患,而史文即忤于大道之公,其所感召者微也。

夫文非气不立,而气贵于平。人之气,燕居莫不平也,因事生感，而气失则宕，气失则激，气失则骄，毗于阳矣。文非情不深，而情贵于正。人之情，虚置无不正也，因事生感，而情失则流，情失则溺，情失则偏，毗于阴矣。阴阳伏沴之患，乘于血气而入于心知，其中默运潜移，似公而实逞于私，似天而实蔽于人，发为文辞，至于害义而违道，其人犹不自知也。故曰心术不可不慎也。

夫气胜而情偏，犹曰动于天而参于人也。才艺之士，则又溺于文辞以为观美之具焉，而不知其不可也。史之赖于文也，犹衣之需乎采，食之需乎味也。采之不能无华朴，味之不能无浓淡，势也。华朴争而不能无邪色，浓淡争而不能无奇味。邪色害目，奇味爽口，起于华朴浓淡之争也。文辞有工拙，而族史方且以是为竞焉，是舍本而逐末矣。以此为文，未有见其至者；以此为史，岂可与闻古人大体乎？

韩氏愈曰："仁义之人，其言蔼如。"仁者情之普，义者气之遂也。程子尝谓有《关雎》、《麟趾》之意而后可以行《周官》之法度。吾则以谓通六义比兴之旨而后可以讲春王正月之书，盖言心术贵于养也。史迁百三十篇，《报任安书》所谓"究天地之际，通古今之变，成一家之言"，自序以谓"绍名世，正《易传》，本《诗》、《书》、《礼》、《乐》之际"，其本旨也。所云"发愤著书"，不过叙述穷愁而假以为辞耳。后人泥于发愤之说，遂谓百三十篇皆为怨诽所激发，王允亦斥其言为谤书。于是后世论文，以史迁为讥谤之能事，以微文为史职之大权，或从羡慕而仿效为之，是直以乱臣贼子之居心而妄附《春秋》之笔削，不亦悖乎！今观迁所著书，如《封禅》之惑于鬼神,《平准》之算及商贩,孝武之秕政也。后世观于相如之文,桓宽之论,何尝待史迁而后著哉?《游侠》、《货殖》诸篇,不能无所感慨,贤者好奇,亦洵有之。余皆经纬古今,折衷六艺,何尝敢于讪上哉!朱子尝言《离骚》不甚怨君,后人附会有过。吾则以谓史迁未敢谤主,读者之心自不平耳。夫以一身坎轲,怨诽及于君父,且欲以是邀千古之名,此乃愚不安分,名教中之罪人,天理所诛,又何著述之可传乎?

夫《骚》与《史》,千古之至文也。其文之所以至者,皆抗怀于三代之英而经纬乎天人之际者也。所遇皆穷,固不能无感慨。而不学无识者流,且谓诽君谤主不妨尊为文辞之宗焉,大义何由得明,心术何由得正乎?

夫子曰:"《诗》可以兴。"说者以谓兴起好善恶恶之心也。好善恶恶之心,惧其似之而非,故贵平日有所养也。《骚》与《史》,皆深于《诗》者也,言婉多风,皆不背于名教,而枵于文者不辨也。故曰必通六义比兴之旨而后可以讲春王正月之书。

史释

或问《周官》府史之史,与内史、外史、太史、小史、御史之史,有异义乎?曰:无异义也。府史之史,庶人在官供书役者,今之所谓书吏是也。五史则卿、大夫、士为之,所掌图书、纪载、命令、法式之事,今之所谓内阁六科、翰林中书之属是也。官役之分,高下之隔,流别之判,如霄壤矣。然而无异义者,则皆守掌故而以法存先王之道也。

史守掌故而不知择，犹府守库藏而不知计也。先王以谓太宰制国用，司会质岁之成，皆有调剂盈虚、均平秩序之义，非有道德贤能之选不能任也，故任之以卿、士、大夫之重。若夫守库藏者，出纳不敢自专，庶人在官足以供使而不乏矣。然而卿、士、大夫讨论国计，得其远大，若问库藏之纤悉，必曰府也。

五史之于文字，犹太宰司会之于财货也。典、谟、训、诰，曾氏以谓唐、虞、三代之盛，载笔而纪，亦皆圣人之徒，其见可谓卓矣。五史以卿、士大夫之选，推论精微；史则守其文诰、图籍、章程，故事而不敢自专。然而问掌故之委折，必曰史也。

夫子曰："民可使由之，不可使知之。"先王道法，非有二也；卿、士大夫能论其道，而府史仅守其法，人之知识有可使能与不可使能尔，非府史所守之外，别有先王之道也。夫子曰："俎豆之事，则尝闻之矣。"曾子乃曰："君子所贵乎道者三，笾豆之事，则有司存。"非曾子之言异于夫子也，夫子推其道，曾子恐人泥其法也。子贡曰："文武之道，未坠于地，在人。夫子焉不学，亦何常师之有？""入太庙，每事问。"则有司、贱役、巫祝、百工，皆夫子之所师矣。问礼问官，岂非学于掌故者哉？故道不可以空诠，文不可以空著。三代以前，未尝以道名教，而道无不存者，无空理也；三代以前，未尝以文为著作，而文为后世不可及者，无空言也。盖自官师治教分，而文字始有私门之著述，于是文章学问，乃与官司掌故为分途，而立教者可得离法而言道体矣。《易》曰："苟非其人,道不虚行。"学者崇奉六经,以谓圣人立言以垂教。不知三代盛时,各守专官之掌故,而非圣人有意作为文章也。

《传》曰:"礼时为大。"又曰:"书同文。"盖言贵时王之制度也。学者但诵先圣遗言而不达时王之制度,是以文为鞶帨缔绣之玩而学为斗奇射覆之资,不复计其实用也。故道隐而难知,士大夫之学问文章,未必足备国家之用也;法显而易守,书吏所存之掌故,实国家之制度所存,亦即尧、舜以来因革损益之实迹也。故无志于学则已,君子苟有志于学,则必求当代典章以切于人伦日用,必求官司掌故而通于经术精微,则学为实事而文非空言,所谓有体必有用也。不知当代而言好古,不通掌故而言经术,则鞶帨之文,射覆之学,虽极精能,其无当于实用也审矣。

孟子曰:"力能举百钧而不足举一羽;明足察秋毫之末而不见舆薪。"难其所易而易其所难,谓失权度之宜也。学者昧今而博古,荒掌故而通经术,是能胜《周官》卿士之所难而不知求府史之所易也。故舍器而求道,舍今而求古,舍人伦日用而求学问精微,皆不知府史之史通于五史之义者也。

"以吏为师",三代之旧法也。秦人之悖于古者,禁《诗》、《书》而仅以法律为师耳。三代盛时,天下之学,无不以吏为师。《周官》三百六十,天人之学备矣。其守官举职而不坠天工者,皆天下之师资也。东周以还,君师政教不合于一,于是人之学术,不尽出于官司之典守。秦人以吏为师,始复古制,而人乃狃于所习,转以秦人为非耳。秦之悖于古者多矣，犹有合于古者，"以吏为师"也。

孔子曰："生乎今之世，反古之道，灾及其身者也。"李斯请禁《诗》《书》，以谓"儒者是古而非今"，其言若相近而其意乃大悖，后之君子不可不察也。夫三王不袭礼，五帝不沿乐，不知礼时为大而动言好古，必非真知古制者也。是不守法之乱民也，故夫子恶之。若夫殷因夏礼，百世可知，损益虽曰随时，未有薄尧、舜而诋斥禹、汤、文、武、周公而可以为治者。李斯请禁《诗》《书》，君子以谓愚之首也。后世之去唐、虞、三代，则更远矣。要其一朝典制，可以垂奕世而致一时之治平者，未有不于古先圣王之道得其仿佛者也。故当代典章，官司掌故，未有不可通于《诗》《书》六艺之所垂。而学者昧于知时，动矜博古，譬如考西陵之蚕桑，讲神农之树艺，以谓可御饥寒而不须衣食也。

史注

昔夫子之作《春秋》也，笔削既具，复以微言大义口授其徒。三传之作，因得各据闻见，推阐经蕴，于是《春秋》以明。诸子百家既著其说，亦有其徒相与守之，然后其说显于天下。至于史事，则古人以业世其家，学者就其家以传业，孔子问礼必于柱下史。盖以域中三大，非取备于一人之手，程功于翰墨之林者也。史迁著百三十篇，《汉书》谓之《太史公》，《隋志》始曰《史记》。乃云："藏之名山，传之其人。"其后外孙杨恽始布其书。班固《汉书》，自固卒后，一时学者未能通晓。马融乃伏阁下从其女弟受业，然后其学始显。

　　夫马、班之书，今人见之悉矣，而当日传之必以其人，受读必有所自者，古人专门之学，必有法外传心，笔削之功所不及，则口授其徒而相与传习其业，以垂永久也。迁书自裴骃为注，固书自应劭作解，其后为之注者犹若干家，则皆阐其家学者也。魏、晋以来，著作纷纷，前无师承，后无从学；且其为文也，体既滥漫，绝无古人笔削谨严之义，旨复浅近，亦无古人隐微难喻之故，自可随其诣力孤行于世耳。

　　至于史籍之掌，代其有人，而古学失传，史存具体，惟于文诰案牍之类次，月日记注之先后，不胜扰扰，而文亦繁芜复沓，尽失迁、固之旧也。是岂尽作者才力之不逮，抑史无注例，其势不得不日趋于繁富也。古人一书而传者数家，后代数人而共成一书。夫传者广，则简尽微显之法存；作者多，则抵牾复沓之弊出。循流而日忘其源，古学如何得复，而史策何从得简乎？是以《唐书》倍《汉》，《宋史》倍《唐》，检阅者不胜其劳，传习之业安得不亡！

　　夫同闻而异述者，见崎而分道也；源正而流别者，历久而失真也。九师之《易》，四氏之《诗》，师儒林立，传授已不胜其纷纷。士生三古而后，能自得于古人，勒成一家之作，方且彷徨乎两间，孤立无徒，而欲抱此区区之学，待发挥于子长之外孙，孟坚之女弟，必不得之数也。

　　太史《自叙》之作，其自注之权舆乎？明述作之本旨，见去取之从来，已似恐后人不知其所云而特笔以标之，所谓"不离古文"乃"考信六艺"云云者，皆百三十篇之宗旨，或殿卷末，或冠篇端，未尝不反覆自明也。班《书》年表十篇与

《地理》、《艺文》二志皆自注，则又大纲细目之规矩也。其陈、范二史，尚有松之、章怀为之注。至席惠明注《秦记》，刘孝标注《世说新语》，则杂史支流犹有子注，是六朝史学家法未亡之一验也。

自后史权既散，详《三变》篇。纪传浩繁，惟徐氏《五代史注》，亦已简略，尚存饩羊于一线。而唐、宋诸家，则茫乎其不知涯涘焉。宋范冲修《神宗实录》，别为《考异》五卷以发明其义，是知后无可代之人而自为之解，当与《通鉴举要》、《考异》之属，同为近代之良法也。刘氏《史通》，画补注之例为三条，其所谓小书人物之《三辅决录》、《华阳士女》，与所谓史臣自刊之《洛阳伽蓝》、《关东风俗》者，虽名为二品，实则一例，皆近世议史诸家之不可不亟复者也。惟所谓思广异闻之松之《三国》、刘昭《后汉》一条，则史家之旧法，与《索隐》、《正义》之流大同而小异者也。

夫文史之籍，日以繁滋，一编刊定，则征材所取之书，不数十年尝亡失其十之五六，宋、元修史之成规可覆按焉。使自注之例得行，则因援引所及而得存先世藏书之大概，因以校正艺文著录之得失，是亦史法之一助也。且人心日漓，风气日变，缺文之义不闻，而附会之习且愈出而愈工焉。

在官修书，惟冀塞责；私门著述，苟饰浮名，或剽窃成书，或因陋就简，使其术稍黠，皆可愚一时之耳目，而著作之道益衰。诚得自注以标所去取，则闻见之广狭，功力之疏密，心术之诚伪，灼然可见于开卷之顷，而风气可以渐复于质古，是又为益之尤大者也。然则考之往代，家法既如彼；

揆之后世,系重又如此;夫翰墨省于前而功效多于旧,孰有加于自注也哉?

传记

传记之书,其流已久,盖与六艺先后杂出。古人文无定体,经史亦无分科,《春秋》三家之传,各记所闻,依经起义,虽谓之记可也。经礼二戴之记,各传其说,附经而行,虽谓之传可也。其后支分派别,至于近代,始以录人物者区为之传,叙事迹者区为之记。盖亦以集部繁兴,人自生其分别,不知其然而然,遂若天经地义之不可移易。此类甚多,学者生于后世,苟无伤于义理,从众可也。然如虞预《妒记》、《襄阳耆旧记》之类,叙人何尝不称记?《龟策》、《西域》诸传,述事何尝不称传? 大抵为典为经,皆是有德有位纲纪人伦之所制作,今之六艺是也。

夫子有德无位,则述而不作,故《论语》、《孝经》皆为传而非经,而《易·系》亦止称为《大传》。其后悉列为经,诸儒尊夫子之文而使之有以别于后儒之传记尔。周末儒者,及于汉初,皆知著述之事,不可自命经纶,蹈于妄作;又自以立说当禀圣经以为宗主,遂以所见所闻各笔于书而为传记,若二《礼》诸记、《诗》、《书》、《易》、《春秋》诸传是也。

盖皆依经起义,其实各自为书,与后世笺注自不同也。后世专门学衰,集体日盛,叙人述事,各有散篇,亦取传记为名,附于古人传记专家之义尔。明自嘉靖而后,论文各分门户,其有好为高论者,辄言传乃史职,身非史官,岂可为人作传？世之无定识而强解事者，群焉和之，以谓于古未之前闻。

夫后世文字，于古无有而相率而为之者，集部纷纷，大率皆是。若传则本非史家所创，马、班以前，早有其文。孟子答苑囿汤、武之事，皆曰："于传有之。"彼时并未有纪传之史，岂史官之文乎！今必以为不居史职，不宜为传，试问传记有何分别，不为经师，又岂宜更为记耶？记无所嫌而传为厉禁，则是重史而轻经也。文章宗旨，著述体裁，称为例义。

今之作家，昧焉而不察者多矣，独于此等无可疑者，辄为无理之拘牵，殆如村俚巫妪妄说阴阳禁忌，愚民举措为难矣。明末之人，思而不学，其为瞽说，可胜唾哉！今之论文章者，乃又学而不思，反袭其说以矜有识，是为古所愚也。

辨职之言，尤为不明事理。如通行传记，尽人可为，自无论经师与史官矣。必拘拘于正史列传而始可为传，则虽身居史职，苟非专撰一史，又岂可别自为私传耶？若但为应人之请，便与撰传，无以异于世人所撰。惟他人不居是官，例不得为，己居其官，即可为之，一似官府文书之须印信者然。是将以史官为胥吏，而以应人之传为倚官府而舞文之具也，说尤不可通矣。道听之徒，乃谓此言出大兴朱先生，不知此乃明末人之矫论，持门户以攻王、李者也。

朱先生尝言："见生之人，不当作传。"自是正理。但观于古人，则不尽然。按《三国志》庞淯母赵娥为父报仇杀人，注引皇甫《列女传》云："故黄门侍郎安定梁宽为其作传。"是生存之人，古人未尝不为立传。李翱撰《杨烈妇传》，彼时杨尚生存，恐古人似此者不乏。盖包举一生而为之传，《史》、

《汉》列传体也；随举一事而为之传，左氏传经体也。朱先生言，乃专指列传一体尔。

邵念鲁与家太詹尝辨古人之撰私传曰："子独不闻邓禹之传，范氏固有本欤？"按此不特范氏，陈寿《三国志》裴注，引东京、魏、晋诸家私传相证明者凡数十家，即见于隋、唐《经籍》、《艺文志》者，如《东方朔传》、《陆先生传》之类，亦不一而足，事固不待辨也。彼挟兔园之册，但见昭明《文选》、唐宋八家鲜入此体，遂谓天下之书不复可旁证尔。

往者聘撰《湖北通志》，因恃督府深知，遂用别识心裁，勒为三家之学。人物一门，全用正史列传之例，撰述为篇。而隋、唐以前，史传昭著，无可参互详略施笔削者，则但揭姓名为《人物表》。说详本篇《序例》。其诸史本传，悉入文征以备案检。所谓三家之学，文征以拟文选。其于撰述义例，精而当矣。

时有金人，穷于宦拙，求余荐入书局，无功冒餐给矣。值督府左迁，小人涎利构谗，群刺蜂起，当事惑之，檄委其人校正。余方恃其由余荐也，而不虞其背德反噬，昧其平昔所服膺者而作诪张以罔上也。别有专篇《辨例》。乃曰："文征例仿《文选》、《文苑》，《文选》、《文苑》本无传体。"因举《何蕃》、《李赤》、《毛颖》、《宋清》诸传出于游戏投赠，不可入正传也。上官乃亟赞其有学识也，而又阴主其说，匿不使余知也。噫！《文苑英华》有传五卷，盖七百九十有二至于七百九十有六，其中正传之体，公卿则有兵部尚书梁公李岘，节钺则有东川节度卢坦，皆李华撰传。文学如陈子昂，卢藏用撰传。节操如李绅，沈亚之撰传。贞烈如杨妇、李翱。窦女，杜牧。合于史家正传例者凡十余篇，而谓《文苑》无正传体，真丧心矣！

宋人编辑《文苑》，类例固有未尽，然非金人所能知也。即传体之所采，盖有排丽如碑志者，庾信《丘乃敷敦崇传》之类。自述非正体者，《陆文学自传》之类。立言有寄托者，《王承福传》之类。藉名存讽刺者，《宋清传》之类。投赠类序引者，《强居士传》之类。俳谐为游戏者，《毛颖传》之类。亦次于诸正传中；不如李汉集韩氏文，以《何蕃传》入杂著，以《毛颖传》入杂文，义例乃皎然矣。

习固

辨论乌乎起？起于是非之心也。是非之心乌乎起？起于嫌介疑似之间也。乌乎极？极于是尧非桀也。世无辨尧、桀之是非，世无辨天地之高卑也。目力尽于秋毫，耳力穷乎穴蚁。能见泰山，不为明目，能闻雷霆，不为聪耳。故尧、桀者，是非之名，而非所以辨是非也。嫌介疑似，未若尧、桀之分也，推之而无不若尧、桀之分，起于是非之微而极于辨论之精也。故尧、桀者辨论所极，而是非者隐微之所发端也。

隐微之创见，辨者矜而宝之矣。推之不至乎尧、桀，无为贵创见焉。推之既至乎尧、桀，人亦将与固有之尧、桀而安之也。故创得之是非，终于无所见是非也。尧、桀，无推者也。积古今之是非而安之如尧、桀者，皆积古今人所创见之隐微而推极之者也。安于推极之是非者，不知是非之所在也；不知是非之所在者，非竟忘是非也，以谓固然而不足致吾意焉尔。

触乎其类而动乎其思,于是有见所谓诚然者,非其所非而是其所是,矜而宝之,以谓隐微之创见也。推而合之,比而同之,致乎其极,乃即向者安于固然之尧、桀也。向也不知所以而今知其所以,故其所见有以异于向者之所见,而其所云实不异于向之所云也。故于是非而不致其思者,所矜之创见,皆其平而无足奇者也。酤家酿酒而酸,大书酒酸减直于门,以冀速售也。有不知书者,入饮其酒而酸,以谓主人未之知也。既去而遗其物,主家追而纳之,又谓主人之厚已也,屏人语曰:"君家之酒酸矣,盍减直而急售!"主人闻之而哑然也。故于是非而不致其思者,所矜之创见,乃告主家之酒酸也。

尧、桀固无庸辨矣。然被尧之仁,必有几,几于不能言尧者,乃真是尧之人也;遇桀之暴,必有几,几于不能数桀者,乃真非桀之人也。千古固然之尧、桀,犹推始于几,几不能言与数者,而后定尧、桀之固然也。

故真知是非者,不能遽言是非也。真知是尧非桀者,其学在是非之先,不在是尧非桀也。是尧而非桀,贵王而贱霸,遵周、孔而斥异端,正程、朱而偏陆、王,吾不谓其不然也;习固然而言之易者,吾知其非真知也。

朱陆

天人性命之理,经传备矣。经传非一人之言,而宗旨未尝不一者,其理著于事物而不托于空言也。师儒释理以示后学，惟著之于事物，则无门户之争矣。理，譬则水也；事物，譬则器也。器有大小浅深，水如量以注之，无盈缺也。今欲以水注器者，姑置其器而论水之挹注盈虚，与夫量空测实之理，争辨穷年未有已也，而器固已无用矣。

子夏之门人问交于子张，治学分而师儒尊知以行闻，自非夫子，其势不能不分也。高明沈潜之殊致，譬则寒暑昼夜，知其意者交相为功，不知其意交相为厉也。宋儒有朱、陆，千古不可合之同异，亦千古不可无之同异也。末流无识，争相诟詈，与夫勉为解纷，调停两可，皆多事也。然谓朱子偏于道问学，故为陆氏之学者，攻朱氏之近于支离；谓陆氏之偏于尊德性，故为朱氏之学者，攻陆氏之流于虚无；各以所畸重者争其门户，是亦人情之常也。但既自承朱氏之授受而攻陆、王，必且博学多闻，通经服古，若西山、鹤山、东发、伯厚诸公之勤业，然后充其所见，当以空言德性为虚无也。今攻陆、王之学者，不出博洽之儒而出荒俚无稽之学究，则其所攻与其所业相反也。问其何为不学问，则曰支离也；诘其何为守专陋，则曰性命也。是攻陆、王者未尝得朱之近似，即伪陆、王以攻真陆、王也，是亦可谓不自度矣。

荀子曰："辨生于末学。"朱、陆本不同，又况后学之哓哓乎！但门户既分，则欲攻朱者必窃陆、王之形似；欲攻陆、王，必窃朱子之形似。朱子之形似必繁密，而陆、王之形似必空灵，一定之理也。而自来门户之交攻，俱是专己守残，束书不观，而高谈性天之流也。则自命陆、王以攻朱者固伪

陆、王,即自命朱氏以攻陆、王者亦伪陆、王,不得号为伪朱
也。同一门户而陆、王有伪,朱无伪者,空言易而实学难也。
黄、蔡、真、魏皆承朱子而务为实学,则自无暇及于门户异同
之见,亦自不致随于消长盛衰之风气也。是则朱子之流别
优于陆、王也。然而伪陆、王之冒于朱学者,犹且引以为同
道焉,吾恐朱氏之徒叱而不受矣。

传言有美疢,亦有药石焉。陆、王之攻朱,足以相成而
不足以相病。伪陆、王之自谓学朱而奉朱,朱学之忧也。盖
性命事功学问文章合而为一,朱子之学也。求一贯于多学
而识,寓约礼于博文,是本末之兼该也。诸经解义,不能无
得失,训诂考订,不能无疏舛,是何伤于大体哉!且传其学
者,如黄、蔡、真、魏,皆通经服古、躬行实践之醇儒,其于朱
子有所失,亦不曲从而附会,是亦足以立教矣。乃有崇性命
而薄事功,弃置一切学问文章,而守一二章句、集注之宗旨,
因而斥陆讥王,愤若不共戴天,以谓得朱之传授,是以通贯
古今、经纬世宙之朱子,而为村陋无闻,傲狠自是之朱子也。
且解义不能无得失,考订不能无疏舛,自获麟绝笔以来,未
有免焉者也。今得陆、王之伪而自命学朱者,乃曰:"墨守朱
子,虽知有毒,犹不可不食。"又曰:"朱子实兼孔子与颜、曾、
孟子之所长。"噫!其言之是非毋庸辨矣。朱子有知,忧当
何如邪!

告子曰:"不得于言,勿求于心,不得于心,勿求于气。"
不动心者,不求义之所安,此千古墨守之权舆也。是非之
心,人皆有之。不能充之以义理而又不受人之善,此墨守之

似告子也。然而藉人之是非以为是非，不如告子之自得矣。

藉人之是非以为是非，如佣力佐斗，知争胜而不知所以争也。故攻人则不遗余力，而诘其所奉者之得失为何如，则未能悉也。故曰：明知有毒而不可不服也。

末流失其本，朱子之流别，以为优于陆、王矣。然则承朱氏之俎豆，必无失者乎？曰：奚为而无也。今人有薄朱氏之学者，即朱氏之数传而后起者也。其与朱氏为难，学百倍于陆、王之末流，思更深于朱门之从学，充其所极，朱子不免先贤之畏后生矣。然究其承学，实自朱子数传之后起也，其人亦不自知也。而世之号为通人达士者，亦几几乎褰裳以从矣。有识者观之，齐人之饮井相捽也。性命之说，易入虚无。朱子求一贯于多学而识，寓约礼于博文，其事繁而密，其功实而难，虽朱子之所求，未敢必谓无失也。然沿其学者，一传而为勉斋、九峰，再传而为西山、鹤山、东发、厚斋，三传而为仁山、白云，四传而为潜溪、义乌，五传而为宁人、百诗，则皆服古通经，学求其是，而非专己守残，空言性命之流也。自是以外，文则入于辞章，学则流于博雅，求其宗旨之所在，或有不自知者矣。生乎今世，因闻宁人、百诗之风，上溯古今作述，有以心知其意，此则通经服古之绪又嗣其音矣。无如其人慧过于识而气荡乎志，反为朱子诟病焉，则亦忘其所自矣。夫实学求是，与空谈性天，不同科也。考古易差，解经易失，如天象之难以一端尽也。历象之学，后人必胜前人，势使然也。因后人之密而贬羲、和，不知即羲、和之遗法也。今承朱氏数传之后，所见出于前人，不知即是前人之遗绪,是以后历而贬羲、和也。盖其所见能过前人者,慧有余也,抑亦后起之智虑所应尔也,不知即是前人遗蕴者,识不足也。其初意未必遂然,其言足以慑一世之通人达士而从其井捽者,气所荡也。其后亦遂居之不疑者,志为气所动也。攻陆、王者出伪陆、王,其学猥陋,不足为陆、王病也;贬朱者之即出朱学,其力深沉,不以源流互质,言行交推,世有好学而无真识者,鲜不从风而靡矣。

古人著于竹帛,皆其宣于口耳之言也。言一成而人之观者千百其意焉,故不免于有向而有背。今之黠者则不然,以其所长有以动天下之知者矣;知其所短不可以欺也,则似有不屑焉。徙泽之蛇,且以小者神君焉。其遇可以知而不必且为知者,则略其所长,以为未可与言也;而又饰所短,以为无所不能也。雷电以神之,鬼神以幽之,键箧以固之,标帜以市之,于是前无古人而后无来者矣。天下知者少而不必且为知者之多也,知者一定不易而不必且为知者之千变无穷也;故以笔信知者,而以舌愚不必深知者,天下由是靡然相从矣。夫略所短而取其长,遗书具存,强半皆当遵从而不废者也,天下靡然从之,何足忌哉!不知其口舌遗厉,深入似知非知之人心,去取古人,任偏衷而害于道也。语云:"其父杀人报仇,其子必且行劫。"其人于朱子,盖已饮水而忘源;及笔之于书,仅有微辞隐见耳,未敢居然斥之也,此其所以不见恶于真知者也。而不必深知者,习闻口舌之间,肆然排诋而无忌惮,以谓是人而有是言,则朱子真不可以不斥也。故趋其风者,未有不以攻朱为能事也。非有恶于朱也,惧其不类于是人，即不得为通人也。夫朱子之授人口实，强半出于《语录》，《语录》出于弟子门人杂记，未必无失初旨也。然而大旨实与所著之书相表里，则朱子之著于竹帛，即其宣于口耳之言。是表里如一者，古人之学也，即以是义责其人，亦可知其不如朱子远矣，又何争于文字语言之末也哉！

文德

凡言义理，有前人疏而后人加密者，不可不致其思也。古人论文，惟论"文辞"而已矣。刘勰氏出，本陆机氏说而昌论"文心"；苏辙氏出，本韩愈氏说而昌论"文气"；可谓愈推而愈精矣。未见有论"文德"者，学者所宜深省也。夫子尝言"有德必有言"，又言"修辞立其诚"，孟子尝论"知言"、"养气"，本乎"集义"，韩子亦言"仁义之途"，"《诗》、《书》之源"，皆言德也。今云未见论文德者，以古人所言，皆兼本末，包内外，犹合道德文章而一之；未尝就文辞之中言其有才、有学、有识，又有文之德也。

凡为古文辞者，必敬以恕。临文必敬，非修德之谓也；论古必恕，非宽容之谓也。敬非修德之谓者，气摄而不纵，纵必不能中节也；恕非宽容之谓者，能为古人设身而处地也。嗟乎！知德者鲜，知临文之不可无敬恕，则知文德矣。

昔者陈寿《三国志》，纪魏而传吴、蜀，习凿齿为《汉晋春秋》，正其统矣；司马《通鉴》仍陈氏之说，朱子《纲目》又起而正之。"是非之心，人皆有之"，不应陈氏误于先，而司马再误于其后,而习氏与朱子之识力偏居于优也。而古今之讥《国志》与《通鉴》者,殆于肆口而骂詈,则不知起古人于九原,肯吾心服否邪?陈氏生于西晋,司马生于北宋,苟黜曹魏之禅让,将置君父于何地?而习与朱子,则固江东南渡之人也,惟恐中原之争天统也。此说前人已言。诸贤易地则皆然,未必识逊今之学究也。是则不知古人之世,不可妄论古人文辞也。知其世矣,不知古人之身处,亦不可以遽论其文也。身之所处,固有荣辱、隐显、屈伸、忧乐之不齐,而言之有所为而言者,虽有子不知夫子之所谓,况生千古以后乎!圣门之论恕也,"己所不欲,勿施于人",其道大矣。今则第为文人论古必先设身,以是为文德之恕而已尔。

韩氏论文,"迎而拒之,平心察之",喻气于水,言为浮物。柳氏之论文也,"不敢轻心掉之","怠心易之","矜气作之","昏气出之"。夫诸贤论心论气,未即孔、孟之旨,及乎天人性命之微也。然文繁而不可杀,语变而各有当。要其大旨,则临文主敬,一言以蔽之矣。主敬则心平而气有所摄,自能变化从容以合度也。夫史有三长,才、学、识也。古文辞而不由史出,是饮食不本于稼穑也。夫识,生于心也;才,出于气也;学也者,凝心以养气,炼识而成其才者也。心虚难恃,气浮易弛,主敬者,随时检摄于心气之间,而谨防其一往不收之流弊也。夫缉熙敬止,圣人所以成始而成终也,其为义也广矣。今为临文检其心气,以是为文德之敬而已尔。

文理

偶于良宇案间见《史记》录本,取观之,乃用五色圈点,各为段落。反覆审之,不解所谓。询之良宇,哑然失笑,以谓己亦厌观之矣。其书云出前明归震川氏,五色标识,各为义例,不相混乱。若者为全篇结构,若者为逐段精采,若者为意度波澜,若者为精神气魄,以例分类,便于拳服揣摩,号为古文秘传。前辈言古文者,所为珍重授受,而不轻以示人者也。又云:"此如五祖传灯,灵素受箓,由此出者,乃是正宗;不由此出,纵有非常著作,释子所讥为'野狐禅'也。余幼学于是,及游京师,闻见稍广,乃知文章一道,初不由此,然意其中或有一二之得,故不遽弃,非珍之也。"余曰:文章一道,自元以前,衰而且病,尚未亡也。明人初承宋、元之遗,粗存规矩,至嘉靖、隆庆之间,晦蒙否塞,而文几绝矣。归震川氏生于是时,力不能抗王、李之徒而心知其非,故斥凤洲以为庸妄,谓其创为秦、汉伪体,至并官名地名而改用古称,使人不辨作何许语,故直斥之曰文理不通,非妄言也。然归氏之文,气体清矣,而按其中之所得,则亦不可强索。故余尝书识其后,以为先生所以砥柱中流者,特以文从字顺,不汩没于流俗,而于古人所谓阂中肆外,言以声其心之所得,则未之闻尔。然亦不得不称为彼时之豪杰矣。但归氏之于制艺,则犹汉之子长,唐之退之,百世不祧之大宗也。故近代时文家之言古文者,多宗归氏。唐、宋八家之选,人几等于五经四子,所由来矣。惟归、唐之集,其论说文字,皆以《史记》为宗;而其所以得力于《史记》者,乃颇怪其不类。

盖《史记》体本苍质，而司马才大，故运之以轻灵。今归、唐之所谓疏宕顿挫，其中无物，遂不免于浮滑，而开后人以描摩浅陋之习。故疑归、唐诸子得力于《史记》者，特其皮毛，而于古人深际，未之有见。今观诸君所传五色订本，然后知归氏之所以不能至古人者，正坐此也。

夫立言之要，在于有物。古人著为文章，皆本于中之所见，初非好为炳炳烺烺，如锦工绣女之矜夸采色已也。富贵公子，虽醉梦中不能作寒酸求乞语；疾痛患难之人，虽置之丝竹华宴之场，不能易其呻吟而作欢笑。此声之所以肖其心，而文之所以不能彼此相易，各自成家者也。今舍己之所求而摩古人之形似，是杞梁之妻善哭其夫，而西家偕老之妇亦学其悲号；屈子自沉汨罗，而同心一德之朝，其臣亦宜作楚怨也，不亦慎乎！至于文字，古人未尝不欲其工。

孟子曰："持其志，无暴其气。"学问为立言之主，犹之志也；文章为明道之具，犹之气也。求自得于学问，固为文之根本；求无病于文章，亦为学之发挥。故宋儒尊道德而薄文辞，伊川先生谓工文则害道，明道先生谓记诵为玩物丧志，虽为忘本而逐末者言之；然推二先生之立意，则持其志者不必无暴其气，而出辞气之远于鄙倍，辞之欲求其达，孔、曾皆为不闻道矣。但文字之佳胜，正贵读者之自得，如饮食甘旨，衣服轻暖，衣且食者之领受，各自知之，而难以告人。如欲告人衣食之道，当指脍炙而令其自尝，可得旨甘，指狐貉而令其自被，可得轻暖，则有是道矣。必吐己之所尝而哺人以授之甘，搂人之身而置怀以授之暖，则无是理也。

韩退之曰:"记事者必提其要,纂言者必钩其玄。"其所谓钩玄提要之书,不特后世不可得而闻,虽当世籍、湜之徒亦未闻其有所见,果何物哉?盖亦不过寻章摘句,以为撰文之资助耳。此等识记,古人当必有之。如左思十稔而赋《三都》,门庭藩溷,皆著纸笔,得即书之。今观其赋,并无奇思妙想,动心骇魄,当藉十年苦思力索而成。其所谓得即书者,亦必标书志义,先掇古人菁英,而后足以供驱遣尔。然观书有得,存乎其人,各不相涉也。故古人论文,多言读书养气之功,博古通经之要,亲师近友之益,取材求助之方,则其道矣。至于论及文辞工拙,则举隅反三,称情比类,如陆机《文赋》,刘勰《文心雕龙》,钟嵘《诗品》,或偶举精字善句,或品评全篇得失,令观之者得意文中,会心言外,其于文辞思过半矣。至于不得已而摘记为书,标识为类,是乃一时心之所会,未必出于其书之本然。比如怀人见月而思,月岂必主远怀?久客听雨而悲,雨岂必有愁况?然而月下之怀,雨中之感,岂非天地至文?而欲以此感此怀藏为秘密,或欲嘉惠后学,以谓凡对明月与听霖雨,必须用此悲感方可领略,则适当良友乍逢及新昏宴尔之人,必不信矣。

是以学文之事,可授受者规矩方圆,其不可授受者心营意造。至于纂类摘比之书,标识评点之册,本为文之末务,不可揭以告人,只可用以自志,父不得而与子,师不能以传弟,盖恐以古人无穷之书,而拘于一时有限之心手也。

律诗当知平仄,古诗宜知音节。顾平仄显而易知,音节隐而难察,能熟于古诗,当自得之。执古诗而定人之音节,则音节变化,殊非一成之诗所能限也。赵伸符氏取古人诗为《声调谱》,通人讥之,余不能为赵氏解矣。然为不知音节之人言,未尝不可生其启悟,特不当举为天下之式法尔。时文当知法度,古文亦当知有法度。时文法度显而易言,古文法度隐而难喻,能熟于古文,当自得之。执古文而示人以法度,则文章变化,非一成之文所能限也。归震川氏取《史记》之文,五色标识,以示义法,今之通人,如闻其事,必窃笑之,余不能为归氏解也。然为不知法度之人言,未尝不可资其领会,特不足据为传授之秘尔。据为传授之秘,则是郢人宝燕石矣。

夫书之难以一端尽也,仁者见仁,智者见智。诗之音节,文之法度,君子以谓可不学而能,如啼笑之有收纵,歌哭之有抑扬,必欲揭以示人,人反拘而不得歌哭啼笑之至情矣。然使一己之见,不事穿凿过求,而偶然浏览,有会于心,笔而志之,以自省识,未尝不可资修辞之助也。乃因一己所见,而谓天下之人,皆当范我之心手焉,后人或我从矣,起古人而问之,乃曰:"余之所命,不在是矣。"毋乃冤欤!

文集

集之兴也,其当文章升降之交乎? 古者朝有典谟,官存法令,风诗采之间里,敷奏登之庙堂,未有人自为书,家存一说者也。刘向校书,叙录诸子百家,皆云出于古者某官某氏之掌,是古无私门著述之征也。余详外篇。自治学分途,百家风起,周、秦诸子之学,不胜纷纷,识者已病道术之裂矣。然专门传家之业,未尝欲以文名。苟足显其业而可以传授于其徒，诸子俱有学徒传授，《管》《晏》二子书多记其身后事，《庄子》亦记其将死之言，《韩非·存韩》篇之终以李斯驳议，皆非本人所撰，盖为其学者各据闻见而附益之尔。则其说亦遂止于是，而未尝有参差庞杂之文也。两汉文章渐富，为著作之始衰。然贾生奏议，编入《新书》，即《贾子书》，唐《集贤书目》始有《新书》之名。相如词赋，但记篇目，《艺文志》《司马相如赋》二十九篇，次《屈原赋》二十五篇之后，而叙录总云诗赋一百六家，一千三百一十八篇，盖各为一家言，与《离骚》等。皆成一家之言，与诸子未甚相远，初未尝有汇次诸体，裒焉而为文集者也。

自东京以降，迄乎建安、黄初之间，文章繁矣，然范、陈二史《文苑传》始于《后汉书》。所次文士诸传，识其文笔，皆云所著诗、赋、碑、箴、颂、诔若干篇，而不云文集若干卷，则文集之实已具，而文集之名犹未立也。《隋志》云："别集之名，东京所创。"盖未深考。自挚虞创为《文章流别》，学者便之，于是别聚古人之作，标为"别集"，则文集之名，实仿于晋代。陈寿定《诸葛亮集》二十四篇，本云《诸葛亮故事》，其篇目载《三国志》，亦子书之体。而《晋书·陈寿传》云定《诸葛集》，寿于目录标题亦称《诸葛氏集》，盖俗误云。而后世应酬牵率之作，决科俳优之文，亦泛滥横裂而争附别集之名，是诚刘《略》所不能收，班《志》所无可附。而所为之文，亦矜情饰貌，矛盾参差，非复专门名家之语无旁出也。

夫治学分而诸子出，公私之交也；言行殊而文集兴，诚伪之判也。声屡变则屡卑，文愈繁则愈乱。苟有好学深思之士，因文以求立言之质，因散而求会同之归，则三变而古学可兴。惜乎循流者忘源，而溺名者丧实，二缶犹且以钟惑，况滔滔之靡有底极者。昔者向、歆父子之条别，其《周官》之遗法乎！聚古今文字而别其家，合天下学术而守于官，非历代相传有定式，则西汉之末，无由直溯周、秦之源也。《艺文志》有录无书者亦归其类，则刘向以前必有传授矣。且《七略》分家亦未有确据，当是刘氏失其传。班《志》而后，纷纷著录者，或合或离，不知宗要，其书既不尽传，则其部次之得失，叙录之善否，亦无从而悉考也。荀勗《中经》有四部，诗赋图赞与汲冢之书归丁部，王俭《七志》以诗赋为《文翰志》，而介于诸子军书之间，则集部之渐日开，而尚未居然列专目也。至阮孝绪撰《七录》，惟技术、佛、道分三类，而经典、纪传、子兵、文集之四录，已全为唐人经、史、子、集之权舆。是集部著录实仿于萧梁，而古学源流，至此为一变，亦其时势为之也。

呜呼！著作衰而有文集，典故穷而有类书，学者贪于简阅之易而不知实学之衰，狃于易成之名而不知大道之散。江河日下，豪杰之士，从狂澜既倒之后而欲障百川于东流，其不为举世所非笑而指目牵引为言词，何可得耶？

且名者，实之宾也；类者，例所起也。古人有专家之学而后有专门之书，有专门之书而后有专门之授受，郑樵盖尝云尔。即类求书，因流溯源，部次之法明，虽三坟五典可坐而致也。自校雠失传而文集类书之学起，一编之中，先自不胜其庞杂，后之兴者，何从而窥古人之大体哉？夫《楚词》，屈原一家之书也；自《七录》初收于集部，《隋志》特表《楚词》类，因并总集别集为三类，遂为著录诸家之成法。充其义例，则相如之赋，苏、李之五言，枚生之《七发》，亦当别标一目而为赋类、五言类、《七发》类矣；总集别集之称何足以配之？其源之滥，实始词赋不列专家而文人有别集也。《文心雕龙》，刘勰专门之书也。自《集贤书目》收为总集，《隋志》已然。《唐志》乃并《史通》、《文章龟鉴》、《史汉异义》为一类，遂为郑《略》、马《考》诸子之通规。郑志以《史通》入通史类，以《雕龙》入文集类，夫渔仲校雠义例最精，犹舛误若此，则俗学之传习已久也。充其义例，则魏文《典论》，葛洪《史钞》，张骘《文士传》，《典论·论文》篇如《雕龙》，《史钞》如《史汉异义》，《文士传》如《文章龟鉴》，类皆相似。亦当混合而入总集矣。史部子部之目何得而分之？《典论》，子类也；《史钞》、《文士传》，史类也。其例之混，实由文集难定专门而似者可乱真也。著录既无源流，作者标题，遂无定法。郎蔚之《诸州图经集》，则史部地理而有集名矣；《隋志》所收。王方庆《宝章集》，则经部小学而有集名矣；《唐志》所收。玄觉《永嘉集》，则子部释家而有集名矣。《唐志》所收。百家杂艺之末流，识既庸暗，文复鄙俚，或钞撮古人，或自明小数，本非集类而纷纷称集者，何足胜道！虽曾氏《隆平集》，亦从流俗，当改为传志，乃为相称。然则三集既兴，九流必混，学术之迷，岂特黎丘有鬼，歧路亡羊而已耶？

篇卷

《易》曰："艮其辅，言有序。"《诗》曰："出言有章。"古人之于言，求其有章有序而已矣。著之于书，则有简策标其起讫，是曰篇章。孟子曰："吾于《武成》，取二三策而已矣。"是连策为篇之证也；《易·大传》曰："二篇之策，万有一千五百二十。"是首尾为篇之证也；左氏引《诗》，举其篇名而次第引之，则曰某章云云，是篇为大成而章为分阕之证也。要在文以足言，成章有序，取其行远可达而已，篇章简策，非所计也。后世文字繁多，爰有较雠之学，而向、歆著录，多以篇卷为计。大约篇从竹简，卷从缣素，因物定名，无他义也。而缣素为书，后于竹简，故周、秦称篇，入汉始有卷也。第彼时竹素并行，而名篇必有起讫，卷无起讫之称，往往因篇以为之卷，故《汉志》所著几篇，即为后世几卷，其大较也。然《诗经》为篇三百，而为卷不过二十有八；《尚书》、《礼经》，亦皆卷少篇多，则又知彼时书入缣素，亦称为篇。篇之为名，专主文义起讫，而卷则系乎缀帛短长，此无他义，盖取篇之名书，古于卷也，故异篇可以同卷，而分卷不闻用以标起讫也。考班氏《五行》之志，《元后》之传，篇长卷短，则分子卷，是篇不可易而卷可分合也。嗣是以后，讫于隋、唐，书之计卷者多，计篇者少。著述诸家所谓一卷，往往即古人之所谓一篇，则事随时变，人亦出于不自知也。惟司马彪《续后汉志》八篇之书，分卷三十，割篇徇卷，大变班书子卷之法，作俑唐、宋史传，失古人之义矣。《史》、《汉》之书，十二本纪、七十列传、八书、十志之类，但举篇数，全书自了然也；《五行志》分子卷五，《王莽传》分子卷三，而篇目仍合为一，总卷之数仍与相符，是以篇之起讫为主，不因卷帙繁重而苟分也。自司马彪以八志为三十卷，遂开割篇徇卷之例，篇卷混淆，而名实亦不正矣。欧阳《唐志》五十，其实十三志也，年表十五，其实止四表也；《宋史》列传二百五十有五，《后妃》以一为二，《宗室》以一为四，李纲一人，传分二卷，再并《道学》、《儒林》以至《外国》、《蛮夷》之同名异卷，凡五十余卷，其实不过一百九十余卷耳。至于其间名小异而实不异者，道书称号，即卷之别名也，元人《说郛》用之；蒯通《隽永》称首，则章之别名也，梁人《文选》用之。此则标新著异，名实故无伤也。唐、宋以来，卷轴之书，又变而为纸册，则成书之易，较之古人，盖不啻倍蓰已也。

古人所谓简帙繁重，不可合为一篇者，_{分上中下之类。}今则再倍其书而不难载之同册矣。故自唐以前，分卷甚短，六朝及唐人文集所为十卷，今人不过三四卷也。自宋以来，分卷遂长。以古人卷从卷轴，势自不能过长；后人纸册为书，不过存卷之名，则随其意之所至，不难巨册以载也。以纸册而存缣素为卷之名，亦犹汉人以缣素而存竹简为篇之名，理本同也。然篇既用以计文之起讫矣，是终古不可改易，虽谓不从竹简起义可也。卷则限于轴之长短而并无一定起讫之例，今既不用缣素而用纸册，自当量纸册之能胜而为之界。其好古而标卷为名，从质而标册为名，自无不可；不当又取卷数与册本故作参差，使人因卷寻篇，又复使人挟册求卷，徒滋扰也。

夫文之繁省起讫，不可执定，而方策之重，今又不行，_{古人寂寥短篇，亦可自为一书，孤行于世，盖方策体重，不如后世片纸难为一书也。}则篇自不能孤立，必依卷以连编，势也；卷非一定而不可易，既欲包篇以合之，又欲破册而分之，使人多一检索于离合之外，又无关于义例焉，不亦扰扰多事乎？故著书但当论篇，不当计卷；_{卷不关于文之本数，篇则因文计数者也。故以篇为计，自不忧其有阙卷，以卷为计，不能保其无阙篇也。}必欲计卷，听其量册短长而为铨配可也。不计所载之册而铢铢分卷，以为题签著录之美观，皆是泥古而忘实者也。《崇文》、《宋志》，间有著册而不详卷者；明代《文渊阁目》，则但计册而无卷矣；是虽著录之阙典,然使卷册苟无参差,何至有此弊也! 古人已成之书,自不宜强改。

天喻

夫天,浑然而无名者也。三垣、七曜、二十八宿、一十二次、三百六十五度、黄道、赤道,历家强名之以纪数尔。古今以来,合之为文质损益,分之为学业、事功、文章、性命。当其始也,但有见于当然而为乎其所不得不为,浑然无定名也。其分条别类,而名文、名质,名为学业、事功、文章、性命而不可合并者,皆因偏救弊,有所举而诏示于人,不得已而强为之名,定趋向尔。后人不察其故而徇于其名,以谓是可自命其流品,而纷纷有入主出奴之势焉。汉学宋学之交讥,训诂辞章之互诋,德性学问之纷争,是皆知其然而不知其所以然也。

学业将以经世也,如治历者尽人功以求合于天行而已矣,初不自为意必也。其前人所略而后人详之,前人所无而后人创之,前人所习而后人更之,譬若《月令》中星不可同于《尧典》,太初历法不可同于《月令》,要于适当其宜而可矣。周公承文、武之后而身为冢宰,故制作礼乐,为一代成宪;孔子生于衰世,有德无位,故述而不作以明先王之大道;孟子当处士横议之时,故力距杨、墨以尊孔子之传述;韩子当佛老炽盛之时,故推明圣道以正天下之学术;程、朱当末学忘本之会,故辨明性理以挽流俗之人心。其事与功皆不相袭,而皆以言乎经世也。故学业者,所以辟风气也。风气未开,学业有以开之；风气既弊，学业有以挽之。人心风俗不能历久而无弊，犹羲和、保章之法不能历久而不差也。因其弊而施补救，犹历家之因其差而议更改也。历法之差，非过则不及；风气之弊，非偏重则偏轻也。重轻过不及之偏，非因其极而反之，不能得中正之宜也。好名之士，方且趋风气而为学业，是以火救火而水救水也。

天定胜人，人定亦能胜天。二十八宿，十二次舍，以环天度数尽春秋中国都邑。夫中国在大地中，东南之一隅耳。而周天之星度属之，占验未尝不应，此殆不可以理推测，盖人定之胜于天也。且如子平之推人生年月日时，皆以六十甲子分配五行生克。夫年月与时，并不以甲子为纪，古人未尝有是言也。而后人既定其法，则亦推衍休咎而无不应，岂非人定之胜天乎？《易》曰"先天而天弗违"，盖以此也。学问亦有人定胜天之理，理分无极太极，数分先天后天，图有《河图》《洛书》，性分义理气质，圣人之意，后贤以意测之，遂若圣人不妨如是解也。率由其说，亦可以希圣，亦可以希天，岂非人定之胜天乎？尊信太过，以谓真得圣人之意固非；即辨驳太过，以为诸儒诟詈，亦岂有当哉？

师说

韩退之曰："师者，所以传道授业解惑者也。"又曰："师不必贤于弟子，弟子不必不如师。""道之所在，师之所在也。"又曰："巫医百工之人，不耻相师。"而因怪当时之人以相师为耻，而曾巫医百工之不如。韩氏盖为当时之敝俗而言之也，未及师之究竟也。《记》曰："民生有三，事之如一，君、亲、师也。"此为传道言之也。授业解惑，则有差等矣。业有精粗，惑亦有大小，授且解者之为师，固然矣；然与传道有间也。巫医百工之相师，亦不可以概视也；盖有可易之师与不可易之师，其相去也不可同日语矣。知师之说者，其知天乎？盖人皆听命于天者也，天无声臭而俾君治之；人皆天所生也，天不物物而生而亲则生之；人皆学于天者也，天不谆谆而诲而师则教之。然则君子而思事天也，亦在谨事三者而已矣。人失其道则失所以为人，犹无其身则无所以为生也。故父母生而师教，其理本无殊异。此七十子之服孔子，所以可与之死，可与之生，东西南北，不敢自有其身。非情亲也，理势不得不然也。

若夫授业解惑，则有差等矣。经师授受，章句训诂，史学渊源，笔削义例，皆为道体所该。古人"书不尽言，言不尽意"，竹帛之外别有心传，口耳转受必明所自，不啻宗支谱系不可乱也。此则必从其人而后受，苟非其人，即己无所受也，是不可易之师也。学问专家，文章经世，其中疾徐甘苦，可以意喻，不可言传。此亦至道所寓，必从其人而后受，不从其人即己无所受也，是不可易之师也。苟如是者，生则服勤，左右无方，没则尸祝俎豆，如七十子之于孔子可也。至于讲习经传，旨无取于别裁；斧正文辞，义未见其独立；人所共知共能，彼偶得而教我。从甲不终，不妨去而就乙；甲不告我，乙亦可询；此则不究于道，即可易之师也。虽学问文章，亦末艺耳。其所取法，无异梓人之慬琢雕，红女之传缔绣，以为一日之长，拜而礼之，随行偶坐，爱敬有加可也。必欲严昭事之三而等生身之义，则责者罔而施者亦不由衷矣。巫医百工之师，固不得比于君子之道，然亦有说焉。技术之精，古人专业名家，亦有隐微独喻，得其人而传，非其人而不传者，是亦不可易之师，亦当生则服勤而没则尸祝者也。古人饮食，必祭始为饮食之人，不忘本也；况成我道德术艺而我固无从他受者乎？至于"弟子不必不如师，师不必贤于弟子"，则观所得为何如耳。所争在道，则技曲艺业之长，又何沾沾而较如不如哉？

嗟夫！师道失传久矣。有志之士，求之天下，不见不可易之师，而观于古今，中有怦怦动者，不觉辗然而笑，索焉不知涕之何从，是亦我之师也。不见其人，而于我乎隐相授受，譬则孤子见亡父于影像，虽无人告之，梦寐必将有警焉。而或者乃谓古人行事，不尽可法，不必以是为尸祝也。夫禹必祭鲧，尊所出也；兵祭蚩尤，宗创制也。若必选人而宗之，周、孔乃无遗憾矣。人子事其亲，固有论功德而祧祢以奉大父者邪？

假年

客有论学者，以谓书籍至后世而繁，人寿不能增加于前古，是以人才不古若也。今所有书，如能五百年生，学者可无遗憾矣。计千年后，书必数倍于今，则亦当以千年之寿副之。或传以为名言也。余谓此愚不知学之言也。必若所言，造物虽假之以五千年而犹不达者也。

学问之于身心，犹饥寒之于衣食也。不以饱暖慊其终身，而欲假年以穷天下之衣食，非愚则罔也。传曰："至诚能尽其性，则能尽人之性；能尽人之性，则能尽物之性。"人之异于物者，仁义道德之粹，明物察伦之具，参天赞地之能，非物所得而全耳。若夫知觉运动，心知血气之禀于天者，与物岂有殊哉？

夫质大者所用不得小，质小者所资不待大；物各有极也，人亦一物也。鲲鹏之寿十亿，虽千年其犹稚也；蟪蛄不知春秋，期月其大耋也。人于天地之间，百年为期之物也；心知血气，足以周百年之给欲而不可强致者也。夫子十五志学，"七十而从心所欲，不逾矩"。圣人，人道之极也。人之学为圣者，但有十倍百倍之功，未闻待十倍百倍之年也。一得之能，一技之长，亦有志学之始与不逾矩之究竟也。其不能至于圣也，质之所限也，非年之所促也。颜子三十而夭，夫子曰："惜乎！吾见其进也，未见其止也！"盖痛其不足尽百年之究竟也。又曰："后生可畏，四十五十而无闻焉，斯不足畏。"人生固有八十九十至百年者，今不待终其天年，而于四十五十谓其不足畏者，亦约之以百年之生，度其心知血气之用，固可意计而得也。五十无闻，虽使更千百年，亦犹是也。

神仙长生之说，诚渺茫矣。同类殊能，则亦理之所有，故列仙洞灵之说，或有千百中之十一，不尽诬也。然而千岁之神仙，不闻有能胜于百岁之通儒，则假年不足懋学之明征也。禹惜分阴，孔子"发愤忘食，乐以忘忧，不知老之将至"，又曰："假我数年，五十以学《易》。"盖惧不足尽百年之能事，以谓人力可至者，而吾有不至焉，则负吾生也。蟪蛄纵得鲲鹏之寿，其能止于啾啾之鸣也；盖年可假而质性不可变。是以圣贤爱日力而不能憾百年之期虒，所以谓之尽性也。

世有童年早慧，诵读兼人之倍蓗而犹不止焉者，宜大异于常人矣，及其成也，较量愚柔百倍之加功，不能遽胜也。则敏钝虽殊，要皆画于百年之能事，而心知血气可以理约之明征也。今不知为己而骛博以炫人，天下闻见不可尽而人之好尚不可同，以有尽之生而逐无穷之闻见，以一人之身而逐无端之好尚，尧、舜有所不能也。孟子曰："尧、舜之智，而不遍物，尧、舜之仁，不遍爱人。"今以凡猥之资而欲穷尧、舜之所不遍，且欲假天年于五百焉；幸而不可能也，如其能之，是妖孽而已矣！

族子廷枫曰：叔父每见学者自言苦无记性，书卷过目辄忘，因自解其不学。叔父辄曰："君自不善学耳；果其善学，记性断无不足用之理。书卷浩如烟海，虽圣人犹不能尽。古人所以贵博者，正谓业必能专而后可与言博耳。盖专则成家，成家则己立矣。宇宙名物有切己者，虽锱铢不遗；不切己者，虽泰山不顾；如此用心，虽极钝之资，未有不能记也。不知专业名家，而泛然求圣人之所不能尽，此愚公移山之智而同斗筲之见也。"此篇盖有为而发，是亦为夸多斗靡者下一针砭。故其辞亦庄亦谐，令人自发深省，与向来所语学者足相证也。

感遇

古者官师政教出于一，秀民不艺其百亩，则饩于庠序，不有恒业，谓学业。必有恒产，无旷置也。周衰，官失道行，私习于师儒，于是始有失职之士，孟子所谓尚志者也。士与公卿大夫皆谓爵秩，未有不农不秀之间，可称尚志者也。孟子所言，正指为官失师分，方有此等品目。进不得禄享其恒业，退不得耕获其恒产，处世孤危所由来也。圣贤有志斯世，则有际可公养之仕，三就三去之道，遇合之际，盖难言也。夫子将至荆，先之以子夏，申之以冉有。泄柳、申详，无人乎缪公之侧，则不能安其身。孟子去齐，时子致矜式之言，有客进留行之说。相需之殷而相遇之疏，则有介绍旁通，维持调护，时势之出于不得不然者也。圣贤进也以礼，退也以义，无所撄于外，故自得者全也。士无恒产，学也禄在其中；非畏其耕之馁，势有不暇及也。虽然，三月无君，则死无庙祭，生无宴乐，霜露怛心，凄凉相吊，圣贤岂必远于人情哉！君子固穷，枉尺直寻，羞同诡御，非争礼节，盖恐不能全其所自得耳。

古之不遇时者，隐居下位，后世下位不可以幸致也。古之不为仕者，躬耕乐道，后世耕地不可以幸求也。古人廉退之境，后世竭贪幸之术而求之，犹不得也。故责古之君子，但欲其明进退之节，不苟慕夫荣利而已；责后之君子，必具志士沟壑勇士丧元之守而后可。圣人处遇，固无所谓难易也；大贤以下，必尽责其丧元沟壑而后可，亦人情之难者也。商鞅浮尝以帝道，贾生详对于鬼神，或致隐几之倦，或逢前席之迎，意各有所为也。然而或有遇不遇者，商因孝公之所欲，而贾操文帝之所难也。韩非致慨于《说难》，曼倩托言于谐隐，盖知非学之难，而所以申其学者难也。然而韩非卒死于说而曼倩尚畜于俳，何也？一则露锷而遭忌，一则韬锋而幸全也。故君子不难以学术用天下,而难于所以用其学术之学术。古今时异势殊,不可不辨也。古之学术简而易,问其当否而已矣;后之学术曲而难,学术虽当,犹未能用,必有用其学术之学术;而其中又有工拙焉。身世之遭遇,未责其当否,先责其工拙。学术当而趋避不工,见摈于当时;工于遇而执持不当,见讥于后世。沟壑之患逼于前,而工拙之效驱于后,呜呼!士之修明学术,欲求寡过而能全其所自得,岂不难哉!

且显晦,时也;穷通,命也。才之生于天者有所独,而学之成于人者有所优,一时缓急之用,与一代风尚所趋不必适相合者,亦势也。刘歆经术而不遇孝武,李广飞将而不遇高皇,千古以为惜矣。周人学武而世主尚文,改而学文,主又重武;方少而主好用老,既老而主好用少,白首泣涂,固其宜也。若夫下之所具,即为上之所求,相须綦亟而相遇终疏者;则又不可胜道也。孝文拊髀而思颇、牧,而魏尚不免于罚作;理宗端拱而表程、朱,而真、魏不免于疏远;则非学术之为难,而所以用其学术之学术,良哉其难也!望远山者,高秀可挹,入其中而不觉也;追往事者,哀乐无端,处其境而不知也。汉武读相如之赋,叹其飘飘凌云,恨不得与同时矣;及其既见相如,未闻加于一时侍从诸臣之右也。人固有爱其人而不知其学者,亦有爱其文而不知其人者。唐有牛、李之党,恶白居易者,缄置白氏之作,以谓见则使人生爱,恐变初心,是于一人之文行殊爱憎也;郑畋之女讽咏罗隐之诗,至欲委身事之,后见罗隐貌寝,因之绝口不道,是于一人之才貌分去取也。文行殊爱憎,自出于党私;才貌分去取,则是妇人女子之见也。然而世以学术相贵,读古人书,常有生不并时之叹;脱有遇焉,则又牵于党援异同之见,甚而效郑畋女子之别择于容貌焉。则士之修明学术,欲求寡过而能全其所自得,岂不难哉!淳于量饮于斗石,无鬼论相于狗马,所谓赋《关雎》而兴淑女之思,咏《鹿鸣》而致嘉宾之意也。有所托以起兴,将以浅而入深,不特诗人微婉之风,实亦世士羔雁之质,欲行其学者,不得不度时人之所喻以渐入也。然而世之观人者,闻《关雎》而索河洲,言《鹿鸣》而求苹野,淑女嘉宾则弃置而弗道也。中人之情,乐易而畏难,喜同而恶异,听其言而不能察其言之所谓者,十常八九也。有贱丈夫者,知其遇合若是之难也,则又舍其所长而强其所短,力趋风尚,不必求惬于心。风尚岂尽无所取哉?其开之者尝有所为,而趋之者但袭其伪也。

夫雅乐不亡于下里而亡于郑声,郑声工也;良苗不坏于蒿莱而坏于莠草,莠草似也;学术不丧于流俗而丧于伪学,伪学巧也。天下不知学术,未尝不虚其心以有待也。伪学出,而天下不复知有自得之真学焉。此孔子之所以恶乡愿,而孟子之所为深嫉似是而非也。然而为是伪者,自谓所以用其学术耳。昔者夫子未尝不猎较,而簿正之法卒不废,兆不足行而后去也。然则所以用其学术之学术,圣贤不废也。学术不能随风尚之变,则又不必圣贤,虽梓匠轮舆,亦如是也。是以君子假兆以行学,而遇与不遇听乎天。昔扬子云早以雕虫获荐,而晚年草玄寂寞,刘知幾先以词赋知名而后因述史减誉，诚知其不可奈何而安之若命也。

辨似

人藏其心，不可测度也。言者，心之声，善观人者，观其所言而已矣。人不必皆善，而所言未有不托于善也。善观人者，察其言善之故而已矣。夫子曰："始吾于人也，听其言而信其行；今吾于人也，听其言而观其行。"恐其所言不出于意之所谓诚然也。夫言不由中，如无情之讼，辞穷而情易见，非君子之所患也。学术之患，莫患乎同一君子之言，同一有为言之也，求其所以为言者，咫尺之间而有霄壤之判焉，似之而非也。

天下之言，本无多也。言有千变万化，宗旨不过数端可尽，故曰言本无多。人则万变不齐者也。以万变不齐之人，而发为无多之言，宜其迹异而言则不得不同矣。譬如城止四门，城内之人千万；出门而有攸往，必不止四途，而所从出者止四门也。然则趋向虽不同，而当其发轫，不得不同也。非有意以相袭也，非投东而伪西也，势使然也。

树艺五谷，所以为烝民粒食计也。仪狄曰："五谷不可不熟也。"问其何为而祈熟，则曰："不熟无以为酒浆也。"教民蚕桑，所以为老者衣帛计也。蚩尤曰："蚕桑不可不植也。"诘其何为而欲植，则曰："不植无以为旌旗也。"夫仪狄、蚩尤，岂不诚然须粟帛哉？然而斯民衣食不可得而赖矣。

《易》曰："阴阳不测之为神。"又曰："神也者，妙万物而为言者也。"孟子曰："大而化之之谓圣，圣而不可知之之谓神。"此神化神妙之说所由来也。夫阴阳不测,不离乎阴阳也;妙万物而为言,不离乎万物也;圣不可知,不离乎充实光辉也。然而曰圣、曰神、曰妙者,使人不滞于迹,即所知见以想见所不可知见也。学术文章,有神妙之境焉。末学肤受,泥迹以求之;其真知者,以谓中有神妙,可以意会而不可以言传者也。不学无识者,窒于心而无所入,穷于辨而无所出,亦曰可意会而不可言传也。君子恶夫似之而非者也。

伯昏瞀人谓列御寇曰:"人将保汝矣,非汝能使人保也,乃汝不能使人毋汝保也。"然则不能使人保者,下也;能使人毋保者,上也;中则为人所保矣。故天下惟中境易别,上出乎中而下不及中,恒相似也。学问之始,未能记诵;博涉既深,将超记诵。故记诵者,学问之舟车也。人有所适也,必资乎舟车;至其地,则舍舟车矣。一步不行者,则亦不用舟车矣。不用舟车之人,乃托舍舟车者为同调焉,故君子恶夫似之而非者也。程子见谢上蔡多识经传,便谓玩物丧志,毕竟与孔门一贯不似。

理之初见,毋论智愚与贤不肖不甚远也;再思之,则恍惚而不可恃矣;三思之,则眩惑而若夺之矣。非再三之力转不如初也。初见立乎其外,故神全;再三则入乎其中,而身已从其旋折也。必尽其旋折,而后复得初见之至境焉。故学问不可以惮烦也。然当身从旋折之际,神无初见之全,必时时忆其初见,以为恍惚眩惑之指南焉,庶几哉有以复其初也。吾见今之好学者,初非有所见而为也,后亦无所期于至也;发愤攻苦,以谓吾学可以加人而已矣。泛焉不系之舟,虽日驰千里，何适于用乎？乃曰学问不可以惮烦。故君子恶夫似之而非者也。

夫言所以明理，而文辞则所以载之之器也。虚车徒饰而主者无闻，故溺于文辞者不足与言文也。《易》曰："物相杂，故曰文。"又曰："其指远，其辞文。"《书》曰："政贵有恒，辞尚体要。"《诗》曰："辞之辑矣，民之洽矣。"《记》曰："毋剿说，毋雷同，则古昔，称先王。"《传》曰："辞达而已矣。"曾子曰："出辞气，斯远鄙倍矣。"经传圣贤之言，未尝不以文为贵也。盖文固所以载理，文不备则理不明也。且文亦自有其理，妍媸好丑，人见之者，不约而有同然之情，又不关于所载之理者，即文之理也。故文之至者，文辞非其所重尔，非无文辞也。而陋儒不学，猥曰"工文则害道"。故君子恶夫似之而非者也。

陆士衡曰："虽杼轴于予怀，怵他人之我先；苟伤廉而愆义，亦虽爱而必捐。"盖言文章之士，极其心之所得，常恐古人先我而有是言，苟果与古人同，便为伤廉愆义，虽可爱之甚，必割之也。韩退之曰："惟古于文必己出，降而不能乃剿袭。"亦此意也。立言之士，以意为宗，盖与辞章家流不同科也。人同此心，心同此理。宇宙辽扩，故籍纷揉，安能必其所言古人皆未言邪？此无伤者一也。人心又有不同，如其面焉。苟无意而偶同，则其委折轻重，必有不尽同者，人自得而辨之，此无伤者二也。著书宗旨无多，其言则万千而未有已也。偶与古人相同，不过一二，所不同者，足以概其偶同，此无伤者三也。吾见今之立言者，本无所谓宗旨，引古人言而申明之，申明之旨，则皆古人所已具也。虽然，此则才弱者之所为，人一望而知之，终归覆瓿，于事固无伤也。乃有黠者，易古人之貌而袭其意焉。同时之人有创论者，申其意而讳所自焉。或闻人言其所得，未笔于书，而遽窃其意以为己有，他日其人自著为书，乃反出其后焉。且其私智小慧，足以弥缝其隙而更张其端，使人瞢然莫辨其底蕴焉；自非为所窃者觌面质之，且穷其所未至，其欺未易败也；又或同其道者亦尝究心，反覆勘其本末，其隐始可攻也。然而盗名欺世，已非一日之厉矣，而当时之人，且曰某甲之学不下某氏，某甲之业胜某氏焉。故君子恶夫似之而非者也。

万世取信者，夫子一人而已矣。夫子之言不一端，而贤者各得其所长，不肖者各误于所似。"诲人不倦"，非渎蒙也；"予欲无言"，非绝教也；"好古敏求"，非务博也；"一以贯之"，非遗物也。盖一言而可以无所不包，虽夫子之圣亦不能也。得其一言，不求是而求似，贤与不肖，存乎其人，夫子之所无如何也。孟子，善学孔子者也。夫子言仁知，而孟子言仁义，夫子为东周，而孟子王齐、梁，夫子信而好古，孟子乃曰："尽信书则不如无书。"而求孔子者必自孟子也。故得其是者，不求似也；求得似者，必非其是者也。然而天下之误于其似者，皆曰吾得其是矣。

卷四

内篇四

说林

道，公也；学，私也。君子学以致其道，将尽人以达于天也。人者何？聪明才力，分于形气之私者也；天者何？中正平直，本于自然之公者也。故曰道公而学私。

道同而术异者，韩非有《解老》、《喻老》之书，列子有《杨朱》之篇，墨者述晏婴之事，作用不同，而理有相通者也。术同而趣异者，子张难子夏之交，荀卿非孟子之说，张仪破苏秦之从，宗旨不殊，而所主互异者也。

渥洼之驹，可以负百钧而致千里，合两渥洼之力，终不可致二千里。言乎绝学孤诣，性灵独至，纵有偏阙，非人所得而助也。两渥洼驹，不可致二千里，合两渥洼之力，未始不可负二百钧而各致千里。言乎鸿裁绝业，各效所长，纵有抵牾，非人所得而私据也。

文辞非古人所重，草创讨论，修饰润色，固已合众力而为辞矣。期于尽善，不期于矜私也。丁敬礼使曹子建润色其文，以谓后世谁知定吾文者，是有意于欺世也。存其文而兼存与定之善否，是使后世读一人之文而获两善之益焉，所补岂不大乎？

司马迁袭《尚书》、《左》、《国》之文,非好同也,理势之不得不然也。司马迁点窜《尚书》、《左》、《国》之文,班固点窜司马迁之文,非好异也,理势之不得不然。有事于此,询人端末,岂必责其亲闻见哉!张甲述所闻于李乙,岂盗袭哉?人心不同知其面也,张甲述李乙之言,而声容笑貌不能尽为李乙,岂矫异哉?

孔子学周公,周公监二代,二代本唐、虞,唐、虞法前古,故曰:"道之大原出于天。"盖尝观于山下出泉,沙石隐显,流注曲直,因微渐著,而知江河舟楫之原始也;观于孩提呕哑,有声无言,形揣意求,而知文章著述之最初也。

有一代之史,有一国之史,有一家之史,有一人之史。整齐故事与专门家学之义不明,详《释通》《答客问》。而一代之史鲜有知之者矣;州县方志与列国史记之义不明,详《方志》篇。而一国之史鲜有知之者矣;谱牒不受史官成法,详《家史》篇。而一家之史鲜有知之者矣;诸子体例不明,文集各私撰著,而一人之史鲜有知之者矣。

展喜受命于展禽,则却齐之辞,谓出展禽可也,谓出展喜可也。弟子承师说而著书,友生因咨访而立解,后人援古义而敷言,不必讳其所出,亦自无愧于立言者也。

子建好人讥诃其文,有不善者,应时改定;讥诃之言可存也,改定之文亦可存也。意卓而辞踬者,润丹青于妙笔;辞丰而学疏者,资卷轴于腹笥;要有不朽之实,取资无足讳也。

陈琳为曹洪作书上魏太子,言破贼之利害,此意诚出曹洪,明取陈琳之辞,收入曹洪之集可也。今云:"欲令陈琳为书,琳顷多事,故竭老夫之思。"又云:"怪乃轻其家丘,谓为倩人。"此掩著之丑也,不可入曹洪之集矣。

譬彼禽鸟,志识其身,文辞其羽翼也。有大鹏千里之身,而后可以运垂天之翼;鷃雀假雕鹗之翼,势未举而先踬矣,况鹏翼乎!故修辞不忌夫暂假,而贵有载辞之志识,与己力之能胜而已矣。噫!此难与溺文辞之末者言也。

诸子一家之宗旨,文体峻洁而可参他人之辞;文集杂撰之统汇,体制兼该而不敢入他人之笔。其故何耶?盖非文采辞致不如诸子,而志识卓然,有其离文字而自立于不朽者,不敢望诸子也。果有卓然成家之文集,虽入他人之代言,何伤乎!

庄周《让王》、《渔父》诸篇,辨其为真为赝;屈原《招魂》、《大招》之赋,争其为玉为瑶,固矣夫文士之见也!

醴泉,水之似醴者也;天下莫不饮醴而独恨不得饮醴泉,甚矣,世之贵夫似是而非者也!

著作之体,援引古义,袭用成文,不标所出,非为掠美,体势有所不暇及也。亦必视其志识之足以自立,而无所藉重于所引之言,且所引者并悬天壤,而吾不病其重见焉,乃可语于著作之事也。考证之体,一字片言,必标所出。所出之书,或不一二而足,则必标最初者;譬如马、班并有,用马而不用班。最初之书既亡,则必标所引者,譬如刘向《七略》既亡,而部次见于《汉·艺文志》,阮孝绪《七录》既亡,而阙目见于《隋·经籍志》注,则引《七略》、《七录》之文,必云《汉志》、《隋注》。乃是"慎言其余"之定法也。书有并见而不数其初,陋矣;引用逸书而不标所出,使人观其所引,一似逸书犹存。罔矣,以考证之体而妄援著作之义,以自文其剽窃之私焉,谬矣。

文辞,犹三军也;志识,其将帅也。李广入程不识之军,而旌旗壁垒一新焉,固未尝物物而变,事事而更之也。知此意者,可以袭用成文而不必己出者矣!

文辞,犹舟车也;志识,其乘者也。轮欲其固,帆欲其捷,凡用舟车,莫不然也。东西南北,存乎其乘者矣。知此义者,可以以我用文而不致以文役我者矣。

文辞,犹品物也;志识,其工师也。橙橘樝梅,庖人得之,选甘脆以供笾实也;医师取之,备药毒以疗疾疢也。知此义者,可以同文异取,同取异用而不滞其迹者矣。古书断章取义,各有所用;拘儒不达,介介而争。

文辞,犹金石也;志识,其炉锤也。神奇可化臭腐,臭腐可化神奇。知此义者,可以不执一成之说矣。有所得者即神奇,无所得者即臭腐。

文辞,犹财货也;志识,其良贾也。人弃我取,人取我与,则贾术通于神明。知此义者,可以斟酌风尚而立言矣。风尚偏趋,贵有识者持之。

文辞,犹药毒也;志识,其医工也。疗寒以热,热过而厉甚于寒;疗热以寒,寒过而厉甚于热;良医当实甚而已有反虚之忧,故治偏不激而后无余患也。知此义者,可以拯弊而处中矣。

转桔槔之机者,必周上下前后而运之。上推下挽,力所及也;正前正后,力不及也。倍其推则前如坠,倍其挽则后如跃；倍其力之所及，以为不及之地也。人之聪明知识，必有力所不及者，不可不知所倍以为之地也。

五味之调，八音之奏，贵同用也。先后尝之，先后听之，不成味与声矣。邮传之达，刻漏之直，贵接续也。并驰同止，并直同休，不成邮与漏矣。书有数人共成者，历先后之传而益精，获同时之助而愈疏也。先后无争心，而同时有胜气也；先后可授受，而同时难互喻也；先后有补救，而同时鲜整暇也。

人之有能有不能者，无论凡庶圣贤有所不免者也。以其所能而易其不能，则所求者可以无弗得也。主义理者拙于辞章，能文辞者疏于征实，三者交讥而未有已也。义理存乎识，辞章存乎才，征实存乎学，刘子玄所以有三长难兼之论也。一人不能兼而咨访以为功，未见古人绝业不可复绍也。私心据之，惟恐名之不自我擅焉，则三者不相为功而且以相病矣。

所谓好古者，非谓古之必胜乎今也，正以今不殊古，而于因革异同求其折衷也。古之糟魄，可以为今之精华，非贵糟魄而直以为精华也，因糟魄之存而可以想见精华之所出也；如类书本无深意，古类书尤不如后世类书之详备，然援引古书，为后世所不可得者藉是以存，亦可贵宝矣。古之疵病，可以为后世之典型，非取疵病而直以之为典型也，因疵病之存而可以想见典型之所在也。如《论衡》最为偏驳，然所称说，有后世失其传者，未尝不藉以存。是则学之贵于考征者，将以明其义理尔。

"出辞气，斯远鄙悖矣。"悖者修辞之罪人，鄙则何以必远也？不文则不辞，辞不足以存，而将并所以辞者亦亡也。诸子百家悖于理而传者有之矣，未有鄙于辞而传者也。理不悖而鄙于辞，力不能胜；辞不鄙而悖于理，所谓五谷不熟，不如荑稗也。理重而辞轻，天下古今之通义也。然而鄙辞不能夺悖理，则妍媸好恶之公心，亦未尝不出于理故也。

波者水之风，风者空之波，梦者心之华，文者道之私。止水无波，静空无风，至人无梦，至文无私。

演口技者，能于一时并作人畜、水火、男妇、老稚千万声态，非真一口能作千万态也。千万声态齐于人耳，势必有所止也，取其齐于耳者以为止，故操约而致声多也。工绘事者，能于尺幅并见远近、浅深、正侧、回互千万形状，非真尺幅可具千万状也。千万形状齐于人目，势亦有所止也，取其齐于目者以为止，故笔简而著形众也。夫声色齐于耳目，义理齐于人心，等也。诚得义理之所齐，而文辞以是为止焉，可以与言著作矣。

天下有可为其半而不可为其全者。偏枯之药可以治偏枯，倍其偏枯之药不可以起死人也。此说见《吕氏春秋》。天下有可为其全而不可为其半者。樵夫担薪两钧，捷步以趋，去其半而不能行，非力不足，势不便也。风尚所趋，必有其弊，君子立言以救弊，归之中正而已矣。惧其不足夺时趋也而矫之或过，则是倍用偏枯之药而思起死人也；仅取救弊而不推明斯道之全量，则是担薪去半而欲恤樵夫之力也。

十寸为尺，八尺曰寻。度八十尺而可得十寻，度八百寸而不可得十寻者，积小易差也；一夫之力可耕百亩，合八夫之力而可耕九百亩者,集长易举也。学问之事,能集所长而不泥小数,善矣。

风会所趋,庸人亦能勉赴;风会所去,豪杰有所不能振也。汉廷重经术,卒史亦能通六书,吏民上书讹误辄举劾。后世文学之士,不习六书之义者多矣。羲之俗书,见讥韩氏。韩氏又云,为文宜略识字。岂后世文学之士,聪明智力不如汉廷卒史之良哉?风会使然也。越人相矜以燕语,能为燕语者,必其熟游都会,长于阅历,而口舌又自调利过人者也。及至燕,则庸奴贱婢,稚女鬌童,皆燕语矣。以是矜越语之丈夫,岂通论哉?仲尼之门,五尺童子,羞称五霸,必谓五尺童子,其才识过于管仲、狐、赵诸贤焉,夫子之所不许也。五谷之与稊稗,其贵贱之品有一定矣。然而不熟之五谷,犹逊有秋之稊稗焉。而托一时风会所趋者,诩然自矜其途辙,以谓吾得寸木,实胜彼之岑楼焉,其亦可谓不达而已矣。尊汉学,尚郑、许,今之风尚如此,此乃学古,非即古学也,居然唾弃一切,若隐有所恃。

王公之仆圉,未必贵于士大夫之亲介也。而是仆圉也,出入朱门甲第,诩然负异,而骄士大夫曰"吾门大",不知士大夫者,固得叱而系之以请治于王公;王公亦必挞而楚之以谢阃家之不饬也。学问不求有得而矜所托以为高,王公仆圉之类也。

"丧欲速贫,死欲速朽",有子以谓非君子之言。然则有为之言,不同正义,圣人有所不能免也。今之泥文辞者,不察立言之所谓而遽断其是非,是欲责人才过孔子也。

《春秋》讥佞人,《公羊传》。夫子尝曰:"恶佞口之覆邦家

者。"是佞为邪僻之名矣。或人以为"雍也仁而不佞",或人
虽甚愚,何至惜仁人以不能为邪僻?且古人自谦称不佞,岂
以不能邪僻为谦哉?是则佞又聪明才辨之通称也。荀子著
《性恶》,以谓圣人为之"化性而起伪"。伪于六书,人为之正
名也。荀卿之意,盖言天质不可恃,而学问必藉于人为,非
谓虚诳欺罔之伪也。而世之罪荀卿者,以谓诬圣为欺诳,是
不察古人之所谓而遽断其是非也。

古者文字无多,转注通用,义每相兼。诸子著书,承用
文字,各有主义,如军中之令,官司之式,自为律例。其所立
之解,不必彼此相通也。屈平之"灵修",庄周之"因是",韩
非之"参伍",鬼谷之"捭阖",苏张之"纵衡",皆移置他人之
书而莫知其所谓者也。佛家之根尘、法相,法律家之以准、皆各、及其、
即若,皆是也。

冯煖问孟尝君,收责反命,何市而归?则曰:"视吾家所
寡有者。"学问经世,文章垂训,如医师之药石偏枯,亦视世
之寡有者而已矣。以学问文章徇世之所尚,是犹既饱而进
粱肉,既暖而增狐貉也;非其所长而强以徇焉,是犹方饱粱
肉而进以糠秕,方拥狐貉而进以裋褐也。其有暑资裘而寒
资葛者,吾见亦罕矣。

宝明珠者,必集鱼目;尚美玉者,必竞碔砆。是以身有
一影而罔两居二三也。罔两乃影旁微影,见《庄子》注。然而鱼目
碔砆之易售,较之明珠美玉为倍捷也。珠玉无心而碔砆有
意,有意易投也;珠玉难变而碔砆能随,能随易合也;珠玉自
用而碔砆听用,听用易惬也。珠玉操三难之势而无一定之

价,砥砆乘三易之资而求价也廉,砥砆安得不售,而珠玉安得不弃乎?

鸩之毒也,犀可解之;瘴之厉也,槟榔苏之。有鸩之地,必有犀焉;瘴厉之乡,必有槟榔。天地生物之仁,亦消息制化之理有固然也。汉儒传经贵专门,专门则渊源不紊也,其弊专己守残而失之陋。刘歆《七略》,论次诸家流别而推官礼之遗焉,所以解专陋之瘴厉也。唐世修书置馆局,馆局则各效所长也。其弊则漫无统纪而失之乱。刘知幾《史通》,扬榷古今利病而立法度之准焉,所以治散乱之瘴厉也。学问文章,随其风尚所趋而瘴厉时作者,不可不知槟榔犀角之用也。

所虑夫药者,为其偏于治病,病者服之可愈,常人服之或反致于病也。夫天下无全功,圣人无全用。五谷至良贵矣,食之过乎其节,未尝不可以杀人也。是故知养生者,百物皆可服;知体道者,诸家皆可存。六经三史,学术之渊源也,吾见不善治者之瘴厉矣。

学问文章,聪明才辨,不足以持世,所以持世者,存乎识也。所贵乎识者,非特能持风尚之偏而已也,知其所偏之中亦有不得而废者焉。非特能用独擅之长而已也,知己所擅之长亦有不足以该者焉。不得而废者,严于去伪风尚所趋,不过一偏,惟伪托者并其偏得亦为所害。而慎于治偏,真有得者,但治其偏足矣。则可以无弊矣。不足以该者,阙所不知而善推能者,无有其人,则自明所短而悬以待之,人各有能有不能,充类至尽,圣人有所不能,庸何伤乎! 今之伪趋逐势者,无足责矣。其间有所得者,遇非己之所长,则强不知为知,否则大言欺人,以谓此外皆不足道。夫道大如天,彼不见天者,曾何足论。已处门内,偶然见天,而谓门外之天皆不足道,有是理乎?曾见其人,未暇数责。亦可以无欺于世矣。夫道公而我独私之,不仁也。风尚所趋,循环往复,不可力胜,乃我不能持道之平,亦入循环往复之中而思以力胜,不智也、不仁不智,不足以言学也,不足言学而嚣嚣言学者乃纷纷也。

知难

为之难乎哉?知之难乎哉?夫人之所以谓知者,非知其姓与名也,亦非知其声容之与笑貌也;读其书,知其言,知其所以为言而已矣。读其书者天下比比矣,知其言者千不得百焉;知其言者天下寥寥矣,知其所以为言者百不得一焉。然而天下皆曰:我能读其书,知其所以为言矣。此知之难也。人知《易》为卜筮之书矣,夫子读之而知作者有忧患,是圣人之知圣人也;人知《离骚》为词赋之祖矣,司马迁读之而悲其志,是贤人之知贤人也。夫不具司马迁之志而欲知屈原之志,不具夫子之忧而欲知文王之忧,则几乎罔矣。然则古之人有其忧与其志,不幸不得后之人有能忧其忧,志其志,而因以湮没不彰者,盖不少矣。刘彦和曰:"《储说》始出,《子虚》初成,秦皇、汉武恨不同时。既同时矣,韩囚马轻。"盖悲同时之知音不足恃也。夫李斯之严畏韩非,孝武之俳优司马,乃知之深,处之当,而出于势之不得不然,所谓迹似不知而心相知也。贾生远谪长沙,其后召对宣室,文帝至云:"久不见生,自谓过之。"见之乃知不及,君臣之际,可谓遇矣;然不知其治安之奏而知其鬼神之对,所谓迹似相知而心不知也。刘知幾负绝世之学,见轻时流,及其三为史臣,再入东观,可谓遇矣;然而语史才则千里降追,议史事则一言不合,所谓迹相知而心不知也。夫迹相知者,非如贾之知而不用,即如刘之用而不信矣。心相知者,非如马之狎而见轻,即如韩之谄而遭戮矣。丈夫求知于世,得如韩、马、贾、刘,亦云盛矣;然而其得如彼,其失如此,若可恃若不可恃,若可知若不可知,此遇合之知所以难言也。

庄子曰:"天下之治方术者,皆以其有为不可加矣。"夫"耳目口鼻,皆有所明,而不能相通",而皆以己之所治为不可加,是不自知之过也。天下鲜自知之人,故相知者少也。凡封己护前不服善者,皆不甚自知者也。世传萧颖士能识李华《古战场文》,以谓文章有真赏。夫言根于心,其不同也如面。颖士不能一见而决其为华,而漫云华足以及此,是未得谓之真知也。而世之能具萧氏之识者,已万不得一。若夫人之学业,固有不止于李华者,于世奚赖焉!凡受成形者,不能无殊致也;凡禀血气者,不能无争心也。有殊致,则入主出奴、党同伐异之弊出矣;有争心,则挟恐见破、嫉忌诋毁之端开矣。惠子曰:"奔者东走,追者亦东走;东走虽同,其东走之心则异。"今同走者众矣,亦能知同走之心欤?若可恃若不可恃,若可知若不可知,此同道之知所以难言也。

欧阳修尝慨《七略》、四部目存书亡,以谓其人之不幸,盖伤文章之不足恃也。然自获麟以来,著作之业得如马迁、班固,斯为盛矣。迁则藏之名山而传之其人,固则女弟卒业而马融伏阁以受其书,于今犹日月也。然读《史》、《汉》之书,而察徐广、裴骃、服虔、应劭诸家之诂释,其间不得迁、固之意者十常四五焉。以专门之攻习，犹未达古人之精微，况泛览所及，爱憎由己耶！夫不传者有部目空存之慨，其传者又有推求失旨之病与爱憎不齐之数，若可恃若不可恃，若可知若不可知，此身后之知所以难言也。

人之所以异于木石者，情也；情之所以可贵者，相悦以解也。贤者不得达而相与行其志，亦将穷而有与乐其道；不得生而隆遇合于当时，亦将殁而俟知己于后世。然而有其理者不必有其事，接以迹者不必接以心，若可恃若不可恃，若可知若不可知，后之视今，亦犹今之视昔。嗟乎！此伯牙之所以绝弦不鼓，而卞生之所以抱玉而悲号者也。夫鸒雀啁啾，和者多也；茅苇黄白，靡者众也。凤高翔于千仞，桐孤生于百寻，知其寡和无偶，而不能屈折以从众者，亦势也。是以君子发愤忘食，阇然自修，不知老之将至，所以求适吾事而已，安能以有涯之生而逐无涯之毁誉哉！

释通

《易》曰："惟君子为能通天下之志。"说者谓君子以文明为德，同人之时，能达天下之志也。《书》曰："乃命重、黎，绝地天通。"说者谓人神不扰，各得其序也。夫先王惧人有匿志，于是乎以文明出治，通明伦类，而广同人之量焉；先王惧世有梦治，于是乎以人官分职，绝不为通，而严畔援之防焉。自六卿分典，五史治书，内史、外史、太史、小史、御史。学专其师，官守其法，是绝地天通之义也；数会于九，书要于六，杂物撰德，同文共轨，是达天下志之义也。夫子没而微言绝，七十子丧而大义乖。汉氏之初,《春秋》分为五,《诗》分为四,然而治《公羊》者不议《左》、《穀》;业韩《诗》者不杂齐、鲁,专门之业,斯其盛也。自后师法渐衰,学者聪明旁溢,异论纷起。于是深识远览之士,惧《尔雅》训诂之篇不足以尽绝代离辞、同实殊号,而缀学之徒无由汇其指归也,于是总五经之要,辨六艺之文,石渠《杂议》之属,班固《艺文志》《五经杂议》十八篇。始离经而别自为书,则通之为义所由仿也。刘向总校五经,编录三礼,其于戴氏诸记,标分品目,以类相从,而义非专一,若《檀弓》、《礼运》诸篇,俱题通论,则通之定名所由著也。《隋志》有《五经通义》八卷,注:梁有九卷,不著撰人;《唐志》有刘向《五经通义》九卷,然唐以前记传无考。

　　班固承建初之诏,作《白虎通义》;《儒林传》称《通义》,固本传称《通德论》,后人去"义"字称《白虎通》,非是。应劭愍时流之失,作《风俗通义》。盖章句训诂,末流浸失,而经解论议家言起而救之。二子为书,是后世标通之权舆也。自是依经起义,则有集解杜预《左传》,范宁《穀梁》,何晏《论语》。集注荀爽《九家易》,崔灵恩《毛诗》,孔伦、裴松之《丧服经传》。异同许慎《五经异义》、贺玚《五经异同评》。然否何休《公羊墨守》,郑玄《驳议》,谯周《五经然否论》。诸名;离经为书,则有六艺郑玄论。圣证王肃论。匡谬唐颜师古《匡谬正俗》。兼明宋邱光庭《兼明书》。诸目。其书虽不标通,而体实存通之义,经部流别不可不辨也。若夫尧、舜之典,统名《夏书》;《左传》称《虞书》为《夏书》,马融、郑玄、王肃三家,首篇皆题《虞夏书》,伏生《大传》,首篇亦题《虞夏传》。《国语》、《国策》,不从周记;《太史》百三十篇,自名一子;本名《太史公书》,不名《史记》也。班固《五行》、《地理》，上溯夏、周。《地理》始《禹贡》，《五行》合《春秋》，补司马迁之阙略，不必以汉为断也。古人一家之言，文成法立，离合铨配，惟理是视，固未尝别为标题，分其部次也。梁武帝以迁、固而下断代为书，于是上起三皇，下讫梁代，撰为《通史》一编，欲以包罗众史。史籍标通，此滥觞也。嗣是而后，源流渐别，总古今之学术，而纪传一规乎史迁，郑樵《通志》作焉；《通志》精要在乎义例，盖一家之言，诸子之学识而寓于诸史之规矩，原不以考据见长也；后人议其疏陋，非也。统前史之书志，而撰述取法乎官礼，杜佑《通典》作焉；《通典》本刘秩《政典》。合纪传之互文，纪传之文，互为详略。而编次总括乎荀、袁，荀悦《汉纪》三十卷，袁宏《后汉纪》三十卷，皆易纪传为编年。司马光《资治通鉴》作焉；汇公私之述作，而铨录略仿乎孔、萧，孔道《文苑》百卷，昭明太子萧统《文选》三十卷，裴潾《太和通选》作焉。此四子者，或存正史之规，《通志》是也。自《隋志》以后，皆以纪传一类为正史。或正编年之的，《通鉴》。或以典故为纪纲，《通典》。或以词章存文献，《通选》。史部之通，于斯为极盛也。大部总选，意存掌故者，当隶史部，与论文家言不一例。至于高氏《小史》唐元和中高峻及子迴。姚氏《统史》唐姚康复。之属，则撙节繁文，自就隐括者也；罗氏《路史》宋罗泌。邓氏《函史》明邓元锡。之属，则自具别裁成其家言者也；谯周《古史考》、苏辙《古史》、马骕《绎史》之属，皆采摭经传之书，与《通史》异。范氏《五代通录》，宋范质以编年体纪梁、唐、晋、汉、周事实。熊氏《九朝通略》，宋熊克合吕夷简《三朝国史》、王珪《两朝国史》、李焘、洪迈等《四朝国史》，以编年体为九朝书。标通而限以朝代者也；易姓为代，传统为朝。李氏《南北史》李延寿。薛、欧《五代史》薛居正、欧阳修俱有《五代史》。断代而仍行通法者也。已上二类，虽通数代，终有限断，非如梁武帝之《通史》统合古今。其余纪传故事之流，补辑纂录之策，纷然杂起，虽不能一律以绳，要皆仿萧梁《通史》之义而取便耳目，史部流别不可不知也。夫师法失传而人情怯于复古，末流浸失而学者囿于见闻。训诂流而为经解，一变而入于子部儒家，应劭《风俗通义》、蔡邕《独断》之类。再变而入于俗儒语录，程、朱语录，记者有未别择处，及至再传而后，浸流浸失，故曰俗儒。三变而入于庸师讲章，蒙存、浅达之类，支离蔓衍，甚于语录。不知者习而安焉，知者鄙而斥焉，而不知出于经解之通而失其本旨者也。载笔汇而有通史，一变而流为史钞，小史、统史之类，但节正史，并无别裁，当入史钞，向来著录入于通史，非是。史部有史钞，始于《宋史》。再变而流为策士之类括，《文献通考》之类，虽仿《通典》，而分析次比，实为类书之学。书无别识通裁，便于对策敷陈之用。三变而流为兔园之摘比，《纲鉴合纂》及《时务策括》之类。不知者习而安焉，知者鄙而斥焉，而不知出于史部之通而亡其大原者也。且《七略》流而为四部，类例显明，无复深求古人家法矣。然以语录讲章之混合，则经不为经，子不成子也。策括类摘之淆杂，则史不成史，集不为集也。四部不能收，九流无所别，纷纭杂出，妄欲附于通裁，不可不严其辨也。夫古人著书，即彼陈编，就我创制，所以成专门之业也。后人并省凡目，取便检阅，所以入记诵之陋也。夫经师但殊章句，即自名家；费直之《易》，申培之《诗》，《儒林传》言其别无著述训诂，而《艺文志》有《费氏说》、《申公鲁诗》，盖即口授章句也。史书因袭相沿，无妨并见；如史迁本《春秋》、《国策》诸书，《汉书》本史迁所记及刘歆所著者，当时两书并存，不以因袭为嫌。专门之业，别具心裁，不嫌貌似也。剿袭讲义，沿习久而本旨已非；明人修《大全》，改先儒成说以就己意。摘比典故，原书出而舛讹莫掩。记诵之陋，漫无家法，易为剽窃也。然而专门之精与剽窃之陋，其相判也，盖在几希之间，则别择之不可不慎者也。

通史之修，其便有六：一曰免重复，二曰均类例，三曰便铨配，四曰平是非，五曰去抵牾，六曰详邻事。其长有二：一曰具剪裁，二曰立家法。其弊有三：一曰无短长，二曰仍原题，三曰忘标目。何谓免重复？夫鼎革之际，人物事实，同出并见，胜国亡征，新王兴瑞，即一事也。前朝草窃，新主前驱，即一人也。董卓、吕布，范、陈各为立传；禅位册诏，《梁》、《陈》并载全文，所谓复也。《通志》总合为书，事可互见，文无重出，不亦善乎！何谓均类例？夫马立《天官》，班创《地理》，《齐志·天文》，不载推步；《唐书·艺文》，不叙渊源；伊古以来，参差如是。郑樵著《略》，虽变史志章程，自成家法，但《六书》、《七音》，原非沿革；《昆虫草木》，何尝必欲易代相仍乎？惟通前后而勒成一家，则例由义起，自就隐括。《隋书·五代史志》，<small>梁、陈、北齐、周、隋。</small>终胜沈、萧、魏氏之书矣。<small>沈约《宋志》，萧子显《南齐志》，魏收《魏志》，皆参差不齐也。</small>何谓便铨配？包罗诸史，制度相仍，惟人物挺生，各随时世。自后妃宗室，标题著其朝代。至于臣下，则约略先后，以次相比。<small>《南北史》以宗室分冠诸臣之上，以为识别；欧阳《五代史》始标别朝代。</small>然子孙附于祖父，世家会聚宗支，<small>《南北史》王、谢诸传，不尽以朝代为断。</small>一门血脉相承，时世盛衰，亦可因而见矣。即楚之屈原，将汉之贾生同传；周之太史，偕韩之公子同科。古人正有深意，相附而彰，义有独断。末学肤受，岂得从而妄议

耶？何谓平是非？夫曲直之中，定于易代。然晋史终须帝
魏，而周臣不立韩通，虽作者挺生，而国嫌宜慎，则亦无可如
何者也。惟事隔数代而衡鉴至公，庶几笔削平允而折衷定
矣。何谓去抵牾？断代为书，各有裁制，详略去取，亦不相
妨。惟首尾交错，互有出入，则抵牾之端，从此见矣。居摄
之事，班殊于范；二刘始末，_{刘表、刘焉。}范异于陈。综合为
编，庶几免此。何谓详邻事？僭国载纪，四裔外国，势不能
与一代同其终始，而正朔纪传，断代为编，则是中朝典故居
全，而蕃国载纪乃参半也。惟南北统史，则后梁、东魏悉其
端，而五代汇编，斯吴越、荆、潭终其纪也。凡此六者，所谓
便也。何谓具剪裁？通合诸史，岂第括其凡例，亦当补其缺
略，截其浮辞，平突填砌，乃就一家绳尺。若李氏《南》、《北》
二史，文省前人，事详往牒，故称良史。盖生乎后代，耳目闻
见，自当有补前人，所谓凭藉之资易为力也。何谓立家法？
陈编具在，何贵重事编摩？专门之业，自具体要。若郑氏
《通志》，卓识名理，独见别裁，古人不能任其先声，后代不能
出其规范；虽事实无殊旧录，而辨名正物，诸子之意寓于史
裁，终为不朽之业矣。凡此二者，所谓长也。何谓无短长？
纂辑之书，略以次比，本无增损，但易标题，则刘知幾所谓
"学者宁习本书，怠窥新录"者矣。何谓仍原题？诸史异同，
各为品目，作者不为更定，自就新裁。《南史》有《孝义》而无
《列女》，_{详《列女》篇。}《通志》称《史记》以作时代，<sub>《通志》汉、魏诸
人，皆标汉、魏，称时代，非称史书也；而《史记》所载之人，亦标《史记》而不标时
代，则误仍原书文也。</sub>一隅三反，则去取失当者多矣。何谓忘题
目？帝王后妃，宗室世家，标题朝代，其别易见。臣下列传，

自有与时事相值者,见于文词,虽无标别,但玩叙次,自见朝代。至于《独行》、《方伎》、《文苑》、《列女》诸篇,其人不尽涉于世事,一例编次,若《南史》吴逵、韩灵敏诸人,几何不至于读其书不知其世耶?凡此三者,所谓弊也。

《说文》训通为达,自此之彼之谓也。通者,所以通天下之不通也。读《易》如无《书》,读《书》如无《诗》,《尔雅》治训诂,小学明六书,通之谓也。古人离合撰著,不言而喻。汉人以通为标目,梁世以通入史裁,则其体例盖有截然不可混合者矣。杜佑以刘秩《政典》为未尽而上达于三五,《典》之所以名通也;奈何魏了翁取赵宋一代之掌故,亦标其名谓之《国朝通典》乎?既曰国朝,画代为断,何通之有?是亦循名而不思其义者也。六卿联事,职官之书,亦有通之义也。奈何潘迪取有元御史之职守,亦名其书谓之《宪台通纪》耶?又地理之学,自有专门,州郡志书,当隶外史。详《外篇·亳州志议》。前明改元代行省为十三,布政使司所隶府州县卫,各有本志。使司幅员既广,所在府县,惧其各自为书未能一辙也,于是裒合所部,别为通志。通者,所以通府州县卫之各不相通也。奈何修通志者,取府、州、县、山、川、人、物,分类为编,以府领县,以县领事实人文,摘比分标,不相联合。如是为书,则读者但阅府县本志可矣,又何所取于通哉?夫通史人文,上下千年,然而义例所通,则隔代不嫌合撰。使司所领不过数十州县,而斤斤分界,惟恐越畔为虞,良由识乏通材,遂使书同胥史矣。

横通

通人之名,不可以概拟也。有专门之精,有兼览之博,各有其不可易,易则不能为良;各有其不相谋,谋则不能为益。然通之为名,盖取譬于道路,四冲八达,无不可至,谓之通也。亦取其心之所识虽有高下、偏全、大小、广狭之不同,而皆可以达于大道,故曰通也。然亦有不可四冲八达,不可达于大道,而亦不得不谓之通,是谓横通。横通之与通人,同而异,近而远,合而离。

老贾善于贩书,旧家富于藏书,好事勇于刻书,皆博雅名流所与把臂入林者也。礼失求野,其闻见亦颇有可以补博雅名流所不及者,固君子之所必访也。然其人不过琴工碑匠,艺业之得接于文雅者耳。所接名流既多,习闻清言名论,而胸无智珠,则道听涂说,根底之浅陋,亦不难窥。周学士长发以此辈人谓之横通,其言奇而确也。故君子取其所长而略其所短,譬琴工碑匠之足以资用而已矣。无如学者陋于闻见,接横通之议论,已如疾雷之破山,遂使鱼目混珠,清流无别。而其人亦遂嚣然自命,不自知其通之出于横也。江湖挥麈,别开琴工碑匠家风,君子所宜慎流别也。

徐生善礼容,制氏识铿锵,汉廷讨论礼乐,虽宿儒耆学,有不如徐生、制氏者矣。议礼乐者,岂可不与相接?然石渠天禄之议论,非徐生、制氏所得参也。此亦礼乐之横通者也。

横通之人可少乎?不可少也。用其所通之横以佐君子之纵也,君子亦不没其所资之横。则如徐生之礼容,制氏之铿锵,为补于礼乐,岂少也哉!无如彼不自知其横也,君子亦不察识其横也,是礼有玉帛,而织妇琢工可参高堂之座,乐有钟鼓,而镕金制革可议河间之记也。故君子不可以不知流别,而横通不可以强附清流,斯无恶矣。

评妇女之诗文,则多假藉;作横通之序跋,则多称许;一则怜其色,一则资其用也。设如试院之糊名易书,俾略知臭味之人详晰辨之,有不可欺者矣。虽然,妇女之诗文,不过风云月露,其陋易见;横通之序跋,则称许学术;一言为智为不智,君子于斯宜有慎焉。

横通之人,无不好名。好名者,陋于知意者也。其所依附,必非第一流也。有如师旷之聪,辨别通于鬼神,斯恶之矣。故君子之交于横通也,不尽其欢,不竭其忠,为有试之誉,留不尽之辞,则亦足以相处矣。

繁称

尝读《左氏春秋》,而苦其书人名字不为成法也。夫幼名,冠字,五十以伯仲,死谥,周道也。此则称于礼文之言也,非史文述事之例也。左氏则随意杂举而无义例,且名、字、谥、行以外,更及官爵、封邑焉,一篇之中错出互见,苟非注释相传,有受授至今不复识为何如人也。是以后世史文莫不钻仰左氏,而独于此事不复相师也。

史迁创列传之体。列之为言,排列诸人为首尾,所以标异编年之传也。然而列人名目亦有不齐者,或爵,淮阴侯之类。或官,李将军之类。或直书名,虽非左氏之错出,究为义例不纯也。或曰:"迁有微意焉。"夫据事直书,善恶自见,《春秋》之意也。必标目以示褒贬,何怪沈约、魏收诸书,直以标题为戏哉!况七十列传,称官爵者偶一见之,余并直书姓名,而又非例之所当贬,则史迁创始之初不能无失云尔。必从而为之辞,则害于道矣。

唐末五代之风诡矣,称人不名不姓,多为谐隐寓言,观者乍览其文,不知何许人也。如李曰"陇西",王标"琅琊",虽颇乖忤,犹曰著郡望也;庄姓则称"漆园",牛姓乃称"太牢",则诙嘲谐剧,不复成文理矣。凡斯等类,始于骈丽华词,渐于赤牍小说;而无识文人,乃用之以记事。宜乎试牍之文流于苗轧,而文章一道入混沌矣。

自欧、曾诸君扩清唐末五季之诡僻,而宋、元三数百年,文辞虽有高下,气体皆尚清真,斯足尚矣。而宋人又自开其纤诡之门者,则尽人而有号,一号不止而且三数未已也。夫上古淳质,人止有名而已。周道尚文,幼名冠字,故卑行之于尊者,多避名而称字,故曰字以表德。不足而加之以号,则何说也?流及近世,风俗日靡,始则去名而称字,渐则去字而称号,于是卑行之于所尊,不但讳名,且讳其字,以为触犯,岂不诮且渎乎!孔子曰:"名不正则言不顺。"称号讳字,其不正不顺之尤者乎!

号之原起不始于宋也,春秋、战国盖已兆其端矣。陶朱、鸱夷子皮,有所托而逃焉者也;鹖冠、鬼谷诸子自隐姓名,人则因其所服所居而加之号也。皆非无故而云然也。唐开元间,宗尚道教,则有真人赐号,南华、冲虚之类。法师赐号，_{叶靖法师之类。}女冠赐号，_{太真玉妃之类。}僧伽赐号，_{三藏法师}
_{之类。三藏在太宗时，不始开元，今以类举及之。}此则二氏之徒所标
榜，后乃逮于隐逸，_{陈抟、林逋之类。}则播及于士流矣。然出朝
廷所赐，虽非典要，犹非本人自号也。度当日所以荣宠之
意，已死者同于谥法，未死者同于头衔，盖以空言相赏而
已矣。

自号之繁，仿于郡望，而沿失于末流之已甚者也。盖自
六朝门第争标郡望，凡称名者，不用其人所居之本贯，而惟
以族姓著望冠于题名，此刘子玄之所以反见笑于史官也。
沿之既久，则以郡望为当时之文语而已矣。既以文语相与
鲜新，则争奇吊诡，名随其意，自为标榜。故别号之始，多从
山泉林薮以得名，此足征为郡望之变，而因托于所居之地者
然也。渐乃易为堂轩亭苑，则因居地之变而反托于所居之
室者然也。初则因其地，而后乃不必有其地者造私臆之山
川矣；初或有其室，而后乃不必有其室者构空中之楼阁矣。
识者但知人心之尚诡，而不知始于郡望之滥觞，是以君子恶
夫作俑也。

峰、泉、溪、桥、楼、亭、轩、馆，亦既繁复而可厌矣，乃又
有出于谐声隐语，此则宋、元人之所未及开，而其风实炽于
前明至近日也。_{或取字之同音者为号，或取字形离合者为号。}夫盗贼
自为号者，将以惑众也；_{赤眉、黄巾，其类甚多。}娼优自为号者，
将以媚客也；_{燕、鸾、娟、素之类甚多。}而士大夫乃反不安其名字
而纷纷称号焉，其亦不思而已矣。

逸囚多改名，惧人知也；出婢必更名，易新主也。故屡

逸之囚，转卖之婢，其名必多，所谓无如何也。文人既已架字而立号，苟有寓意，不得不然，一已足矣。顾一号不足，而至于三且五焉。噫！可谓不惮烦矣！

古人著书，往往不标篇名，后人较雠，即以篇首字句名篇；不标书名，后世较雠，即以其人名书，此见古人无意为标榜也。其有篇名书名者，皆明白易晓，未尝有意为吊诡也。然而一书两名，先后文质，未能一定，则皆较雠诸家易名著录，相沿不察，遂开歧异，初非著书之人自尚新奇为吊诡也。

有本名质而著录从文者，有本名文而著录从质者，有书本全而为人偏举者，有书本偏而为人全称者，学者不可不知也。本名质而著录从文者，《老子》本无经名而书尊《道德》，《庄子》本以人名而书著《南华》之类是也；汉称《庄子》，唐则敕尊《南华真经》，在开元时，《隋志》已有《南华》之目。本名文而著录从质者，刘安之书本名《鸿烈解》，而《汉志》但著《淮南》内外，蒯通之书本名《隽永》，而《汉志》但著《蒯通》本名之类是也；《隽永》八十一首见本传，与志不符。书名本全而为人偏举者，《吕氏春秋》有十二纪、八览、六论，而后人或称《吕览》，《屈原》二十五篇，《离骚》特其首篇，而后世竟称《骚赋》之类是也；刘向名之《楚辞》，后世遂为专部。书名本偏而为人全称者，《史记》为书策纪载总名，而后人专名《太史公书》，孙武八十余篇有图有书，而后人即十三篇称为《孙子》之类是也。此皆较雠著录之家所当留意。已详《校雠通义》。虽亦质文升降，时会有然，而著录之家不为别白，则其流弊，无异别号称名之吊诡矣。

子史之书，名实同异，诚有流传而不能免者矣。集部之兴,皆出后人缀集,故因人立名以示志别,东京讫于初唐,无他歧也。中叶文人自定文集,往往标识集名,《会昌一品》、元、白《长庆》之类,抑亦支矣。然称举年代,犹之可也。或以地名,杜牧《樊川集》、独孤及《毘陵集》之类。或以官名,韩偓《翰林集》。犹有所取。至于诙谐嘲弄,信意标名,如《锦囊》李松、《忘筌》杨怀玉、《披沙》李咸用、《屠龙》熊皦、《聱书》沈颜、《漫编》元结纷纷标目,而大雅之风不可复作矣。

　　子史之书,因其实而立之名,盖有不得已焉耳。集则传文之散著者也。篇什散著,则皆因事而发,各有标题,初无不辨宗旨之患也。故集诗集文,因其散而类为一人之言,则即人以名集,足以识矣。上焉者,文虽散而宗旨出于一,是固子史专家之遗范也。次焉者,文墨之佳而萃为一,则亦雕龙技曲之一得也。其文与诗,既以各具标名,则固无庸取其会集之诗文而别名之也。人心好异而竞为标题,固已侈矣。至于一名不足,而分辑前后,离析篇章,或取历官资格,或取游历程途,富贵则奢张荣显,卑微则酝酿寒酸,巧立名目,横分字号。遂使一人诗文,集名无数,标题之录,靡于文辞,篇卷不可得而齐,著录不可从而约;而问其宗旨,核其文笔,黄茅白苇,毫发无殊。是宜概付丙丁,岂可猥尘甲乙者乎!欧、苏诸集,已欠简要,犹取文足重也。近代文集,逐狂更甚,则无理取闹矣。

匡谬

　　书之有序,所以明作书之旨也,非以为观美也。序其篇者,所以明一篇之旨也。至于篇第相承,先后次序,古人盖有取于义例者焉,亦有无所取于义例者焉,约其书之旨而为之，无所容勉强也。《周易·序卦》二篇，次序六十四卦相承之义，《乾》、《坤》、《屯》、《蒙》而下，承受各有说焉。《易》义虽不尽此，此亦《易》义所自具，而非强以相加也。吾观后人之序书，则不得其解焉。书之本旨，初无篇第相仍之义例，观于古人而有慕，则亦为之篇序焉。猥填泛语，强结韵言，以为故作某篇第一，故述其篇第二，自谓淮南、太史、班固、扬雄，何其惑耶！夫作之述之，诚闻命矣；故一故二，其说又安在哉？且如《序卦》，《屯》次《乾》、《坤》，必有其义。盈天地间惟万物，《屯》次《乾》、《坤》之义也。故受之以《屯》者，盖言不可受以《需》、《讼》诸卦而必受以《屯》之故也。《蒙》、《需》以下，亦若是焉而已矣。此《序卦》之所以称次第也。后人序篇，不过言斯篇之不可不作耳。必于甲前乙后，强以联缀为文，岂有不可互易之理如《屯》、《蒙》之相次乎？是则掔《易》序者，不如序《诗》、《书》之为得也。《诗》、《书》篇次，岂尽无义例哉？然必某篇若何而承某篇，则无是也。六艺垂教，其揆一也，何必优于《易》序而歉于《诗》、《书》之序乎！

赵岐《孟子篇序》，尤为穿凿无取。

夫书为象数而作者，其篇章可以象数求也；其书初不关乎象数者，必求象数以实之，则凿矣。《易》有两仪四象，八八相生，其卦六十有四，皆出天理之自然也。《太玄》九九为八十一，《潜虚》五五为二十五，拟《易》之书，其数先定而后摘文，故其篇章同于兵法之部伍，可约而计也。司马迁著百三十篇，自谓绍名世而继《春秋》，信哉三代以后之绝作矣！然其自拟，则亦有过焉者也。本纪十二，隐法《春秋》之十二公也。《秦纪》分割庄、襄以前别为一卷，而末终汉武之世，为作《今上本纪》，明欲分占篇幅，欲副十二之数也。夫子《春秋》，文成法立，纪元十二，时世适然，初非十三已盈，十一则歉也。汉儒求古多拘于迹，识如史迁犹未能免，此类是也。然亦本纪而已，他篇未必皆有意耳。而治迁书者之纷纷好附会也，则曰十二本纪法十二月也，八书法八风，十表法十干，三十世家法一月三十日，七十列传法七十二候，百三十篇法一岁加闰，此则支离而难喻者矣。就如其说，则表法十干，纪当法十二支，岂帝纪反用地数而王侯用天数乎？岁未及三，何以象闰？七十二候，何以缺二？循名责实，触处皆矛盾矣。然而子史诸家多沿其说，或取阴阳奇偶，或取五行生成；少则并于三五，多或配至百十，宁使续凫断鹤，要必象数相符。孟氏七篇，必依七政；屈原《九歌》，难合九章。近如邓氏《函史》之老阳少阳，《景岳全书》之八方八阵，则亦几何其不为儿戏耶！

古人著书命篇，取辨甲乙，非有深意也。六艺之文，今具可识矣。盖有一定之名与无定之名，要皆取辨甲乙，非有深意也。一定之名，典、谟、贡、范之属是也；《帝典》、《皋陶谟》、《禹贡》、《洪范》，皆古经定名；他如《多方》、《多士》、《梓材》之类，皆非定名。无定之名，风《诗》、《雅》、《颂》之属是也。皆以章首二字为名。诸子传记之书，亦有一定之名与无定之名，随文起例，不可胜举。其取辨甲乙而无深意，则大略相同也。象数之书，不在其例。夫子没而微言绝，《论语》二十篇，固六艺之奥区矣。然《学而》、《为政》诸篇目，皆取章首字句标名，无他意也。《孟子》七篇,或云万章之徒所记,或云孟子自著,要亦诵法《论语》之书也。《梁惠王》与《公孙丑》之篇名,则亦章首字句,取以标名,岂有他哉?说者不求篇内之义理而过求篇外之标题,则于义为凿也。师弟问答,自是常事;偶居章首而取以名篇,何足异哉!说者以为卫灵公与季氏,乃当世之诸侯大夫,孔子道德为王者师,故取以名篇,与《公冶》、《雍也》诸篇,等于弟子之列尔;《孟子》篇名有《梁惠王》、《滕文公》,皆当世之诸侯,而与《万章》、《公孙丑》篇同列,亦此例也。此则可谓穿凿而无理者矣。就如其说,则《论语》篇有《泰伯》,古圣贤也;《尧曰》,古圣帝也,岂亦将推夫子为尧与泰伯之师乎?微子,孔子祖也;《微子》名篇,岂将以先祖为弟子乎?且诸侯之中,如齐桓、晋文,岂不贤于卫灵?弟子自是据同时者而言,则鲁哀与齐景亦较卫灵为贤,不应取此也。晏婴、蘧瑗,岂不贤于季氏?同在章中,何不升为篇首,而顾去彼取此乎?孟子之于告子,盖卑子不足道矣,乃与公孙、万章跻之同列,则无是非之心矣。执此义以说书,无怪后世著书,妄拟古人而不得其意者,滔滔未已也。

或曰:附会篇名,强为标榜,盖汉儒说经,求其说而不免太过者也。然汉儒所以为此,岂竟全无所见而率然自伸其臆欤?余曰:此恐周末贱儒已有开其端矣。著书之盛,莫甚于战国;以著书而取给为干禄之资,盖亦始于战国也。故屈平之草稿,上官欲夺,而《国策》多有为人上书,则文章重而著书开假藉之端矣。《五蠹》、《孤愤》之篇,秦王见之,至恨不与同生,则下以是干,上亦以是取矣。求取者多,则矜榜起而饰伪之风亦开。余览汉《艺文志》儒家者流，则有《魏文侯》与《平原君》书，读者不察，以谓战国诸侯公子何以入于儒家？不知著书之人自托儒家，而述诸侯公子请业质疑，因以所问之人名篇居首。其书不传，后人误于标题之名，遂谓文侯、平原所自著也。夫一时逐风会而著书者，岂有道德可谓人师，而诸侯卿相漫无择决，概焉相从而请业哉？必有无其事而托于贵显之交以欺世者矣。《国策》一书，多记当时策士智谋；然亦时有奇谋诡计一时未用，而著书之士爱不能割，假设主臣问难以快其意，如苏子之于薛公及楚太子事，其明征也。然则贫贱而托显贵交言，愚陋而附高明为伍，策士夸诈之风，又值言辞相矜之际，天下风靡久矣。而说经者目见当日时事如此，遂谓圣贤道德之隆，必藉诸侯卿相相与师尊，而后有以出一世之上也。呜呼！此则囿于风气之所自也。

假设问答以著书，于古有之乎？曰：有从实而虚者，《庄》、《列》寓言称述尧、舜、孔、颜之问答，望而知其为寓也；有从虚而实者，屈赋所称渔父、詹尹，本无其人，而入以屈子所自言，是彼无而屈子固有也，亦可望而知其为寓也。有从文而假者，楚太子与吴客，乌有先生与子虚也；有从质而假者，公、穀传经，设为问难而不著人名是也。后世之士，摘词捄藻，率多诡托，知读者之不泥迹也。考质疑难，必著其名；不得其人而以意推之，则称或问，恐其以虚构之言误后人也。近世著述之书，余不能无惑矣。理之易见者，不言可也。必欲言之，直笔于书，其亦可也。作者必欲设问，则已迁矣,必欲设问,或托甲乙,抑称或问,皆可为也。必著人以实之,则何说也?且所托者,又必取同时相与周旋而少有声望者也,否则不足以标榜也。至取其所著而还诘问之,其人初不知也,不亦诬乎!且问答之体,问者必浅而答者必深,问者有非而答者必是。今伪托于问答,是常以深且是者自予,而以浅且非者予人也,不亦薄乎?君子之于著述,苟足显其义而折是非之中,虽果有其人,犹将隐其姓名而存忠厚,况本无是说而强坐于人乎?诬人以取名,与劫人以求利,何以异乎?且文有起伏,往往假于义有问答,是则在于文势则然,初不关于义有伏匿也。倘于此而犹须问焉,是必愚而至陋者也。今乃坐人愚陋而以供己文之起伏焉,则是假推官以叶韵也。昔有居下僚而吟诗谤上官者,上官召之,适与某推官者同见,上官诘之,其人复吟诗以自解,而结语云"问某推官",推官初不知也,惶惧无以自白,退而诘其何为见诬,答曰:"非有他也,藉君衔以叶韵尔。"

问难之体,必屈问而申答,故非义理有至要,君子不欲著屈者之姓氏也。孟子拒杨、墨,必取杨、墨之说而辟之,则不惟其人而惟其学。故引杨、墨之言,但明杨、墨之家学,而不必专指杨朱、墨翟之人也,是其拒之之深,欲痛尽其支裔也。盖以彼我不两立,不如是不足以明先王之大道也。彼异学之视吾儒,何独不然哉!韩非治刑名之说,则儒、墨皆在所摈矣。墨者之言少,而儒则《诗》、《书》六艺,皆为儒者所称述,故其历诋尧、舜、文、周之行事,必藉儒者之言以辨之。故诸《难》之篇,多标儒者以为习射之的焉,此则在彼不得不然也，君子之所不屑较也。然而其文华而辨，其意刻而深，后世文章之士多好观之，惟其文而不惟其人，则亦未始不可参取也。王充《论衡》，则效诸难之文而为之。效其文者，非由其学也，乃亦标儒者而诘难之。且其所诘，传记错杂，亦不尽出儒者也。强坐儒说而为志射之的焉，王充与儒何仇乎？且其《问孔》《刺孟》诸篇之辨难，以为儒说之非也，其文有似韩非矣。韩非绌儒，将以申刑名也。王充之意，将亦何申乎？观其深斥韩非鹿马之喻以尊儒，且其自叙，辨别流俗传讹，欲正人心风俗，此则儒者之宗旨也。然则王充以儒者而拒儒者乎？韩非宗旨，固有在矣。其文之隽，不在能斥儒也。王充泥于其文，以为不斥儒则文不隽乎？凡人相诟，多反其言以垢之，情也；斥名而诟，则反诟者必易其名，势也。今王充之斥儒，是彼斥反垢而仍用己之名也。

质性

《洪范》三德，正直协中，刚柔互克，以剂其过与不及，是约天下之心知血气，聪明才力，无出于三者之外矣。孔子之教弟子，不得中行则思狂狷，是亦三德之取材也。然而乡愿者流，貌似中行而讥狂狷，则非三德所能约也。孔、孟恶之为德之贼，盖与中行狂狷乱而为四也。乃人心不古而流风下趋，不特伪中行者乱三为四，抑且伪狂伪狷者流，亦且乱四而为六；不特中行不可希冀，即求狂狷之诚然，何可得耶？孟子之论知言，以为生心发政，害于其事。吾盖于撰述诸家,深求其故矣。其曼衍为书,本无立言之旨,可弗论矣。乃有自命成家,按其宗旨,不尽无谓;而按以三德之实,则失其本性,而无当于古人之要道,所谓似之而非也。学者将求大义于古人,而不于此致辨焉,则始于乱三而六者,究且因三伪而亡三德矣。呜呼!质性之论,岂得已哉!

《易》曰:"言有物而行有恒。"《书》曰:"诗言志。"吾观立言之君子,歌咏之诗人,何其纷纷耶!求其物而不得也,探其志而茫然也,然而皆曰吾以立言也,吾以赋诗也。无言而有言,无诗而有诗,即其所谓物与志也,然而自此纷纷矣。

有志之士,矜其心,作其意,以谓吾不漫然有言也。学必本于性天,趣必要于仁义,称必归于《诗》、《书》,功必及于民物,是尧、舜而非桀、纣,尊孔、孟而拒杨、墨。其所言者,圣人复起,不能易也。求其所以为言者,宗旨茫然也。譬如《彤弓》、《湛露》奏于宾筵,闻者以谓肄业及之也。或曰:宜若无罪焉。然而子莫于焉执中,乡愿于焉无刺也。惠子曰:"走者东走,逐者亦东走,东走虽同,其东走之情则异。"观斯人之所言,其为走之东欤,逐之东欤?是未可知也,然而自此又纷纷矣。

豪杰者出,以谓吾不漫然有言也,吾实有志焉,物不得其平则鸣也。观其称名指类,或如诗人之比兴,或如说客之谐隐,即小而喻大,吊古而伤时,嬉笑甚于裂眦,悲歌可以当泣,诚有不得已于所言者。以谓贤者不得志于时,发愤著书以自表见也,盖其旨趣不出于《骚》也。吾读骚人之言矣:"纷吾有此内美,又重之以修能。"太史迁曰:"余读《离骚》,

悲其志。"又曰："明道德之广崇，治乱之条贯，其志洁，其行廉，皭然泥而不滓，虽与日月争光可也。"此贾之所以吊屈，而迁之所以传贾也，斯皆三代之英也。若夫托于《骚》以自命者，求其所以牢骚之故而茫然也。嗟穷叹老，人富贵而己贫贱也，人高第而己摈落也，投权要而遭按剑也，争势利而被倾轧也，为是不得志而思托文章于《骚》、《雅》，以谓古人之志也；不知中人而下，所谓"齐心同所愿，含意而未伸"者也。夫科举擢百十高第，必有数千贾谊痛哭以吊湘江，江不闻矣；吏部叙千百有位，必有盈万屈原搔首以赋《天问》，天厌之矣。孟子曰："有伊尹之志则可，无伊尹之志则篡也。"吾谓牢骚者有屈、贾之志则可，无屈、贾之志则鄙也。然而自命为《骚》者且纷纷矣。

有旷观者从而解曰：是何足以介也！吾有所言，吾以适吾意也。人以吾为然，吾不喜也；人不以吾为然，吾不愠也。古今之是非，不欲其太明也；人我之意见，不欲其过执也。必欲信今垂后，又何为也！有言不如无言之为愈也。是其宗旨，盖欲托于庄周之《齐物》也。吾闻庄周之言曰"内圣外王之学，暗而不明"也，"百家往而不反，道术将裂"也，"寓言十九，卮言日出"。然而稠适上遂，充实而不可以已，则非无所持而漫为达观以略世事也。今附庄而称达者，其旨果以言为无用欤？虽其无用之说可不存也；即其无用之说将以垂教欤？则贩夫皂隶亦未闻其必蕲有用也。豕腹饕饕，羊角戬戬，何尝欲明古今之是非，而执人我之意见也哉？怯之所以胜勇者，力有余而不用也；讷之所以胜辨者，智有

文史通义

140

余而不竞也。蛟龙战于渊而蟵蟷不知其胜负，虎豹角于山而狃狸不知其强弱，乃不能也；非不欲也。以不能而托于不欲，则夫妇之愚可齐上智也。然而遁其中者又纷纷矣。

《易》曰："一阴一阳之谓道。"阳变阴合，循环而不穷者，天地之气化也。人秉中和之气以生，则为聪明睿智；毗阴毗阳，是宜刚克柔克，所以贵学问也。骄阳渗阴，中于气质，学者不能自克而以似是之非为学问，则不如其不学也。孔子曰："不得中行而与之，必也狂狷乎！狂者进取，狷者有所不为。"庄周、屈原，其著述之狂狷乎？屈原不能以身之察察受物之汶汶，不屑不洁之狷也；庄周独与天地精神相往来而不傲倪于万物，进取之狂也。昔人谓庄、屈之书，哀乐过人。盖言性不可见，而情之奇至如庄、屈，狂狷之所以不朽也。乡愿者流，托中行而言性天，剽伪易见，不足道也。于学见其人，而以情著于文，庶几狂狷可与乎！然而命骚者鄙，命庄者妄，狂狷不可见，而鄙且妄者纷纷自命也。夫情，本于性也；才，率于气也。累于阴阳之间者，不能无盈虚消息之机。才情不离乎血气，无学以持之，不能不受阴阳之移也。陶舞愠戚，一身之内，环转无端而不自知。苟尽其理，虽夫子愤乐相寻，不过是也。其下焉者，各有所至，亦各有所通。大约乐至沈酣而惜光景，必转生悲；而忧患既深，知其无可如何，则反为旷达。屈原忧极，故有轻举远游，餐霞饮瀣之赋；庄周乐至，故有后人不见天地之纯，古人大体之悲，此亦倚伏之至理也。若夫毗于阴者，妄自期许，感慨横生，贼夫骚者也；毗于阳者，狷狂无主，动称自然，贼夫庄者也，然而亦且循环未有已矣。

> **族子廷枫曰**：论史才史学而不论史德，论文情文心而不论文性，前人
> 自有缺义。此与《史德》篇俱足发前人之覆。

黠陋

取蒲于董泽，承考于《长杨》，矜谒者之通，著卜肆之应，
人谓其黠也；非黠也，陋也。名者实之宾，徇名而忘实，并其
所求之名而失之矣；质去而文不能独存也。太上忘名，知有
当务而已，不必人之谓我何也。其次顾名而思义，天下未有
苟以为我树名之地者，因名之所在而思其所以然，则知当务
而可自勉矣。其次畏名而不妄为，尽其所知所能而不强所
不知不能。黠者视之，有似乎拙也，非拙也，交相为功也。
最下徇名而忘实。

取蒲于董泽，何谓也？言文章者宗《左》、《史》，《左》、
《史》之于文，犹六经之删述也。《左》因百国宝书，《史》因
《尚书》、《国语》及《世本》、《国策》、《楚汉春秋》诸记载，己所
为者十之一，删述所存十之九也，君子不以为非也。彼著书
之旨，本以删述为能事，所以继《春秋》而成一家之言者，于
是兢兢焉，事辞其次焉者也。古人不以文辞相矜私，史文又
不可以凭虚而别构，且其所本者并悬于天壤，观其入于删述
之文辞，犹然各有其至焉，斯亦陶镕同于造化矣。吾观近日
之文集而不能无惑也。传记之文，古人自成一家之书，不以
入集；后人散著以入集，文章之变也。既为集中之传记，即
非删述专家之书矣，笔所闻见以备后人之删述，庶几得当

焉。黜于好名而陋于知意者，窥见当世之学问文章而不能无动焉；度己之才力不足以致之，于是有见史家之因袭，而点次其文为传记，将以渊海其集焉，而不知其不然也。宣城梅氏之历算，家有其书矣。裒录历议，书盈二卷，以为传而入文集，何为乎？退而省其私，未闻其于律算有所解识也。丹溪朱氏之医理，人传其学矣。节钞医案，文累万言，以为传而入文集，何为乎？进而求其说，未闻其于方术有所辨别也。班固因《洪范》之传而述《五行》，因《七略》之书而叙《艺文》，班氏未尝深于灾祥，精于校雠也，而君子以谓班氏之删述，其功有补于马迁，又美班氏之删述，善于因人而不自用也。盖以《汉书》为庙堂，诸家学术，比于大镛鼟鼓之陈也。今为梅、朱作传者，似羡宗庙百官之美富，而窃取庭燎反玷以为蓬户之饰也。虽然，亦可谓拙矣。经师授受，子术专家，古人毕生之业也。苟可猎取菁华以为吾文之富有，则四库典籍，犹董泽之蒲也，又何沾沾于是乎！

承考于《长杨》，何谓也？善则称亲，过则归己，此孝子之行，亦文章之体也。《诗》、《书》之所称述，远矣。三代而后，史迁、班固，俱世为史，而谈、彪之业，亦略见于迁、固之叙矣。后人乃谓固盗父书而迁称亲善，由今观之，何必然哉？谈之绪论，仅见六家宗旨，至于留滞周南，父子执手欷歔，以史相授，仅著空文，无有实迹。至若彪著后传，原委具存，而三纪论赞，明著彪说，见家学之有所授受，何得如后人之所言，至启郑樵诬班氏以盗袭之嫌哉！第史迁之叙谈，既非有意为略，而班固之述彪，亦非好为其详，孝子甚爱其亲，取其亲之行业而笔之于书，必肖其亲之平日，而身之所际不与也。吾观近日之文集而不能无惑焉。其亲无所称述欤？阙之可也；其亲仅有小善欤？如其量而录之，不可略而为漏，溢而为诬可也。黠于好名而陋于知意者，侈陈己之功绩，累牍不能自休，而曲终奏雅，则曰吾先人之教也。甚至敷张己之荣遇，津津有味其言，而赋卒为乱，则曰吾先德之报也。夫自叙之文过于扬厉，刘知几犹讥其言志不让，率尔见哂矣，况称述其亲，乃为自诩地乎？夫张汤有后，史臣为荐贤者劝也，出之安世之口则悖矣；伯起世德，史臣为清忠者幸也，出之秉、赐之书则舛矣。昔人谓《长杨》、《上林》诸赋，侈陈游观，而末寓箴规，以谓讽一而劝百。斯人之文，其殆自诩百而称亲者一欤？

矜谒者之通，何谓也？国史叙诗，申明六义，盖诗无达言，作者之旨，非有序说，则其所赋不辨何谓也。今之《诗序》，以谓传授失其义则可也，谓无待于序不可也。《书》之有序，或者外史掌三皇五帝之书，当有篇目欤？今之《书序》，意亦经师授受之言，仿《诗序》而为者欤？读书终篇，则事理自见，故书虽无序而书义未尝有妨也。且《书》故有序矣，训、诰之文，终篇记言，则必书事首简，以见训、诰所由作。是记事之《书》无需序，而记言之《书》本有序也。由是观之，序之有无，本于文之明晦，亦可见矣。吾观近日之文集而不能无惑也。树义之文，或出前人所已言也，或其是非本易见也，其人未尝不知之，而必为之论著者，其中或亦有微意焉。或有所托而讽焉，或有所感而发焉，既不明言其故矣，必当序其著论之时世与其所见所闻之大略，乃使后人得以参互考质，而见所以著论之旨焉，是亦《书序》、训、诰之遗也。乃观论著之文，论所不必论者，十常居七矣。其中岂无一二出于有为之言乎？然如风《诗》之无序，何由知其微旨也。且使议论而有序，则无实之言类于经生帖括者，亦可稍汰焉，而人多习而不察也。至于序事之文，古人如其事而出之也。乃观后世文集，应人请而为传志，则多序其请之之人，且详述其请之之语。偶然为之，固无伤也；相习成风，则是序外之序矣。虽然，犹之可也。黠于好名而陋于知意者，序人请乞之辞，故为敷张扬厉以谀己也。一则曰：吾子道德高深，言为世楷；不得吾子为文，死者目不瞑焉；再则曰：吾子文章学问，当代宗师；苟得吾子一言，后世所征信焉。己则多方辞让，人又搏颡固求。凡斯等类，皆入文辞，于事毫无补益，而藉人炫己，何其厚颜之甚邪！且文章不足当此，是诬死也；请者本无是言，是诬生也。若谓事之缘起不可不详，则来请者当由门者通谒，刺揭先投，入座寒温，包苴后馈，亦缘起也，曷亦详而志之乎？而谓一时请文称誉之辞有异于是乎？

　　著卜肆之应，何谓也？著作降而为文集，有天运焉，有人事焉。道德不修，学问无以自立，根本蹷而枝叶萎，此人事之不得不降也。世事殊而文质变，人世酬酢，礼法制度，古无今有者，皆见于文章。故惟深山不出则已矣，苟涉乎人世，则应求取给，文章之用多而文体分，分则不能不出于文集。其有道德高深，学问精粹者，即以文集为著作，所谓因事立言也;然已不能不杂酬酢之事与给求之用也,若不得为子史专家,语无泛涉也。其误以酬酢给求之文为自立,而纷纷称集者,盖又不知其几矣。此则运会有然,不尽关于人事也。吾观近日之文集而不能无惑也。史学衰而传记多杂出,若东京以降,《先贤》、《耆旧》诸传、《拾遗》、《搜神》诸记皆是也。史学废而文集入传记,若唐、宋以还,韩、柳志铭、欧、曾序述皆是也。负史才者,不得身当史任以尽其能事,亦当搜罗闻见,核其是非,自著一书,以附传记之专家。至不得已而因人所请,撰为碑、铭、序、述诸体,即不得不为酬酢应给之辞以杂其文指,韩、柳、欧、曾之所谓无可如何也。黠于好名而陋于知意者,度其文采不足以动人,学问不足以自立,于是思有所托以附不朽之业也,则见当世之人物事功,群相夸诩,遂谓可得而藉矣。藉之,亦似也;不知传记专门之撰述,其所识解又不越于韩、欧文集也,以谓是非碑志不可也。碑志必出子孙之所求,而人之子孙未尝求之也,则虚为碑志以入集,似乎子孙之求之,自谓庶几韩、欧也。夫韩、欧应人之求而为之,出于不得已,故欧阳自命在五代之史,而韩氏欲诛奸谀于既死,发潜德之幽光,作唐之一经,尚恨托之空言也。今以人所不得已而出之者,仰窥有余羡,乃至优孟以摩之,则是词科之拟诰,非出于丝纶,《七林》之答问,不必有是言也,将何以征金石,昭来许乎? 夫舍传记之直达而效碑志之旁通,取其似韩、欧耶? 则是睐里也;取其应人之求为文望邪? 则是卜肆也。昔者西施病心而睐,里之丑妇,美而效之,富者闭门不出,贫者挈妻子而去之。贱工卖卜于都市，无有过而问者，则曰某王孙厚我，某贵卿神我术矣。

俗嫌

文字涉世之难，俗讳多也。退之遭李愬之毁，《平淮西碑》本末略李愬功。欧阳辨师鲁之志，从古解人鲜矣。往学古文于朱先生，先生为《吕举人志》，吕久困不第，每夜读甚苦。邻妇语其夫曰："吕生读书声高而音节凄悲，岂其中有不自得邪？"其夫告吕，吕哭失声曰："夫人知我。假主文者能具夫人之聪，我岂久不第乎？"由是每读则向邻墙三揖。其文深表吕君不遇伤心，而当时以谓佻薄无男女嫌，则聚而议之。又为《某夫人志》，其夫教甥读书不率，挞之流血。太夫人护甥而怒不食，夫人跪劝进食，太夫人怒批其颊，夫人怡色有加，卒得姑欢。其文于慈孝友睦，初无所间，而当时以谓妇遭姑挞，耻辱须讳，又笞甥挞妇，俱乖慈爱，则削而去之。余尝为《迁安县修城碑》，文中叙城久颓废，当时工程更有急者，是以大吏勘入缓工；今则为日更久，圮坏益甚，不容更缓。此乃据实而书，宜若无嫌。而当时阅者，以谓碑叙城之宜修，不宜更著勘缓工者以形其短。初疑其人过虑，其后质之当世号知文者，则皆为是说，不约而同。又尝为人撰节妇传，则叙其生际穷困，亲族无系援者，乃能力作自给，抚孤成立。而其子则云："彼时亲族不尽穷困，特不我母子怜耳。今若云云，恐彼负惭，且成嫌隙，请但述母氏之苦，毋及亲族不援。"此等拘泥甚多，不可更仆数矣。亦间有情形太逼，实难据法书者，不尽出拘泥也。又为朱先生撰寿幛题辞云："自癸巳罢学政归，门下从游，始为极盛。"而同人中有从游于癸巳前者，或愤作色曰："必于是后为盛，是我辈不足重乎?"又为梁文定较注《年谱》云："公念嫂夫人少寡，终身礼敬如母，遇有拂意，必委曲以得其欢。"而或乃曰："嫂自应敬，今云念其少寡而敬，则是防嫂不终其节，非真敬也。"其他琐琐为人所摘议者，不可具论，姑撮大略于此，亦可见文章涉世，诚难言矣。

夫文章之用，内不本于学问，外不关于世教，已失为文之质;而或怀挟褊心，诋毁人物，甚而攻发隐私，诬涅清白，此则名教中之罪人，纵幸免刑诛，天谴所必及也。至于是非所在，文有抑扬;比拟之余，例有宾主;厚者必云不薄，醇者必曰无疵，殆如赋诗必谐平仄，然后音调;措语必用助辞，然后辞达。今为醇厚著说，惟恐疵薄是疑，是文句必去焉哉乎也，而诗句须用全仄全平，虽周、孔复生，不能一语称完善矣。嗟乎! 经世之业，不可以为涉世之文，不虞之誉，求全之毁，从古然矣。读古乐府形容蜀道艰难，太行诘屈，以谓所向狭隘，喻道之穷;不知文字一途，乃亦崎岖如是! 是以深识之士，黯默无言，自勒名山之业，将俟知者发之，岂与容悦之流较甘苦哉!

针名

名者实之宾，实至而名归，自然之理也，非必然之事也。君子顺自然之理，不求必然之事也。君子之学，知有当务而已矣，未知所谓名，安有见其为安哉? 好名者流，徇名而忘实,于是见不忘者之为实尔。识者病之,乃欲使人后名而先实也。虽然,犹未忘夫名实之见者也。君子无是也。君子出处当由名义,先王所以觉世牖民,不外名教,伊古以来,未有舍名而可为治者也。何为好名乃致忘实哉？曰：义本无名,因欲不知义者由于义,故曰名义;教本无名,因欲不知教者率其教,故曰名教。揭而为名,求实之谓也。譬犹人不知食而揭树艺之名以劝农,人不知衣而揭盆缫之名以劝蚕,暖衣饱食者不求农蚕之名也。今不问农蚕而但以饱暖相矜耀,必有辍耕织而忍饥寒,假藉糠秕以充饱,隐裹败絮以伪暖,斯乃好名之弊矣。故名教名义之为名,农蚕也;好名者之名,饱暖也。必欲骛饱暖之名,未有不强忍饥寒者也。然谓好名者丧名,自然之理也,非必然之事也。昔介之推不言禄,禄亦弗及;实至而名归,名亦未必遽归也。

天下之名,定于真知者,而羽翼于似有知而实未深知者。夫真知者必先自知。天下鲜自知之人,故真能知人者不多也,似有知而实未深知者则多矣。似有知,故可相与为声名;实未深知,故好名者得以售其欺。又况智干术驭,竭尽生平之思力,而谓此中未得一当哉！故好名者往往得一时之名,犹好利者未必无一时之利也。且好名者固有所利而为之者也,如贾之利市焉,贾必出其居积而后能获利,好名者亦必浇漓其实而后能徇一时之名也。盖人心不同如其面,故务实者不能尽人而称善焉。好名之人,则务揣人情之所向,不必出于中之所谓诚然也。且好名者必趋一时之风尚也,风尚循环,如春兰秋菊之互相变易而不相袭也,人生其间,才质所优,不必适与之合也。好名者则必屈曲以徇之,故于心术多不可问也。唇亡则齿寒,鲁酒薄而邯郸围,此言势有必至,理有固然也。

学问之道,与人无忮忌,而名之所关,忮忌有所必至也。学问之道,与世无矫揉,而名之所在,矫揉有所必然也。故好名者,德之贼也。若夫真知者,自知之确,不求人世之知之矣。其于似有知实未深知者,不屑同道矣。或百世而上得一人焉,吊其落落无与俦也,未始不待我为后起之援也;或千里而外得一人焉,怅其遥遥未接迹也,未始不与我为比邻之洽也。以是而问当世之知,则寥寥矣,而君子不以为患焉。浮气息,风尚平,天下之大,岂无真知者哉!至是而好名之伎亦有所穷矣。故曰,实至而名归,好名者丧名,皆自然之理也,非必然之事也,卒之事亦不越于理矣。

砭异

古人于学求其是,未尝求异于人也。学之至者,人望之而不能至,乃觉其异耳,非其自有所异也。夫子曰:“俭,吾从众;……泰也,虽违众,吾从下。”圣人方且求同于人也。有时而异于众,圣人之不得已也。天下有公是,成于众人之不知其然而然也,圣人莫能异也。贤智之士,深求其故而信其然,庸愚未尝有知而亦安于然。而负其才者,耻与庸愚同其然也,则故矫其说以谓不然。譬如善割烹者,甘旨得人同嗜,不知味者,未尝不以谓甘也。今耻与不知味者同嗜好,则必啜糟弃醴,去脍炙而寻藜藿,乃可异于庸俗矣。语云:

"后世苟不公,至今无圣贤。"万世取信者,夫子一人而已矣。夫子之可以取信,又从何人定之哉？公是之不容有违也。夫子论列古之神圣贤人众矣,伯夷求仁得仁,泰伯以天下让,非夫子阐幽表微,人则无由知尔。尧、舜、禹、汤、文、武、周公,虽无夫子之称述,人岂有不知者哉？以夫子之圣而称述尧、舜、禹、汤、文、武、周公,不闻去取有异于众也,则天下真无可以求异者矣。

　　是非之心,人皆有之,至于声色臭味,天下之耳目口鼻皆相似也。心之所同然者,理也,义也。然天下歧趋,皆由争理义,而是非之心亦从而易焉。岂心之同然不如耳目口鼻哉？声色臭味有据而理义无形,有据则庸愚皆知率循,无形则贤智不免于自用也。故求异于人,未有不出于自用者也。治自用之弊,莫如以有据之学,实其无形之理义,而后趋不入于歧途也。夫内重则外轻,实至则名忘。凡求异于人者,由于内不足也,自知不足而又不胜其好名之心,斯欲求异以加人,而人亦卒莫为所加也。内不足,不得不矜于外,实不至,不得不骛于名,又人情之大抵类然也。以人情之大抵类然,而求异者固亦不免于出此,则求异者何尝异人哉？特异于坦荡之君子尔。夫马,毛鬣相同也；龁草饮水,秣刍饲粟,且加之鞍鞯而施以箝勒,无不相同也；或一日而百里,或一日而千里。从同之中而有独异者,圣贤豪杰所以异于常人也。不从众之所同而先求其异,是必诡衔窃辔,踶跳噬龁,不可备驰驱之用者也。

砭俗

文章家言,及于寿屏祭幛,几等市井间架,不可入学士之堂矣,其实时为之也。涉世不得废应酬故事,而祝嘏陈言,哀挽习语,亦无从出其性灵,而犹于此中斤斤焉计工论拙,何以异于梦中之占梦欤!夫文,所以将其意也,意无所以自申而概与从同,则古人不别为辞,如冠男之祝,醮女之命,但举成文故牒而已矣。文胜之习,必欲为辞,为之而岂无所善,则遂相与矜心作意,相与企慕仿效,滥觞流为江河,不复可堙阏矣。夫文,生于质也,始作之者未通乎变,故其数易尽,沿而袭之者之所以无善步也。既承不可遏之江河,则当相度宣防,资其灌溉,通其舟楫,乃见神明通久之用焉。文章之道,凡为古无而今有者,皆当然也。称寿不见于古,而叙次生平,一用记述之法,以为其人之不朽,则史传竹帛之文也。挽祭本出辞章,而历溯行实,一用诔谥之意,以为其人之终始,则金石刻画之文也。文生于质,视其质之如何而施吾文焉,亦于世教未为无补,又何市井间架之足疑,而学士之所不屑道哉!

夫生有寿言而死有祭挽,近代亡于礼者之礼也。礼从宜,使从俗,苟不悖乎古人之道,君子之所不废也。文章之家,卑视寿挽,不知神明其法,弊固至乎此也。其甚焉者,存祭挽而耻录寿言。近世文人自定其集,不能割爱而间存者,亦必别为卷轴,一似雅郑之不可同日语也,汪钝翁以古文自命,动辄呵责他人。其实有才无识,好为无谓之避忌,反自矜为有识,大抵如此。此则可谓知一十而昧二五也。彼徒见前人文集有哀诔而无寿言，以谓哀诔可通于古，而祝赧之辞为古所无也。不知墓志始于六朝，碑文盛于东汉，于古未有行也。中郎碑刻，昌黎志铭，学士盛称之矣。今观蔡、韩二氏之文集，其间无德而称，但存词致，所与周旋而俯仰者，有以异于近代之寿言欤？宽于取古而刻以绳今，君子以为有耳而无目也。必以铭志之伦实始乎古，则祝赧之文未尝不始于《周官》，六祝之辞，所以祈福祥也。以其文士为之之晚出，因而区别其类例，岂所语于知时之变者乎？

夫文生于质，寿祝哀诔，因其人之质而施以文，则变化无方，后人所辟，可以过于前人矣。夫因乎人者，人万变而文亦万变也；因乎事者，事不变而文亦不变也。醮女之辞，冠男之颂，一用成文故典，古人不别为辞，载在传记，盖亦多矣。揖让之仪文，鼓吹之节奏，礼乐之所不废也；然而其质不存焉，虽有神圣制作，无取仪文节奏以为特著之奇也；后人沿其流而不辨其源者，则概为之辞，所为辞费也。进士题名之碑，必有记焉；明人之弊，今则无矣。科举拜献之录，必有序焉；此则今尚有之，似可请改用一定格式，如贺表例。自唐、宋以来，秋解春集，进士登科，等于转漕上计，非有特出别裁之事也。题名进录，故事行焉，虽使李斯刻石，指题名碑。刘向奏书，指进呈录。岂能于寻常行墨之外别著一辞哉？而能者矜焉，拙者愧焉，惟其文而不惟其事，所谓惑也。成室上梁，必有文焉；婚姻通聘，必有启焉；同此堂构，同此男女，虽使鲁般发号，高禖绍宾，岂能于寻常行墨之外别著一辞哉？而能者矜焉，拙者愧焉，惟其文而不惟其事，所谓惑也。而当世文人方且劣彼而优此,何哉?

国家令典,郊庙祝版,岁举常事,则有定式,无更张也。推恩循例,群臣诰敕,官秩相同,则有定式,无更张也。万寿庆典,嘉辰令节,群臣贺表,咸有定式,无更张也。圣人制作,为之礼经,宜质宜文,必当其可。文因乎事,事万变而文亦万变,事不变而文亦不变,虽周、孔制作,岂有异哉? 揖让之仪文,鼓吹之节奏,常人之所不能损者,神圣之所不能增,而文人积习相寻,必欲夸多而斗靡,宜乎文集之纷纷矣。

《礼》曰:"君子未葬读丧礼;既葬读祭礼;丧复常读乐章。"丧礼远近有别而文质以分,所以本于至情也。近世文人,则有丧亲成服之祭文矣,葬亲堂祭之祭文矣,分赠吊客之行述矣。传曰:"孝子之丧亲也,哭不哀,礼无容,言不文,茕茕苦块之中,杖而后能起,朝夕哭无时。"尚有人焉能载笔而摛文以著于竹帛,何以异于苍梧人之让妻,华大夫之称祖欤? 或曰:未必其人之自为,相丧者之代辞也。夫文生于质也,代为之辞,必其人之可以有是言也。鸱鸮既处飘摇,不为睍睆之好音;鲋鱼故在涸辙,不无愤然之作色。虽代禽鱼立言,亦必称其情也,岂曰代为之辞,即忘孝子之所自处欤?

或谓代人属草,有父母者,不当为人述考妣也。颜氏著训,盖谓孝子远嫌,听无声而视无形,至谆谆也。虽然,是未明乎代言之体也。嫌之大者莫过君臣,周公为成王诏臣庶,则不以南面为嫌;嫌之甚者莫过于男女,谷永为元帝报许后,即不以内亲为忌。伊古名臣,拟为册祝制诰,则追谥先朝,册后建储,以至训敕臣下,何一不代帝制以立言,岂有嫌哉!必谓涉世远嫌,不同官守,乐府《孤儿》之篇,岂必素冠之棘人?古人寡妇之叹,何非须眉之男子?文人为子述其亲,必须孤子而后可;然则为夫述其妻,必将阉寺而后可乎?夫非礼之礼,非义之义,君子弗为,盖以此哉!

卷五

内篇五

申郑

子长、孟坚氏不作,而专门之史学衰。陈、范而下,或得或失,粗足名家。至唐人开局设监,整齐晋、隋故事,亦名其书为一史;而学者误承流别,不复辨正其体,于是古人著书之旨晦而不明。至于辞章家舒其文采,记诵家精其考核,其于史学,似乎小有所补;而循流忘源,不知大体,用功愈勤,而识解所至,亦去古愈远而愈无所当。

郑樵生千载而后,慨然有见于古人著述之源,而知作者之旨,不徒以词采为文,考据为学也。于是遂欲匡正史迁,益以博雅;贬损班固,讥其因袭。而独取三千年来遗文故册,运以别识心裁,盖承通史家风,而自为经纬,成一家言者也。学者少见多怪,不究其发凡起例,绝识旷论,所以斟酌群言,为史学要删;而徒摘其援据之疏略,裁剪之未定者,纷纷攻击,势若不共戴天。古人复起,奚足当吹剑之一吷乎?若夫《二十略》中《六书》、《七音》与《昆虫草木》三略,所谓以史翼经,本非断代为书,可以递续不穷者比,诚所谓专门绝业,汉、唐诸儒不可得闻者也。创条发例,巨制鸿编,即以义类明其家学,其势不能不因一时成书,粗就隐括,原未尝与小学专家特为一书者絜长较短，亦未尝欲后之人守其成说，不稍变通。夫郑氏所振在鸿纲，而末学吹求则在小节，是何异讥韩、彭名将不能邹、鲁趋跄，绳伏、孔巨儒不善作雕虫篆刻耶！

夫史迁绝学，《春秋》之后一人而已。其范围千古、牢笼百家者，惟创例发凡，卓见绝识，有以追古作者之原，自具《春秋》家学耳。若其事实之失据，去取之未当，议论之未醇，使其生唐、宋而后，未经古人论定，或当日所据石室金匮之藏及《世本》、《谍记》、《楚汉春秋》之属，不尽亡佚，后之溺文辞而泥考据者，相与锱铢而校，尺寸以绳，不知更作如何掊击也？今之议郑樵者，何以异是！孔子作《春秋》，盖曰其事则齐桓、晋文，其文则史，其义则孔子自谓有取乎尔。夫事即后世考据家之所尚也，文即后世词章家之所重也，然夫子所取，不在彼而在此，则史家著述之道，岂可不求义意所归乎？自迁、固而后，史家既无别识心裁，所求者徒在其事其文。惟郑樵稍有志乎求义，而缀学之徒，嚣然起而争之。然则充其所论，即一切科举之文词，胥吏之簿籍，其明白无疵，确实有据，转觉贤于迁、固远矣。

虽然，郑君亦不能无过焉。马、班父子传业，终身史官，固无论矣。司马温公《资治通鉴》，前后一十九年，书局自随，自辟僚属，所与讨论又皆一时名流，故能裁成绝业，为世宗师。郑君区区一身，僻处寒陋，独犯马、班以来所不敢为者而为之，立论高远，实不副名。又不幸而与马端临之《文献通考》并称于时，而《通考》之疏陋转不如是之甚。末学肤受,本无定识,从而抑扬其间,妄相拟议,遂与比类纂辑之业同年而语,而衡短论长,岑楼寸木,且有不敌之势焉,岂不诬哉!

答客问上

癸巳在杭州,闻戴征君震与吴处士颖芳谈次,痛诋郑君《通志》,其言绝可怪笑,以谓不足深辨,置弗论也。其后学者颇有訾謷,因假某君叙说,辨明著述源流。自谓习俗浮议,颇有摧陷廓清之功。然其文上溯马、班,下辨《通考》,皆史家要旨,不尽为《通志》发也。而不知者又更端以相诘难,因作《答客问》三篇。

客有见章子《续通志叙书后》者,问于章子曰:《通志》之不可轻议,则既闻命矣。先生之辨也,文繁而不可杀,其推论所及,进退古人,多不与世之尚论者同科,岂故为抑扬以佐其辨欤,抑先生别有说欤? 夫学者皆称二十二史,著录之家,皆取马、班而下至于元、明而上,区为正史一门矣。今先生独谓唐人整齐晋、隋故事,亦名其书为一史,而学者误承流别,不复辨正其体焉。岂晋、隋而下,不得名为一史欤? 观其表志成规,纪传定体,与马、班诸史未始有殊,开局设监,集众修书,亦时势使然耳,求于其实,则一例也。今云学者误承流别,敢问晋、隋而下,其所以与陈、范而上截然分部者安在?

章子曰:史之大原本乎《春秋》,《春秋》之义昭乎笔削。笔削之义,不仅事具始末、文成规矩已也。以夫子义则窃取之旨观之,固将纲纪天人,推明大道,所以通古今之变而成一家之言者,必有详人之所略,异人之所同,重人之所轻,而忽人之所谨,绳墨之所不可得而拘,类例之所不可得而泥,而后微茫秒忽之际有以独断于一心。及其书之成也,自然可以参天地而质鬼神,契前修而俟后圣,此家学之所以可贵也。陈、范以来,律以《春秋》之旨,则不敢谓无失矣。然其心裁别识,家学具存。纵使反唇相议,至谓迁书退处士而进奸雄,固书排忠节而饰主阙,要其离合变化,义无旁出,自足名家学而符经旨;初不尽如后代纂类之业,相与效子莫之执中,求乡愿之无刺,侈然自谓超迁轶固也。若夫君臣事迹,官司典章,王者易姓受命,综核前代,纂辑比类,以存一代之旧物,是则所谓整齐故事之业也。开局设监,集众修书,正当用其义例,守其绳墨,以待后人之论定则可矣,岂所语于专门著作之伦乎?

《易》曰:"苟非其人,道不虚行。"史才不世出,而时世变易不可常,及时纂辑所闻见,而不用标别家学,决断去取为急务,岂特晋、隋二史为然哉?班氏以前,则有刘向、刘歆、扬雄、贾逵之《史记》;范氏以前,则有刘珍、李尤、蔡邕、卢植、杨彪之《汉记》。其书何尝不遵表志之成规,不用纪传之定体。然而守先待后之故事与笔削独断之专家,其功用足以相资而流别不能相混,则断如也。溯而上之,百国宝书之于《春秋》,《世本》、《国策》之于《史记》,其义犹是耳。唐后史学绝而著作无专家,后人不知《春秋》之家学,而猥以集众官修之故事,乃与马、班、陈、范诸书并列正史焉。于是史文等于科举之程式，胥吏之文移，而不可稍有变通矣。间有好学深思之士，能自得师于古人，标一法外之义例，著一独具之心裁；而世之群怪聚骂，指目牵引为言词，譬若猵狙见冠服，不与龁决毁裂至于尽绝不止也。郑氏《通志》之被谤，凡以此也。

嗟乎！道之不明久矣。《六经》皆史也。形而上者谓之道，形而下者谓之器。孔子之作《春秋》也，盖曰："我欲托之空言，不如见诸行事之深切著明。"然则典章事实，作者之所不敢忽，盖将即器而明道耳。其书足以明道矣，笾豆之事，则有司存，君子不以是为琐琐也。道不明而争于器，实不足而竞于文，其弊与空言制胜华辩伤理者，相去不能以寸焉，而世之溺者不察也。太史公曰："好学深思，心知其意。"当今之世，安得知意之人而与论作述之旨哉！

答客问中

客曰：孔子自谓："述而不作，信而好古。"又曰："好古敏以求之。"夏殷之礼，夫子能言，然而无征不信，慨于文献之不足也。今先生谓作者有义旨，而笾豆器数不为琐琐焉，毋乃悖于夫子之教欤？马氏《通考》之详备，郑氏《通志》之疏舛，三尺童子所知也。先生独取其义旨而不责其实用，遂欲申郑而屈马，其说不近于偏耶？

章子曰：天下之言，各有攸当；经传之言，亦若是而已矣。读古人之书，不能会通其旨，而徒执其疑似之说以争胜于一隅，则一隅之言不可胜用也。天下有比次之书，有独断之学,有考索之功,三者各有所主而不能相通。六经之于典籍也,犹天之有日月也。读《书》如无《诗》,读《易》如无《春秋》,虽圣人之籍,不能于一书之中备数家之攻索也。《易》曰"不可为典要",而《书》则偏言"辞尚体要"焉。读《诗》不以辞害志,而《春秋》则正以一言定是非焉。向令执龙血鬼车之象,而征粤若稽古之文,托熊蛇鱼旐之梦,以纪春王正月之令,则圣人之业荒而治经之旨悖矣。若云好古敏求,文献征信,吾不谓往行前言可以灭裂也。多闻而有所择,博学而要于约,其所取者有以自命,而不可概以成说相拘也。大道既隐,诸子争鸣,皆得先王之一端,庄生所谓"耳目口鼻,皆有所明,不能相通"者也。目察秋毫而不能见雷霆,耳辨五音而不能窥泰山,谓耳目之有能有不能则可矣,谓耳闻目见之不足为雷霆山岳,其可乎?由汉氏以来,学者以其所得,托之撰述以自表见者,盖不少矣。

高明者多独断之学,沈潜者尚考索之功,天下之学术不能不具此二途。譬犹日昼而月夜,暑夏而寒冬,以之推代而成岁功,则有相需之益;以之自封而立畛域,则有两伤之弊。故马、班史祖而伏、郑经师,迁乎其地而弗能为良,亦并行其道而不相为背者也。使伏、郑共注一经,必有抵牾之病;使马、班同修一史,必有矛盾之嫌。以此知专门之学,未有不孤行其意,虽使同侪争之而不疑,举世非之而不顾,此史迁之所以必欲传之其人,而班固之书所以必待马融受业于其女弟,然后其学始显也。迁书有徐广、裴骃诸家传其业,固书有服虔、应劭诸家传其业,专门之学,口授心传,不啻经师之有章句矣。然则《春秋》经世之意，必有文字之所不可得而详，绳墨之所不可得而准。而今之学者，凡遇古人独断之著述，于意有不惬，嚣然纷起而攻之，亦见其好议论而不求成功矣。

若夫比次之书，则掌故令史之孔目，簿书记注之成格，其原虽本柱下之所藏，其用止于备稽检而供采择，初无他奇也。然而独断之学，非是不为取裁；考索之功，非是不为按据，如旨酒之不离乎糟粕，嘉禾之不离乎粪土。是以职官故事、案牍图牒之书，不可轻议也。然独断之学，考索之功欲其智，而比次之书欲其愚。亦犹酒可实尊彝而糟粕不可实尊彝，禾可登簠簋而粪土不可登簠簋，理至明也。

古人云："言之不文，行之不远。""文不雅驯，荐绅先生难言之。"为职官故事、案牍图牒之难以萃合而行远也，于是有比次之法。不名家学，不立识解，以之整齐故事，而待后人之裁定，是则比次欲愚之效也。举而登诸著作之堂，亦自标名为家学，谈何容易邪！且班固之才，可谓至矣。然其与陈宗、尹敏之徒撰《世祖本纪》与《新市》、《平林》诸列传，不能与《汉书》并立，而必以范蔚宗书为正宗，则集众官修之故事，与专门独断之史裁不相缀属又明矣。自是以来，源流既失，郑樵无考索之功，而《通志》足以明独断之学，君子于斯有取焉。马贵与无独断之学，而《通考》不足以成比次之功，谓其智既无所取，而愚之为道又有未尽也。且其就《通典》而多分其门类，取便翻检耳；因史志而裒集其论议，易于折衷耳。此乃经生决科之策括，不敢抒一独得之见，标一法外之意,而奄然媚世为乡愿,至于古人著书之义旨,不可得闻也。俗学便其类例之易寻,喜其论说之平善,相与翕然交称之,而不知著作源流之无似,此呕哑嘲哳之曲所以属和万人也。

答客问下

客曰:独断之学与考索之功,则既闻命矣。敢问比次之书,先生拟之糟粕与粪土,何谓邪?

章子曰:斯非贬辞也。有璞而后施雕,有质而后运斤;先后轻重之间,其数易明也。夫子未删之《诗》《书》,未定之《易》《礼》《春秋》,皆先王之旧典也。然非夫子之论定,则不可以传之学者矣。李焘谓左氏将传《春秋》,先聚诸国史记,国别为语,以备《内传》之采摭。是虽臆度之辞,然古人著书未有全无所本者,以是知比次之业不可不议也。比次之道,大约有三:

有及时撰集以待后人之论定者,若刘歆、扬雄之《史记》,班固、陈宗之《汉记》是也;

有有志著述,先猎群书以聚薪樏者,若王氏《玉海》,司马《长编》之类是也;

有陶冶专家,勒成鸿业者,若迁录仓公技术,固裁刘向《五行》之类是也。

夫及时撰集以待论定,则详略去取,精于条理而已;先猎群书以为薪樏,则辨同考异,慎于覈核而已;陶冶专家、勒成鸿业,则钩玄提要,达于大体而已。比次之业,既有如是之不同；作者之旨，亦有随宜之取辨。而今之学者，以谓天下之道，在乎较量名数之异同，辨别音训之当否，如斯而已矣；是何异观坐井之天，测坳堂之水，而遂欲穷六合之运度，量四海之波涛，以谓可尽哉！夫汉帝春秋，年寿也。具于《别录》；臣瓒注。伏生、文翁之名，征于石刻；高祖之作新丰，详于刘记；《西京杂记》。孝武之好微行，著于外传；《汉武故事》。而迁、固二书，未见采录，则比次之繁，不妨作者之略也。曹丕让表，详《献帝传》；甄后懿行，盛称《魏书》；哀牢之传，征于计吏；见《论衡》。先贤之表，著于黄初；而陈、范二史不以入编，则比次之私，有待作者之公也。

然而经生习业，遂纂典林；辞客探毫，因收韵藻。晚近浇漓之习，取便依检，各为兔园私册以供陋学之取携；是比次之业，虽欲如糟粕粪土，冀其化臭腐而出神奇，何可得哉！夫村书俗学，既无良材，则比次之业难于凭藉者一矣。所征故实，多非本文，而好易字句，漓其本质，以致学者宁习原书，怠窥新录，则比次之业难于凭藉者二矣。比类相从，本非著作，而汇收故籍，不著所出何书，一似己所独得，使人无从征信，则比次之业难于凭藉者三矣。传闻异辞，记载别出，不能兼收并录以待作者之决择，而私作聪明，自定去取，则比次之业难于凭藉者四矣。图绘之学，不入史裁，金石之文，但征目录，后人考核，征信无从，则比次之业难于凭藉者五矣。专门之书，已成巨编，不为采录大凡，预防亡逸，而听其孤行，渐致湮没，则比次之业难于凭藉者六矣。拘牵类例，取足成书，不于法律之外，多方购备，以俟作者之辨裁，一目之罗,得鸟无日,则比次之业难于凭藉者七矣。凡此多端,并是古人未及周详,而后学尤所未悉。

苟有志于三月聚粮,则讲习何可不豫?而一世之士,不知度德量力,咸嚣嚣以作者自命,不肯为是筌蹄嚆矢之功程,刘歆所谓"挟恐见破之私意,而无从善服义之公心"者也。术业如何得当,而著作之道何由得正乎?

答问

或问前人之文辞,可改窜为己作欤?答曰:何为而不可也!古者以文为公器,前人之辞如已尽,后人述而不必作也。赋诗断章,不啻若自其口出也,重在所以为文辞,而不重文辞也。苟得其意之所以然,不必有所改窜,而前人文辞与己无异也。无其意而求合于文辞,则虽字句毫无所犯,而阴仿前人之所云,君子鄙之曰窃矣。或曰:陈琳为曹洪报魏太子,讳言陈琳为辞;丁敬礼求曹子建润色其文,则曰后世谁知定吾文者;唐韩氏云:"惟古于文必己出,降而不能乃剽窃。"古人必欲文辞自己擅也,岂曰重其意而已哉?答曰:文人之文,与著述之文不可同日语也。著述必有立于文辞之先者,假文辞以达之而已。譬如庙堂行礼,必用锦绅玉佩,彼行礼者不问绅佩之所成,著述之文是也;锦工玉工未尝习礼,惟藉制锦攻玉以称功,而冒他工所成为己制,则人皆以为窃矣,文人之文是也。故以文人之见解而议著述之文辞,如以锦工玉工议庙堂之礼典也。

或曰:古人辞命,草创加以修润;后世诗文,亦有一字之师。如所重在意而辞非所计，譬如庙堂行礼，虽不计其绅佩，而绅佩敝裂不中制度，亦岂可行邪？答曰：此就文论文，别自为一道也。就文论文，先师有辞达之训，曾子有鄙倍之戒，圣门设科，文学言语并存，说辞亦贵有善为者。古人文辞未尝不求工也，而特非所论于此疆彼界，争论文必己出以矜私耳。自魏、晋以还，论文亦自有专家矣。乐府改旧什之铿锵，《文选》裁前人之篇什，并主声情色采，非同著述科也。《会昌制集》之序，郑亚削义山之腴；元和《月蚀》之歌，韩公摧玉川之怪；或存原款以归其人，或改标题以入己集，虽论文末技，有精焉者，所得既深，亦不复较量于彼我字句之琐也。

或曰：昔者乐广善言而挚虞妙笔，乐谈挚不能对，挚笔乐不能复，人各有偏长矣。然则有能言而不能文者，不妨藉人为操笔邪？答曰：潘岳亦为乐广撰让表矣，必得广之辞旨而后次为名笔，史亦未尝不两称之。两汉以下，人少兼长，优学而或歉于辞，善文而或疏于记。以至学问之中又有偏擅，文辞一道又有专长，本可交助为功，而世多交讦互诋，是以大道终不可得而见也。文辞，末也；苟去封畛而集专长，犹有卓然之不朽，而况由学问而进求古人之大体乎！然而自古至今，无其人焉，是无可如何者也。

或曰：诚如子言，文章学问，可以互托，苟有黠者，本无所长，而谬为公义以滥竽其中，将何以辨之？答曰：千钧之鼎，两人举之，不能胜五百钧者，仆且蹶矣；李广入程不识之军而旌旗壁垒为之一新，才智苟逊于程，一军乱矣。富人远出,不持一钱,有所需而称贷,人争与之,他人不能者,何也?惟富于钱而后可以贷人之钱也。故文学苟志于公,彼无实者不能冒也。

或曰:前人之文不能尽善,后人从而点窜以示法,亦可为之欤?答曰:难言之矣!著述改窜前人,其意别有所主,故无伤也;论文改窜前人,文心不同,亦如人面,未可以己所见,遽谓胜前人也。刘氏《史通》,著《点烦》之篇矣。左、马以降,并有涂改,人或讥其知史不知文也。然刘氏有所为而为之,得失犹可互见。若夫专事论文,则宜慎矣。

今古聪明智慧,亦自难穷;今人所见,未必尽不如古。大约无心偶会,则收点金之功;有意更张,必多画墁之诮。盖论文贵乎天机自呈,不欲人事为穿凿耳。或问近世如方苞氏删改唐、宋大家,亦有补欤?夫方氏不过文人,所得本不甚深,况又加以私心胜气,非徒无补于文,而反开后生小子无忌惮之渐也。

小慧私智,一知半解,未必不可攻古人之间,拾前人之遗。此论于学术,则可附于不贤识小之例,存其说以备后人之采择可也。若论于文辞,则无关大义,皆可置而不论,即人心不同如面,不必强齐之意也。果于是非得失,后人既有所见,自不容默矣,必也出之如不得已,详审至再而后为之,如国家之议旧章,名臣之策利弊,非有显然什百之相悬,宁守旧而毋妄更张矣。苟非深知此意而轻议古人,是庸妄之尤,即未必无尺寸之得,而不足偿其寻丈之失也。方氏删改大家,有必不得已者乎? 有是非得失显然什百相悬者乎?

有如国家之议旧章,名臣之策利弊,宁守旧而毋妄更张之本意者乎?在方氏亦不敢自谓然也。然则私心胜气,求胜古人,此方氏之所以终不至古人也。凡能与古为化者,必先于古人绳度尺寸不敢逾越者也。盖非信之专而守之笃,则入古不深,不深则不能化。譬如人于朋友能全管、鲍通财之义,非严一介取与之节者必不能也。故学古而不敢曲泥乎古,乃服古而谨严之至,非轻古也。方氏不知古人之意而惟徇于文辞,且所得于文辞者本不甚深;其私智小慧又适足窥见古人之当然,而不知其有所不尽然,宜其奋笔改窜之易易也。

古文公式

古文体制源流,初学入门,当首辨也。苏子瞻《表忠观碑》,全录赵抃奏议,文无增损,其下即缀铭诗。此乃汉碑常例,见于金石诸书者,不可胜载。即唐、宋八家文中,如柳子厚《寿州安丰孝门碑》,亦用其例,本不足奇。王介甫诧谓是学《史记·诸侯王年表》,真学究之言也。李耆卿谓其文学《汉书》,亦全不可解。此极是寻常耳目中事,诸公何至怪怪奇奇,看成骨董!且如近日市井乡间,如有利弊得失,公议兴禁,请官约法,立碑垂久,其碑即刻官府文书告谕原文,毋庸增损字句,亦古法也。岂介甫诸人,于此等碑刻犹未见耶?当日王氏门客之訾摘骇怪,更不直一笑矣。

以文辞而论,赵清献请修表忠观原奏,未必如苏氏碑文之古雅。史家记事记言,因袭成文,原有点窜涂改之法。苏氏此碑,虽似钞缮成文,实费经营裁制也。第文辞可以点窜，而制度则必从时。此碑篇首"臣抃言"三字，篇末"制曰可"三字，恐非宋时奏议上陈、诏旨下达之体；而苏氏意中，揣摩《秦本纪》"丞相臣斯昧死言"及"制曰可"等语太熟，则不免如刘知幾之所讥，"貌同而心异"也。余昔修《和州志》，有《乙亥义烈传》，专记明末崇祯八年闯贼攻破和州，官吏绅民男妇殉难之事，用记事本末之例，以事为经，以人为纬，详悉具载，而州中是非哄起。盖因闯贼怒拒守而屠城，被屠者之子孙，归咎于创议守城者陷害满城生命，又有著论指斥守城者部署非法，以致城陷，甚至有诬创议守城者缒城欲逃，为贼擒杀，并非真殉难者。余搜得凤阳巡抚朱大典奏报和州失陷，官绅殉难情节，乃据江防州同申报，转据同在围城逃脱难民口述亲目所见情事，官绅忠烈，均不可诬。余因全录奏报，以为是篇之序。中间文字点窜，甚有佳处。然篇首必云："崇祯九年二月日巡抚凤阳提督军务都察院右副都御史臣朱大典谨奏，为和城陷贼，官绅殉难堪怜，乞赐旌表以彰义烈事。"其篇末云："奉旨，览奏悯恻，该部察例施行。"此实当时奏陈诏报式也。或谓中间奏文既已删改古雅，其前后似可一例润色。余谓奏文辞句，并无一定体式，故可点窜古雅，不碍事理。前后自是当时公式，岂可以秦、汉之衣冠，绘明人之图像耶？苏氏《表忠观碑》，前人不知而相与骇怪，自是前人不学之过。苏氏之文本无可议，至人相习而不以为怪。其实不可通者，惟前后不遵公式之六字耳。夫文辞不察义例，而惟以古雅为徇，则"臣抃言"三字，何如"岳曰于"三字更古；"制曰可"三字，何如"帝曰俞"三字更古？舍唐、虞而法秦、汉,未见其能好古也。

汪钝翁撰《睢州汤烈妇旌门颂序》,首录巡按御史奏报,本属常例,无可訾,亦无足矜也。但汪氏不知文用古法,而公式必遵时制,秦、汉奏报之式,不可以改今文也。篇首著"监察御史臣粹然言",此又读《表忠观碑》"臣抃言"三字太熟,而不知苏氏已非法也。近代章奏,篇首叙衔,无不称姓,亦公式也。粹然何姓,汪氏岂可因摹古而删之?且近代章奏,衔名之下必书"谨奏",无称"言"者。一语仅四字而两违公式,不知何以为古文辞也?妇人有名者称名,无名者称姓,曰张曰李可也。近代官府文书,民间词状,往往舍姓而空称曰"氏",甚至有称为"该氏"者,诚属俚俗不典;然令无明文,胥吏苟有知识,仍称为张为李,官所不禁,则犹是通融之文法也。汪氏于一定不易之公式,则故改为秦、汉古款,已是貌同而心异矣。至于正俗通行之称谓,则又偏舍正而徇俗,何颠倒之甚耶!结句又云:"臣谨昧死以闻。"亦非今制。汪氏平日以古文辞高自矜诩,而庸陋如此,何耶?汪之序文,于"臣粹然言"句下直起云"睢州诸生汤某妻赵氏,值明末李自成之乱"云云,是亦未善。当云"故明睢州诸生汤某妻赵氏,值李自成之乱",于辞为顺。盖突起似现在之人,下句补出"值明末李自成",文气亦近滞也。学文者当于此等留意辨之。

古文十弊

余论古文辞义例,自与知好诸君书凡数十通;笔为论著,又有《文德》、《文理》、《质性》、《黠陋》、《俗嫌》、《俗忌》诸篇,亦详哉其言之矣。然多论古人,鲜及近世。兹见近日作者所有言论与其撰著,颇有不安于心,因取最浅近者条为十通,思与同志诸君相为讲明。若他篇所已及者不复述,览者可互见焉。此不足以尽文之隐,然一隅三反,亦庶几其近之矣。

一曰:凡为古文辞者,必先识古人大体,而文辞工拙又其次焉。不知大体,则胸中是非不可以凭,其所论次未必俱当事理。而事理本无病者,彼反见为不然而补救之,则率天下之人而祸仁义矣。有名士投其母氏行述,请大兴朱先生作志,叙其母之节孝,则谓乃祖衰年病废卧床,溲便无时,家无次丁,乃母不避秽亵,躬亲薰濯,其事既已美矣。又述乃祖于时蹙然不安,乃母肃然对曰:"妇年五十,今事八十老翁,何嫌何疑!"呜呼!母行可嘉,而子文不肖甚矣。本无芥蒂,何有嫌疑?节母既明大义,定知无是言也。此公无故自生嫌疑,特添注以斡旋其事,方自以谓得体,而不知适如冰雪肌肤剜成疮痏,不免愈濯愈痕瘢矣。人苟不解文辞,如遇此等,但须据事直书,不可无故妄加雕饰。妄加雕饰,谓之"剜肉为疮",此文人之通弊也。

二曰:《春秋》书内不讳小恶。岁寒知松柏之后凋,然则欲表松柏之贞,必明霜雪之厉,理势之必然也。自世多嫌忌,将表松柏而又恐霜雪怀惭,则触手皆荆棘矣。但大恶讳,小恶不讳,《春秋》之书内事,自有其权衡也。江南旧家,辑有宗谱。有群从先世,为子聘某氏女,后以道远家贫,力不能婚，恐失婚时，伪报子殇，俾女别聘，其女遂不食死，不知其子故在。是于守贞殉烈两无所处，而女之行事实不愧于贞烈，不忍泯也。据事直书，于翁诚不能无歉然矣。第《周官》媒氏禁嫁殇，是女本无死法也。《曾子问》，娶女有日，而婿父母死，使人致命女氏，注谓恐失人嘉会之时，是古有辞昏之礼也。今制，婿远游，三年无闻，听妇告官别嫁，是律有远绝离昏之条也。是则某翁诡托子殇，比例原情，尚不足为大恶而必须讳也。而其族人动色相戒，必不容于直书，则匿其辞曰："书报幼子之殇，而女家误闻以为婿也。"夫千万里外，无故报幼子殇，而又不道及男女昏期，明者知其无是理也，则文章病矣。人非圣人，安能无失？古人叙一人之行事，尚不嫌于得失互见也。今叙一人之事，而欲顾其上下左右前后之人皆无小疵，难矣！是之谓"八面求圆"，又文人之通弊也。

三曰：文欲如其事，未闻事欲如其文者也。尝见名士为人撰志，其人盖有朋友气谊，志文乃仿韩昌黎之志柳州也，一步一趋，惟恐其或失也。中间感叹世情反复，已觉无病费呻吟矣。末叙丧费出于贵人，及内亲竭劳其事。询之其家，则贵人赠赙稍厚，非能任丧费也，而内亲则仅一临穴而已，亦并未任其事也。且其子俱长成，非若柳州之幼子孤露，必待人为经理者也。诘其何为失实至此，则曰：仿韩志柳墓，终篇有云："归葬费出观察使裴君行立，又舅弟卢遵，既葬子厚，又将经纪其家。"附纪二人，文情深厚，今志欲似之耳。余尝举以语人，人多笑之。不知临文摹古，迁就重轻，又往往似之矣。是之谓削趾适屦，又文人之通弊也。

四曰：仁智为圣，夫子不敢自居；瑚琏名器，子贡安能自定？称人之善，尚恐不得其实；自作品题，岂宜夸耀成风耶？尝见名士为人作传，自云："吾乡学者，鲜知根本，惟余与某甲，为功于经术耳。"所谓某甲，固有时名，亦未见必长经术也。作者乃欲援附为名，高自标榜，恶矣！又有江湖游士，以诗著名，实亦未足副也。然有名实远出其人下者，为人作诗集序，述人请序之言曰："君与某甲齐名，某甲既已弁言，君乌得无题品？"夫齐名本无其说，则请者必无是言。而自诩齐名，藉人炫己，颜颊不复知忸怩矣！且经援服、郑，诗攀李、杜，犹曰高山景仰；若某甲之经，某甲之诗，本非可恃，而犹藉为名。是之谓"私署头衔"，又文人之通弊也。

五曰：物以少为贵，人亦宜然也。天下皆圣贤，孔孟亦弗尊尚矣。清言自可破俗，然在典午则滔滔皆是也。前人讥《晋书》列传同于小说，正以采掇清言，多而少择也。立朝风节，强项敢言，前史侈为美谈。明中叶后，门户朋党，声气相激，谁非敢言之士！观人于此，君子必有辨矣，不得因其强项申威，便标风烈，理固然也。我宪皇帝澄清吏治，裁革陋规，整饬官方，惩治贪墨，实为千载一时。彼时居官，大法小廉，殆成风俗，贪冒之徒，莫不望风革面，时势然也。今观传志碑状之文，叙雍正年府州县官，盛称杜绝馈遗，搜除积弊，清苦自守，革除例外供支，其文洵不愧于《循吏传》矣。不知彼时逼于功令，不得不然，千万人之所同，不足以为盛节，岂可见奄寺而颂其不好色哉！山居而贵薪木，涉水而宝鱼虾,人知无是理也,而称人者乃独不然。是之谓"不达时势",又文人之通弊也。

六曰:史既成家,文存互见,有如《管晏列传》,而勋详于《齐世家》,张耳分题而事总于《陈余传》,非惟命意有殊,抑亦详略之体所宜然也。若夫文集之中,单行传记,凡遇牵联所及,更无互著之篇,势必加详,亦其理也。但必权其事理,足以副乎其人,乃不病其繁重尔。如唐平淮西,《韩碑》归功裴度,可谓当矣。后中谗毁,改命于段文昌,千古为之叹惜。但文昌徇于李愬,愬功本不可没,其失犹未甚也。假令当日无名偏裨,不关得失之人,身后表阡,侈陈淮西功绩,则无是理矣。朱先生尝为编修蒋君撰志,中叙国家前后平定准、回要略,则以蒋君总修方略,独力勤劳,书成身死,而不得叙功故也。然志文雅健,学者慕之。后见某中书舍人死,有为作家传者,全袭《蒋志》原文,盖其人尝任分纂数月,于例得列衔名者耳,其实于书未寓目也。是与无名偏裨居淮西功,又何以异?而文人喜于撼事,几等军吏攘功,何可训也!是之谓"同里铭旌"。昔有夸夫,终身未膺一命,好袭头衔,将死,遍召所知,筹计铭旌题字。或徇其意,假藉例封、待赠、修职、登仕诸阶,彼皆掉头不悦。最后有善谐者,取其乡之贵显,大书勋阶师保殿阁部院某国某封某公同里某人之柩,人传为笑。故凡无端而影附者,谓之"同里铭旌",不谓文人亦效之也,是又文人之通弊也。

七曰:陈平佐汉,志见社肉;李斯亡秦,兆端厕鼠。推微知著,固相士之玄机;搜间传神,亦文家之妙用也。但必得其神志所在，则如图画名家，颊上妙于增毫；苟徒慕前人文辞之佳，强寻猥琐以求其似，则如见桃花而有悟，遂取桃花作饭，其中岂复有神妙哉？又近来学者喜求征实，每见残碑断石，余文剩字，不关于正义者，往往藉以考古制度，补史缺遗，斯固善矣。因是行文贪多务得，明知赘余非要，却为有益后世推求，不惮辞费。是不特文无体要，抑思居今世而欲备后世考征，正如董泽矢材，可胜暨乎？夫传人者文如其人，述事者文如其事，足矣。其或有关考征，要必本质所具，即或闲情逸出，正为阿堵传神。不此之务，但知市菜求增，是之谓"画蛇添足"，又文人之通弊也。

八曰：文人固能文矣，文人所书之人，不必尽能文也。叙事之文，作者之言也，为文为质，惟其所欲，期如其事而已矣；记言之文，则非作者之言也，为文为质，期于适如其人之言，非作者所能自主也。贞烈妇女，明诗习礼？固有之矣。其有未尝学问，或出乡曲委巷，甚至佣妪鬻婢，贞节孝义，皆出天性之优，是其质虽不愧古人，文则难期于儒雅也。每见此等传记，述其言辞，原本《论语》、《孝经》，出入《毛诗》、《内则》，刘向之《传》，曹昭之《诫》，不啻自其口出，可谓文矣。抑思善相夫者，何必尽识鹿车鸿案；善教子者，岂皆熟记画荻丸熊！自文人胸有成竹，遂致闺修皆如板印。与其文而失实，何如质以传真也！由是推之，名将起于卒伍，义侠或奋阊阎，言辞不必经生，记述贵于宛肖。而世有作者，于斯多不致思，是之谓"优伶演剧"。盖优伶歌曲，虽耕氓役隶，矢口皆叶宫商，是以谓之戏也。而记传之笔，从而效之，又文人之通弊也。

九曰：古人文成法立，未尝有定格也。传人适如其人，述事适如其事，无定之中有一定焉。知其意者，且暮遇之；不知其意，袭其形貌，神弗肖也。往余撰和州故给事《成性志传》，性以建言著称，故采录其奏议。然性少遭乱离，全家被害，追悼先世，每见文辞，而《猛省》之篇，尤沉痛可以教孝，故于终篇全录其文。其乡有知名士赏余文曰："前载如许奏章，若无《猛省》之篇，譬如行船，鹢首重而舵楼轻矣。今此娄尾，可谓善谋篇也！"余戏诘云："设成君本无此篇，此船终不行耶？"盖塾师讲授四书文义，谓之时文，必有法度以合程式。而法度难以空言，则往往取譬以示蒙学。拟于房室，则有所谓间架结构；拟于身体，则有所谓眉目筋节；拟于绘画，则有所谓点睛添毫；拟于形家，则有所谓来龙结穴。随时取譬，然为初学示法，亦自不得不然，无庸责也。惟时文结习，深锢肠腑，进窥一切古书古文，皆为此时文见解，动操塾师启蒙议论，则如用象棋枰布围棋子，必不合矣。是之谓"井底天文"，又文人之通弊也。

十曰：时文可以评选，古文经世之业，不可以评选也。前人业评选之，则亦就文论文可耳。但评选之人，多非深知古文之人。夫古人之书，今不尽传，其文见于史传。评选之家，多从史传采录。而史传之例，往往删节原文以就隐括，故于文体所具，不尽全也。评选之家，不察其故，误谓原文如是，又从而为之辞焉。于引端不具而截中径起者，诩谓发轫之离奇；于刊削余文而遽入正传者，诧为篇终之崭峭；于是好奇而寡识者,转相叹赏,刻意追摹,殆如左氏所云"非子之求,而蒲之觅"矣。有明中叶以来,一种不情不理,自命为古文者,起不知所自来,收不知所自往,专以此等出人思议夸为奇特,于是坦荡之途生荆棘矣。夫文章变化,侔于鬼神,斗然而来,戛然而止,何尝无此景象,何尝不为奇特!但如山之岩峭,水之波澜,气积势盛,发于自然;必欲作而致之,无是理矣。文人好奇,易于受惑,是之谓"误学邯郸",又文人之通弊也。

浙东学术

浙东之学,虽出婺源,然自三袁之流,多宗江西陆氏,而通经服古,绝不空言德性,故不悖于朱子之教。至阳明王子揭孟子之良知,复与朱子抵牾。蕺山刘氏本良知而发明慎独,与朱子不合,亦不相诋也。梨洲黄氏出蕺山刘氏之门,而开万氏弟兄经史之学,以至全氏祖望辈尚存其意,宗陆而不悖于朱者也。惟西河毛氏,发明良知之学,颇有所得;而门户之见,不免攻之太过,虽浙东人亦不甚以为然也。

世推顾亭林氏为开国儒宗,然自是浙西之学。不知同时有黄梨洲氏出于浙东,虽与顾氏并峙,而上宗王、刘,下开二万,较之顾氏,源远而流长矣。顾氏宗朱而黄氏宗陆,盖非讲学专家各持门户之见者,故互相推服而不相非诋。学者不可无宗主,而必不可有门户,故浙东、浙西道并行而不悖也。浙东贵专家,浙西尚博雅,各因其习而习也。

天人性命之学,不可以空言讲也,故司马迁本董氏天人性命之说而为经世之书。儒者欲尊德性，而空言义理以为功，此宋学之所以见讥于大雅也。夫子曰："我欲托之空言，不如见诸行事之深切著明也。"此《春秋》之所以经世也。圣如孔子，言为天铎，犹且不以空言制胜，况他人乎！故善言天人性命，未有不切于人事者。三代学术，知有史而不知有经，切人事也。后人贵经术，以其即三代之史耳。近儒谈经，似于人事之外别有所谓义理矣。浙东之学，言性命者必究于史，此其所以卓也。

朱、陆异同，干戈门户，千古桎梏之府，亦千古荆棘之林也。究其所以纷纶，则惟腾空言而不切于人事耳。知史学之本于《春秋》，知《春秋》之将以经世，则知性命无可空言，而讲学者必有事事，不特无门户可持，亦且无以持门户矣。浙东之学，虽源流不异而所遇不同。故其见于世者，阳明得之为事功，蕺山得之为节义，梨洲得之为隐逸，万氏兄弟得之为经术史裁，授受虽出于一，而面目迥殊，以其各有事事故也。彼不事所事，而但空言德性，空言问学，则黄茅白苇，极面目雷同，不得不殊门户以为自见地耳。故惟陋儒则争门户也。

或问：事功气节，果可与著述相提并论乎？曰：史学所以经世，固非空言著述也。且如六经同出于孔子，先儒以为其功莫大于《春秋》，正以切合当时人事耳。后之言著述者，舍今而求古，舍人事而言性天，则吾不得而知之矣。学者不知斯义，不足言史学也。整辑排比，谓之史纂；参互搜讨，谓之史考，皆非史学。

妇学

《周官》有女祝、女史，汉制有内起居注，妇人之于文字，于古盖有所用之矣。妇学之名，见于《天官》内职，德言容功，所该者广，非如后世只以文艺为学也。然《易》训正位乎内，《礼》职妇功丝枲，《春秋》传称赋事献功，《小雅》篇言酒食是议，则妇人职业，亦约略可知矣。男子弧矢，女子鞶帨，自有分别。至于典礼文辞，男妇皆所服习。盖后妃夫人，内子命妇，于宾享丧祭，皆有礼文，非学不可。

妇学之目，德容言功。郑注"言为辞令"，自非娴于经礼，习于文章，不足为学。乃知诵诗习礼，古之妇学，略亚丈夫。后世妇女之文，虽稍偏于华采，要其源流所自，宜知有所受也。

妇学掌于九嫔，教法行乎宫壸，内而臣采，外及侯封，六典未详，自可例测。《葛覃》师氏，著于风《诗》；侯封妇学。婉娩姆教，垂于《内则》。卿士大夫。历览《春秋》内外诸传，诸侯夫人，大夫内子，并能称文道故，斐然有章。若乃盈满之祥，邓曼详推于天道；利贞之义，穆姜精解于乾元。鲁穆伯之令妻，典言垂训；齐司徒之内主，有礼加封。士师考终牖下，妻有谏文；国殇魂返沙场，嫠辞郊吊。以至泉水毖流，委宛赋怀归之什；燕飞上下，凄凉送归媵之诗。凡斯经礼典法，文采风流，与名卿大夫有何殊别？然皆因事牵联，偶见载籍，非特著也。若出后代，史必专篇，类征列女，则如曹昭、蔡琰故事，其为裔皇彪炳，当十倍于刘、范之书矣。是知妇学亦自后世失传，三代之隆，并与男子仪文，率由故事，初不为矜异也。不学之人，以《溱洧》诸诗为淫者自述，因谓古之孺妇，矢口成章，胜于后之文人；不知万无此理，详辨其说于后，此处未暇论也。但妇学则古实有之，惟行于卿士大夫，而非齐民妇女皆知学耳。

春秋以降，官师分职，学不守于职司，文字流为著述。古无私门著述，说详《校雠通义》。丈夫之秀异者，咸以性情所近，撰述名家。此指战国先秦诸子家言以及西京以还经史专门之业。至于降为辞章，亦以才美所优，标著文采。此指西汉元、成而后及东京而下诸人诗文集。而妇女之奇慧殊能，钟于间气，亦遂得以文辞偏著而为今古之所称，则亦时势使然而已。然汉廷儒术之盛，班固以谓利禄之途使然，盖功令所崇，贤才争奋，士之学业，等于农夫治田，固其理也。妇人文字，非其职业，间有擅者，出于天性之优，非有争于风气，骛于声名者也。好名之习，起于中晚文人；古人虽有好名之病，不区区于文艺间也。丈夫而好文名，已为识者所鄙；妇女而骛声名，则非阴类矣。

唐山《房中》之歌，班姬《长信》之赋，《风》、《雅》正变，《雅》指《房中》，《风》指《长信》。起于宫闱；事关国故，史策载之。其余篇什寥寥，传者盖寡，《艺文》所录，约略可以观矣。若夫乐府流传，声诗则效，《木兰》征戍，《孔雀》乖离，以及《陌上》采桑之篇，山下蘼芜之什，《四时白纻》，《子夜》芳香，其声啴以缓，其节柔以靡，则自两汉古辞。皆无名氏。讫于六朝杂拟，并是骚客拟辞，思人寄兴，情虽托于儿女，义实本于风人，故其辞多骀宕，不以男女酬答为嫌也。如《陌上桑》、《羽林郎》之类，虽以贞洁自许，然幽闲女子，岂喋喋与狂且争口舌哉！出于拟作，佳矣。至于闺房篇什，间有所传，其人无论贞淫，而措语俱有边幅。文君，淫奔人也，而《白头》止讽相如；蔡琰，失节妇也，而钞书恳辞十吏。其他安常处顺及以贞节著者，凡有篇章，莫不静如止水，穆若清风，虽文藻出于天娴，而范思不逾阃外。此则妇学虽异于古，亦不悖于教化者也。

《国风》男女之辞，皆出诗人所拟；以汉、魏、六朝篇什证之，更无可疑。古今一理，不应古人儿女矢口成章，后世学士力追而终不逮也。譬之男优饰静女以登场，终不似闺房之雅素也。昧者不知斯理，妄谓古人虽儿女子亦能矢口成章，因谓妇女宜于风雅，是犹见优伶登场演古人事，妄疑古人动止必先歌曲也。优伶演古人故事，其歌曲之文，正如史传中夹论赞体。盖有意中之言，决非出于口者，亦有旁观之见，断不出本人者，曲文皆所不避。故君子有时涉于自赞，宵小有时或至自嘲，俾观者如读史传而兼得咏叹之意，体应如是，不为嫌也。如使真出君子小人之口，无是理矣。《国风》男女之辞与古人拟男女辞，正当作如是观。如谓真出男女之口，无论淫者万无如此自暴，即贞者亦万无如此自亵也。

昔者班氏《汉书》未成而卒，诏其女弟曹昭躬就东观，踵而成之。于是公卿大臣执赞请业，大儒马融从受《汉书》句读。可谓扩千古之所无矣。然专门绝学，家有渊源，书不尽言，非其人即无所受尔。又，符秦初建学校，广置博士经师，五经粗备而《周官》失传。博士上奏，太常韦逞之母宋氏，家传《周官》音义，诏即其家讲堂置生员百二十人，隔绛帏而受业，赐宋氏爵号为宣文君，此亦扩千古之所无矣。然彼时文献盛于江左，符氏割据山东，遗经绝业幸存，世学家女，非名公卿所能强与闻也。此二母者，并是以妇人身行丈夫事。盖传经述史，天人道法所关，恐其湮没失传，世主不得不破格而崇礼；非谓才华炫耀，惊流俗也。即如靖边之有谯洗夫人，佐命之有平阳柴主，亦千古所罕矣。一则特开幕府，辟署官属;一则羽葆鼓吹,虎贲班剑。以为隋、唐之主措置非宜,固属不可;必欲天下妇人以是为法,非惟不可,亦无是理也。

晋人崇尚玄风,任情作达;丈夫则糟粕六艺,妇女亦雅尚清言。步障解围之谈,新妇参军之戏,虽大节未失,而名教荡然。论者以十六国分裂,生灵涂炭,转咎清谈之灭礼教,诚探本之论也。

王、谢大家,虽愆礼法,然其清言名理,会心甚遥,既习儒风,亦畅玄旨;方于士学,如中行之失流为狂简者耳。近于异端,非近于娼优也。非仅能调五言七字,自诩过于四德三从者也。若其旖旎风光,寒温酬答,描摩纤曲,刻画形似,脂粉增其润色,标榜饰其虚声,晋人虽曰虚诞,如其见此,挈妻子而逃矣。王、谢大家,虽愆礼法,然实读书知学,故意思深远。非如才子佳人,一味浅俗好名者比也。

唐、宋以还,妇才之可见者,不过春闺秋怨,花草荣凋,短什小篇,传其高秀。间有别出著作,如宋尚宫之《女论语》,侯郑氏之《女孝经》,虽才识不免迂陋,欲作女训,不知学曹大家《女诫》之体,而妄拟圣经,等于《七林》设问,子虚乌有。而趋向尚近雅正,艺林称述,恕其志足嘉尔。此皆古人妇学失传,故有志者所成不过如此。李易安之金石编摩,管道升之书画精妙,后世亦鲜有其俪矣。然琳琅款识,惟资对勘于湖州;笔墨精能,亦藉观摩于承旨;未闻宰相子妇,得偕三舍论文;李易安与赵明诚集《金石录》,明诚方在太学,故云尔。翰林夫人,可共九卿挥麈。盖文章虽曰公器,而男女实千古大防,凛然名义纲常,何可诬耶!

盖自唐、宋以讫前明，国制不废女乐。公卿入直，则有翠袖熏炉；官司供张，每见红裙侑酒；梧桐金井，驿亭有秋感之缘；兰麝天香，曲江有春明之誓；见于纪载，盖亦详矣。又，前朝虐政，凡搢绅籍没，波及妻孥，以致诗礼大家，多沦北里。其有妙兼色艺，慧擅声诗，都士大夫，从而酬唱。大抵情绵春草，思远秋枫；投赠类于交游，殷勤通于燕婉；诗情阔达，不复嫌疑，闺阁之篇，鼓钟阃外，其道固当然耳。且如声诗盛于三唐，而女子传篇亦寡。今就一代计之，篇什最富，莫如李冶、薛涛、鱼玄机三人，其他莫能并焉。是知女冠坊妓，多文因酬接之繁；礼法名门，篇简自非仪之诫，此亦其明征矣。

夫倾城名妓，屡接名流，酬答诗章，其命意也，兼具夫妻朋友，可谓善藉辞矣；而古人思君怀友，多托男女殷情。若诗人风刺邪淫，文代狡狂自述，区分三种，蹊径略同，品骘韵言，不可不知所辨也。夫忠臣谊友，隐跃存恳挚之诚；讽恶嫉邪，言外见忧伤之意。自序说放废，而诗之得失悬殊，本旨不明，而辞之工拙迥异。《离骚》求女为真情，则语无伦次；《国风·溱洧》为自述，亦径直无味。作为拟托，文情自深。故无名男女之诗，殆如太极阴阳之理存诸天壤，而智者见智，仁者自见仁也。名妓工诗，亦通古义，转以男女慕悦之实，托于诗人温厚之辞，故其遣言，雅而有则，真而不秽，流传千载，得耀简编，不能以人废也。第立言有体，妇异于男。比如《薤露》虽工，惟施于挽郎为称；棹歌纵妙，亦用于舟妇为宜。彼之赠李和张，所处应尔；良家闺阁，内言且不可闻，门外唱酬，此言何为而至耶？自官妓革而闺阁不当有门外唱酬。丈夫拟为男女之辞，不可藉以为例，古之列女皆然。

　　夫教坊曲里，虽非先王法制，实前代故事相沿；自非濂、洛诸公，何妨小德出入！故有功臣匡济之佐，忠义气节之流，文章道德之儒，高尚隐逸之士，往往闲情有寄，著于简编，禁网所施，亦不甚为盛德累也，第文章可以学古，而制度则必从时。我朝礼教精严，嫌疑慎别，三代以还，未有如是之肃者也。自宫禁革除女乐，官司不设教坊，则天下男女之际，无有可以假藉者矣。其有流娼顿妓，渔色售奸，并干三尺严条，决杖不能援赎。职官生监，并是行止有亏，永不叙用。虽吞舟有漏，未必尽罣爰书；而君子怀刑，岂可自拘司败？每见名流板镌诗稿，未窥全集，先阅标题，或纪红粉丽情，或著青楼唱和，自命风流倜傥，以谓古人同然。不知生今之世，为今之人，苟于禁令未娴，更何论乎文墨！周公制礼，同姓不昏，假令生周之后，以谓上古男女无别，而渎乱人伦，行同禽兽，以谓古人有然，可乎？名士诗集，先自具柳杖供招，虽谓未识字可矣。

　　夫才须学也，学贵识也。才而不学，是为小慧。小慧无识，是为不才。不才小慧之人，无所不至。以纤佻轻薄为风雅，雅者，正也，与恶俗相反。习染风气谓之俗，纤佻鄙俚，皆俗也。鄙俚之俗，犹无伤于世道人心；纤佻之俗，则风雅之罪人也。以造饰标榜为声名，好名之人，未有不俗者也。炫耀后生，猖披士女，人心风俗，流弊不可胜言矣。夫佻达出于子衿，古人所有；矜标流于巾帼，前代所无。盖实不足而争骛于名，已非夫而藉人为重，男子有志,皆耻为之。乃至谊绝丝萝,礼殊授受,辄以缘情绮靡之作,托于斯文气类之通;因而听甲乙于胪传,求品题于月旦。此则钗楼句曲,前代往往有之;静女闺姝,自有天地以来,未闻有是礼也。

古之妇学,如女史、女祝、女巫,各以职业为学,略如男子之专艺而守官矣。至于通方之学,要于德言容功。德隐难名,必如任姒之圣,方称德之全体。功粗易举;蚕绩之类,通乎士庶。至其学之近于文者,言容二事为最重也。盖自家庭内则以至天子诸侯卿大夫士,莫不习于礼容。至于朝聘丧祭,后妃夫人,内子命妇,皆有职事,平日讲求不预,临事何以成文?汉之经师,多以章句言礼,尚赖徐生善为容者,盖以威仪进止,非徒诵说所能尽也。是妇容之必习于礼,后世大儒且有不得闻也。但观传载敬姜之言,森然礼法,岂后世经师大儒所能及!至于妇言主于辞命,古者内言不出于阃,所谓辞命,亦必礼文之所须也。孔子云:"不学《诗》,无以言。"善辞命者,未有不深于《诗》,但观春秋妇人辞命,婉而多风。乃知古之妇学,必由《礼》而通《诗》,非《礼》不知容,非《诗》不知言。六艺或其兼擅者耳。穆姜论《易》之类。后世妇学失传,其秀颖而知文者,方自谓女兼士业,德色见于面矣。不知妇人本自有学,学必以礼为本;舍其本业而妄托于诗,而诗又非古人之所谓习辞命而善妇言也。是则即以学言,亦如农夫之舍其田,而士失出疆之贽矣,何足征妇学乎?嗟乎!古之妇学,必由礼以通诗;今之妇学,转因诗而败礼。礼防决而人心风俗不可复言矣,夫固由无行之文人倡邪说以陷之。彼真知妇学者,其视无行文人若粪土然，无行文人，学本浅陋，真知学者，不难窥破。何至为所惑哉！古之贤女，贵有才也。前人有云"女子无才便是德"者，非恶才也；正谓小有才而不知学，乃为矜饰骛名，转不如村姬田妪，不致贻笑于大方也。

饰时髦之中驷，为闺阁之绝尘，彼假藉以品题，或誉过其实，或改饰其文。不过怜其色也。无行文人，其心不可问也。呜呼！己方以为才而炫之，人且以为色而怜之。不知其故而趋之，愚矣。微知其故而亦且趋之，愚之愚矣！女子佳称，谓之"静女"，静则近于学矣。今之号才女者，何其动耶，何扰扰之甚耶？噫！

《妇学》篇书后

《妇学》之篇，所以救颓风，维世教，饬伦纪，别人禽，盖有所不得已而为之，非好辨也。说者谓解《诗》与朱子异指，违于功令。不知诸经参取古义，未始非功令也。盖以情理言之，蚩氓妇竖，矢口成章，远出后世文人之上，古今不应若是悬殊。且两汉之去春秋，近于今日之去两汉。汉人诗文存于今者，无不高古浑朴，人遂疑汉世人才远胜后代。然观金石诸编，汉人文辞，不著竹素而以金石传后代者，其中实多芜蔓冗阘，与近人不能文者未始悬殊。可知汉人不尽能文，传者特其尤善者耳。三代传文，当亦如是。必谓彼时妇竖，矢音皆足以垂经训，岂理也哉？朱子之解，初不过自存一说，宜若无大害也。而近日不学之徒，援据以诱无知士女，逾闲荡检，无复人禽之分，则解《诗》之误，何异误解《金縢》而起居摄，误解《周礼》而启青苗，朱子岂知流祸至于斯极？即当日与朱子辨难者，亦不知流祸之至斯极也。从来诗贵风雅，即唐、宋诗话论诗，虽至浅近，不过较论工拙，比拟字句，为古人所不屑道耳。彼不学之徒，无端标为风趣之目，尽抹邪正、贞淫、是非、得失，而使人但求风趣；甚至言采兰赠芍之诗有何关系，而夫子录之，以证风趣之说。无知士女，顿忘廉检，从风波靡。是以六经为导欲宣淫之具，则非圣无法矣。

或曰：《诗序》诚不可尽废矣。顾谓古之氓庶不应能诗，则如役者之谣，舆人之祝，皆出氓庶，其辞至今诵之，岂传记之诬欤？答曰：此当日谚语，非复雅言，正如先儒所谓《殷盘》、《周诰》，因于土俗，历时久远，转为古奥，故其辞多奇崛；非如风《诗》和平庄雅出于文学士者，亦如典、谟之文虽历久而无难于诵识也。以风《诗》之和雅，与民俗之谣谚绝然不同，益知《国风》男女之辞，皆出诗人讽刺，而非蚩氓男女所能作也。是则风趣之说，不待攻而破，不待教而诛者也。

至于古人妇学虽异丈夫，然于礼陶乐淑，则上自王公后妃，下及民间俊秀男女，无不相服习也。盖四德之中，非礼不能为容，非诗不能为言。诗教故通于乐，故《关雎》化起房中，而天下夫妇无不治也。三代以后，小学废而儒多师说之歧；妇学废而士少齐家之效；师说歧而异端得乱其教，自古以为病矣。若夫妇学之废，人谓家政不甚修耳。岂知千载而后，乃有不学之徒，创为风趣之说，遂使闺阁不安义分，慕贱士之趋名，其祸烈于洪水猛兽，名义君子，能无世道忧哉？

昔欧阳氏病佛教之蔓延,则欲修先王之政,自固元气,《本论》所为作也。

今不学之徒,以邪说蛊惑闺阁,亦惟妇学不修,故闺阁易为惑也。妇人虽有非仪之诚,至于执礼通诗,则如日用饮食,不可斯须去也。或以妇职丝枲中馈,文辞非所当先,则又过矣。夫聪明秀慧,天之赋畀,初不择于男女,如草木之有英华,山川之有珠玉,虽圣人未尝不宝贵也,岂可遏抑,正当善成之耳。故女子生而质朴,但使粗明内教,不陷过失而已。如其秀慧通书,必也因其所通,申明诗礼渊源,进以古人大体,班姬、韦母,何必去人远哉!夫以班姬、韦母为师,其视不学之徒,直妄人尔!

诗话

诗话之源,本于钟嵘《诗品》。然考之经传,如云:"为此诗者,其知道乎?"又云:"未之思也,何远之有?"此论诗而及事也。又如"吉甫作诵,穆如清风","其诗孔硕,其风肆好",此论诗而及辞也。事有是非,辞有工拙,触类旁通,启发实多。江河始于滥觞,后世诗话家言,虽曰本于钟嵘,要其流别滋繁,不可一端尽矣。

《诗品》之于论诗,视《文心雕龙》之于论文,皆专门名家勒为成书之初祖也。《文心》体大而虑周,《诗品》思深而意远,盖《文心》笼罩群言,而《诗品》深从六艺溯流别也。如云某人之诗,其源出于某家之类,最为有本之学,其法出于刘向父子。论诗论文而知溯流别,则可以探源经籍,而进窥天地之纯,古人之大体矣。此意非后世诗话家流所能喻也。<small>钟氏所推流别,亦有不甚可晓处。盖古书多亡,难以取证。但已能窥见大意,实非论诗家所及。</small>

唐人诗话,初本论诗,自孟棨《本事诗》出,<small>亦本《诗小序》。</small>乃使人知国史叙诗之意。而好事者踵而广之,则诗话而通于史部之传记矣。间或诠释名物,则诗话而通于经部之小学矣。<small>《尔雅》训诂类也。</small>或泛述闻见,则诗话而通于子部之杂家矣。<small>此二条,宋人以后较多。</small>虽书旨不一其端,而大略不出论辞论事,推作者之志,期于诗教有益而已矣。

《诗品》、《文心》专门著述,自非学富才优,为之不易,故降而为诗话,沿流忘源,为诗话者不复知著作之初意矣。犹之训诂与子史专家,<small>子指上章杂家,史指上章传记。</small>为之不易,故降而为说部,沿流忘源,为说部者不复知专家之初意也。诗话说部之末流,纠纷而不可犁别,学术不明,而人心风俗或因之而受其敝矣。

宋儒讲学,躬行实践,不易为也,风气所趋,撰语录以主奴朱、陆,则尽人可能也。论文考艺,渊源流别,不易知也。好名之习,作诗话以党伐同异,则尽人可能也。以不能名家之学,<small>如能名家,即自成著述矣。</small>入趋风好名之习,挟人尽可能之笔,著惟意所欲之言,可忧也,可危也!

说部流弊,至于诬善党奸,诡名托姓,前人所论,如《龙城录》、《碧云騢》之类,盖亦不可胜数,史家所以有别择稗野之道也。事有纪载可以互证,而文则惟意之所予夺,诗话之不可凭,或甚于说部也。

前人诗话之弊,不过失是非好恶之公;今人诗话之弊,乃至为世道人心之害。失在是非好恶，不过文人相轻之气习，公论久而自定，其患未足忧也。害在世道人心，则将醉天下之聪明才智，而网人于禽兽之域也，其机甚深，其术甚狡，而其祸患将有不可胜言者。名义君子，不可不峻其防而严其辨也。

小说出于稗官，委巷传闻琐屑，虽古人亦所不废。然俚野多不足凭，大约事杂鬼神，报兼恩怨，《洞冥》、《拾遗》之篇，《搜神》、《灵异》之部，六代以降，家自为书。唐人乃有单篇，别为传奇一类。专书一事始末，不复比类为书。大抵情钟男女，不外离合悲欢，红拂辞杨，绣襦报郑，韩、李缘通落叶，崔、张情导琴心，以及明珠生还，小玉死报，凡如此类，或附会疑似，或竟托子虚，虽情态万殊而大致略似。其始不过淫思古意，辞客寄怀，犹诗家之乐府古艳诸篇也。

宋、元以降，则广为演义，谱为词典，遂使瞽史弦诵，优伶登场，无分雅俗男女，莫不声色耳目。盖自稗官见于《汉志》，历三变而尽失古人之源流矣。

小说歌曲传奇演义之流，其叙男女也，男必纤佻轻薄，而美其名曰才子风流；女必冶荡多情，而美其名曰佳人绝世。世之男子有小慧而无学识，女子解文墨而闇礼教者，皆以传奇之才子佳人为古之人、古之人也。今之为诗话者，又即有小慧而无学识者也。有小慧而无学识矣，济以心术之倾邪，斯为小人而无忌惮矣，何所不至哉！

卷六

外篇一

方志立三书议

凡欲经纪一方之文献，必立三家之学，而始可以通古人之遗意也。仿纪传正史之体而作志，仿律令典例之体而作掌故，仿《文选》《文苑》之体而作文征。三书相辅而行，阙一不可；合而为一，尤不可也。惧人以谓有意创奇，因假推或问以尽其义。

或曰："方志之由来久矣，未有析而为三书者，今忽析而为三，何也？"曰：明史学也。贾子尝言：古人治天下，至纤至析。余考之于《周官》，而知古人之于史事，未尝不至纤析也。外史掌四方之志，注谓："若晋《乘》、鲁《春秋》、楚《梼杌》之类。"是一国之全史也。而行人又献五书，太师又陈风诗，详见《志科议》，此但取与三书针对者。是王朝之取于侯国，其文献之征，固不一而足也。苟可阙其一，则古人不当设是官；苟可合而为一，则古人当先有合一之书矣。

或曰："封建罢为郡县，今之方志，不得拟于古国史也。"曰：今之天下，民彝物则，未尝稍异于古也。方志不得拟于国史，以言乎守令之官，皆自吏部迁除，既已不世其家，即不得如侯封之自纪其元于书耳。其文献之上备朝廷征取者，

191

岂有异乎？人见春秋列国之自擅，以谓诸侯各自为制度，略如后世割据之国史，不可推行于方志耳。不知《周官》之法，乃是同文共轨之盛治；侯封之禀王章，不异后世之郡县也。

古无私门之著述，六经皆史也。后世袭用而莫之或废者，惟《春秋》、《诗》、《礼》三家之流别耳。纪传正史，《春秋》之流别也；掌故典要，官礼之流别也；文征诸选，风《诗》之流别也。获麟绝笔以还，后学鲜能全识古人之大体，必至积久然后渐推以著也。马《史》、班《书》以来，已演《春秋》之绪矣。刘氏《政典》，杜氏《通典》，始演官礼之绪焉。吕氏《文鉴》、苏氏《文类》，始演风《诗》之绪焉。并取括代为书，互相资证，无空言也。

或曰："文中子曰：圣人述史有三：《书》、《诗》与《春秋》也。今论三史，则去《书》而加《礼》，文中之说，岂异指欤？"曰：《书》与《春秋》本一家之学也。《竹书》虽不可尽信，编年盖古有之矣。《书》篇乃史文之别具，古人简质，未尝合撰纪传耳。左氏以传翼经，则合为一矣。其中辞命，即训诰之遗也；所征典实，即《贡》、《范》之类也。故《周书》讫平王，《秦誓》乃附侯国之书。而《春秋》托始于平王，明乎其相继也。左氏合而马、班因之，遂为史家一定之科律。殆如江、汉分源而合流，不知其然而然也。后人不解，而以《尚书》、《春秋》分别记言记事者，不知六艺之流别者也。若夫官礼之不可阙，则前言已备矣。

或曰："《乐》亡而《书》合于《春秋》，六艺仅存其四矣。既曰六经皆史矣，后史何无演《易》之流别欤？"曰：古治详天道而简于人事；后世详人事而简于天道，时势使然，圣人有所不能强也。上古云鸟纪官，命以天时，唐、虞始命以人事；《尧典》详命羲、和，《周官》保章，仅隶《春官》之中秩，此可推其详略之概矣。《易》之为书也，开物成务，圣人神道设教，作为神物，以前民用，羲、农、黄帝不相袭，夏、商、周代不相沿，盖与治历明时，同为一朝之创制，作新兆人之耳目者也。后世惟以颁历授时为政典，而占时卜日为司天之官守焉。所谓天道远而人事迩，时势之不得不然。是以后代史家，惟司马犹掌天官，而班氏以下，不言天事也。

或曰："六经演而为三史，亦一朝典制之巨也。方州蕞尔之地，一志足以尽之，何必取于备物欤？"曰：类例不容合一也。古者天子之服，十有二章，公侯卿大夫士差降，至于元裳一章，斯为极矣。然以为贱，而使与冠履并合为一物，必不可也。前人于六部卿监，盖有志矣。然吏不知兵，而户不侵礼，虽合天下之大，其实一官之偏，不必责以备物也。方州虽小，其所承奉而施布者，吏、户、礼、兵、刑、工，无所不备，是则所谓具体而微矣。国史于是取裁，方将如《春秋》之藉资于百国宝书也，又何可忽欤！

或曰："自有方志以来，未闻国史取以为凭也。今言国史取裁于方志，何也？"曰：方志久失其传。今之所谓方志，非方志也。其古雅者，文人游戏，小记短书，清言丛说而已耳；其鄙俚者，文移案牍，江湖游乞，随俗应酬而已耳。搢绅先生每难言之。国史不得已，而下取于家谱、志状、文集、记述，所谓礼失求诸野也。然而私门撰著，恐有失实，无方志以为之持证，故不胜其考核之劳，且误信之弊，正恐不免也。盖方志亡，而国史之受病也久矣。方志既不为国史所凭，则虚设而不得其用，所谓觚不觚也，方志乎哉！

或曰："今三书并立，将分向来方志之所有而析之欤？抑增方志之所无而鼎立欤？"曰：有所分，亦有所增，然而其义难以一言尽也。史之为道也，文士雅言，与胥吏簿牒，皆不可用。然舍是二者，则无所以为史矣。孟子曰：其事、其文、其义，《春秋》之所取也。即簿牒之事，而润以尔雅之文，而断之以义，国史、方志，皆《春秋》之流别也。譬之人身，事者其骨，文者其肤，义者其精神也。断之以义，而书始成家，书必成家，而后有典有法，可诵可识，乃能传世而行远。故曰：志者，志也，欲其经久而可记也。

或曰："志既取簿牒以为之骨矣，何又删簿牒而为掌故乎？"曰：说详《亳州掌故之例议》矣。今复约略言之：马迁八书皆综核典章，发明大旨者也。其《礼书》例曰："笾豆之事，则有司存。"此史部书志之通例也。马迁所指为有司者，如叔孙朝仪，韩信军法，萧何律令，各有官守而存其掌故，史文不能一概而收耳。惜无刘秩、杜佑其人，别删掌故而裁为典要。故求汉典者，仅有班《书》，而名数不能如唐代之详，其效易见也。则别删掌故以辅志，犹《唐书》之有《唐会要》，《宋史》之有《宋会要》，《元史》之有《元典章》，《明史》之有《明会典》而已矣。

或曰："今之方志，所谓艺文，置书目而多选诗文，似取事言互证，得变通之道矣。今必别撰一书为文征，意岂有异

乎?"曰：说详《永清文征》之《序例》矣。今复约略言之：志
既仿史体而为之，则诗文有关于史裁者，当入纪传之中，如
班《书》传志所载汉廷诏疏诸文可也。以选文之例而为艺文
志，是《宋文鉴》可合《宋史》为一书，《元文类》可合《元史》为
一书矣，与纪传中所载之文，何以别乎?

或曰："选事仿于萧梁，继之《文苑英华》与《唐文粹》，其
所由来久矣。今举《文鉴》、《文类》始演风《诗》之绪，何也?"
曰：《文选》、《文苑》诸家，意在文藻，不征实事也。《文鉴》
始有意于政治，《文类》乃有意于故事，是后人相习久，而所
见长于古人也。

或曰："方州文字无多，既取经要之篇入纪传矣，又辑诗
文与志可互证者，别为一书，恐篇次寥寥无几许也。"曰：既
已别为一书，义例自可稍宽，即《文鉴》、《文类》，大旨在于证
史，亦不能篇皆绳以一概也；名笔佳章，人所同好，即不尽合
于证史，未尝不可兼收也。盖一书自有一书之体例，《诗》教
自与《春秋》分辙也。近代方志之艺文，其猥滥者，毋庸议
矣；其稍有识者，亦知择取其有用，而慎选无多也。不知律
以史志之义，即此已为滥收，若欲见一方文物之盛，虽倍增
其艺文，犹嫌其隘矣。不为专辑一书，以明三家之学，进退
皆失所据也。

或曰："《文选》诸体无所不备，今乃归于风《诗》之流别，
何谓也?"曰：说详《诗教》之篇矣。今复约略言之：《书》曰：
"诗言志。"古无私门之著述，经子诸史，皆本古人之官守，诗
则可以惟意所欲言。唐、宋以前，文集之中，无著述，文之不

195

为义解、经学传记、史学论撰子家诸品者,古人始称之为文;其有义解、传记、论撰诸体者,古人称书不称文也。萧统《文选》合诗文而皆称为文者,见文集之与诗,同一流别也。今仿选例而为文征,人选之文,虽不一例,要皆自以其意为言者,故附之于风《诗》也。

或曰:"孔衍有《汉魏尚书》,王通亦有《续书》,皆取诏诰章疏,都为一集,亦《文选》之流也。然彼以衍书家,而不以入诗部,何也?"曰:《书》学自左氏以后,并入《春秋》,孔衍、王通之徒不达其义而强为之,故其道亦卒不能行。譬犹后世,济水已入于河,而泥《禹贡》者,犹欲于荣泽、陶邱浚故道也。

或曰:"三书之外,亦有相仍而不废者,如《通鉴》之编年,本末之纪事,后此相承,当如俎豆之不祧矣。是于六艺何所演其流别欤?"曰:是皆《春秋》之支别也。盖纪传之史本衍《春秋》家学,而《通鉴》即衍本纪之文,而合其志传为一也。若夫纪事本末,其源出于《尚书》,而《尚书》中折而入于《春秋》,故亦为《春秋》之别也。马、班以下,代演《春秋》于纪传矣。《通鉴》取纪传之分,而合之以编年;纪事本末又取《通鉴》之合,而分之以事类,而因事命篇,不为常例,转得《尚书》之遗法。所谓事经屡变而反其初,贲饰所为受以剥,剥穷所为受以复也。譬烧丹砂以为水银,取水银而烧之复为丹砂,即其理矣。此说别有专篇讨论,不具详也。此乃附论,非言方志。

或曰:"子修方志,更于三书之外,别有丛谈一书,何为邪?"曰：此征材之所余也。古人书欲成家，非夸多而求尽也。然不博览，无以为约取地。既约取矣，博览所余，拦入则不伦，弃之则可惜，故附稗野说部之流而作丛谈，犹经之别解，史之外传，子之外篇也。其不合三书之目而称四，何邪？三书皆经要，而丛谈则非必不可阙之书也。前人修志，则常以此类附于志后，或称余编，或称杂志，彼于书之例义，未见卓然成家，附于其后，故无伤也。既立三家之学，以著三部之书，则义无可藉，不如别著一编为得所矣。《汉志》所谓小说家流，出于稗官，街谈巷议，亦采风所不废云尔。

州县请立志科议

鄙人少长贫困，笔墨干人，屡膺志乘之聘，阅历志事多矣。其间评骘古人是非，斟酌后志凡例，盖尝详哉其言之矣。要皆披文相质，因体立裁，至于立法开先，善规防后，既非职业所及，嫌为出位之谋；间或清燕谈天，辄付泥牛入海；美志不效，中怀阙如。然定法既不为一时，则立说亦何妨俟后，是以愿终言之，以待知者择焉。

按《周官》宗伯之属，外史掌四方之志，注谓若晋《乘》、楚《梼杌》之类，是则诸侯之成书也。成书岂无所藉，盖尝考之周制，而知古人之于史事，未尝不至纤悉也。司会既于郊野县都掌其书契版图之贰，党正"属民读法，书其德行道艺"，闾胥比众，"书其敬敏任恤"；诵训"掌道方志，以诏观事，掌道方慝，以诏避忌，以知地俗"；小史"掌邦国之志，奠系世，辨昭穆"；训方"掌导四方之政事，与其上下之志，诵四

方之传道";形方"掌邦国之地域,而正其封疆";山师、川师,
"各掌山林川泽之名,辨物与其利害";原师"掌四方之地名,
辨其邱陵坟衍原隰之名"。是于乡遂都鄙之间,山川风俗,
物产人伦,亦已巨细无遗矣。至于行人之献五书,职方之聚
图籍,太师之陈风诗,则其达之于上者也。盖制度由上而
下,采摭由下而上。惟采摭备,斯制度愈精,三代之良法也。
后代史事,上详于下,郡县异于封建,方志不复视古国史,而
入于地理家言,则其事已偏而不全。且其书无官守制度,而
听人之自为,故其例亦参差,而不可为典要,势使然也。

　　夫文章视诸政事而已矣。三代以后之文章,可无三代
之遗制;三代以后之政事,不能不师三代之遗意也。苟于政
法,亦存三代文章之遗制,又何患乎文章不得三代之美备
哉!天下政事,始于州县,而达乎朝廷,犹三代比闾族党以
上于六卿;其在侯国,则由长帅正伯,以通于天子也。朝廷
六部尚书之所治,则合天下州县六科吏典之掌故以立政也。
其自下而上,亦犹三代比闾族党、长帅正伯之遗也。六部必
合天下掌故而政存,史官必合天下纪载而籍备也。乃州县
掌故,因事为名,承行典史,多添注于六科之外,而州县纪
载,并无专人典守,大义阙如。间有好事者流,修辑志乘,率
凭一时采访,人多庸猥,例罕完善,甚至挟私诬罔,贿赂行
文,是以言及方志,荐绅先生每难言之。史官采风自下,州
县志乘如是,将凭何者为笔削资也?

　　且有天下之史,有一国之史,有一家之史,有一人之史。
传状志述,一人之史也;家乘谱牒,一家之史也;部府县志,

一国之史也;综纪一朝,天下之史也。比人而后有家,比家而后有国,比国而后有天下,惟分者极其详,然后合者能择善而无憾也。谱牒散而难稽,传志私而多谀,朝廷修史,必将于方志取其裁;而方志之中,则统部取于诸府,诸府取于州县,亦自下而上之道也。然则州县志书,下为谱牒传志持平,上为部府征信,实朝史之要删也。期会工程,赋税狱讼,州县恃有吏典掌故,能供六部之征求。至于考献征文,州县仅恃猥滥无法之志乘,曾何足以当史官之采择乎?州县挈要之籍,既不足观,宜乎朝史宁下求之谱牒传志,而不复问之州县矣。夫期会工程,赋税狱讼,六部不由州县,而直问于民间,庸有当欤?则三代以后之史事,不亦难乎?

夫文章视诸政事而已矣。无三代之官守典籍,即无三代之文章;苟无三代之文章,虽有三代之事功,不能昭揭如日月也。令史案牍,文学之儒,不屑道也。而经纶政教,未有舍是而别出者也。后世专以史事责之于文学,而官司掌故不为史氏备其法制焉。斯则三代以后,离质言文,史事所以难言也。

今天下大计,既始于州县,则史事责成,亦当始于州县之志。州县有荒陋无稽之志,而无荒陋无稽之令史案牍。志有因人臧否,因人工拙之义例文辞;案牍无因人臧否,因人工拙之义例文辞。盖以登载有一定之法,典守有一定之人,所谓师三代之遗意也。故州县之志,不可取办于一时,平日当于诸典吏中,特立志科,佥典吏之稍明于文法者,以充其选,而且立为成法,俾如法以纪载,略如案牍之有公式焉，则无妄作聪明之弊矣。积数十年之久，则访能文学而通史裁者，笔削以为成书，所谓待其人而后行也。如是又积而又修之，于事不劳，而功效已为文史之儒所不能及。所谓政法，亦存三代文章之遗制也。

然则立为成法将奈何？六科案牍，约取大略而录藏其副可也。官长师儒，去官之日，取其平日行事善恶有实据者，录其始末可也。所属之中，家修其谱，人撰其传志状述，必呈其副。学校师儒，采取公论，核正而藏于志科可也。所属人士，或有经史撰著，诗辞文笔，论定成编，必呈其副，藏于志科，兼录部目可也。衙廨城池，学庙祠宇，堤堰桥梁，有所修建，必告于科，而呈其端委可也。铭金刻石，纪事摘辞，必摹其本而藏之于科可也。宾兴乡饮，读法讲书，凡有举行，必书一时官秩及诸名姓，录其所闻所见可也。置藏室焉，水火不可得而侵也。置锁楗焉，分科别类，岁月有时，封志以藏，无故不得而私启也。仿乡塾义学之意，四乡各设采访一人，遴绅士之公正符人望者为之，俾搜遗文逸事，以时呈纳可也。学校师儒，慎选老成，凡有呈纳，相与持公核实可也。

夫礼乐与政事相为表里者也。学士讨论礼乐，必询器数于宗祝，考音节于工师，乃为文章不托于空言也。令史案牍，则大臣讨论国政之所资，犹礼之有宗祝器数，乐之有工师音节也。苟议政事而鄙令史案牍，定礼乐而不屑宗祝器数，与夫工师音节，则是无质之文，不可用也。独于史氏之业，不为立法无弊，岂曰委之文学之儒，已足办欤！

或曰："州县既立志科，不患文献之散逸矣。由州县而达乎史官，其地悬而其势亦无统要，府与布政使司，可不过而问欤？"曰：州县奉行不实，司府必当以条察也。至于志科，既约六科案牍之要，以存其籍矣，府吏必约州县志科之要，以为府志取裁；司吏必约府科之要，以为通志取裁；不特司府之志有所取裁，且兼收并蓄，参互考求，可以稽州县志科之实否也。至于统部大僚，司科亦于去官之日，如州县志科之于其官长师儒，录其平日行事善恶有实据者，详其始末，存于科也。诸府官僚，府科亦于去官之日，录如州县可也。此则府志科吏，不特合州县科册而存其副；司志科吏，不特合诸府科而存其副，且有自为其司与府者，不容略也。

或曰："是于史事诚有裨矣。不识政理亦有赖于是欤？"曰：文章政事，未有不相表里者也。令史案牍，政事之凭藉也。有事出不虞而失于水火者焉；有收藏不谨而蚀于湿蠹者焉；有奸吏舞法而窜窃更改者焉。如皆录其要而藏副于志科，则无数者之患矣。此补于政理者不鲜也。谱牒不掌于官，亦今古异宜。天下门族之繁，不能悉核于京曹也。然祠袭争夺，则有讼焉；产业继嗣，则有讼焉；冒姓占籍，降服归宗，则有讼焉；昏姻违律，则有讼焉；户役隐漏，则有讼焉；或谱据遗失，或奸徒伪撰，临时炫惑，丛弊滋焉。平日凡有谱牒，悉呈其副于志科，则无数者之患矣。此补于政理者，又不鲜也。古无私门之著述，盖自战国以还，未有可以古法拘也。然文字不隶于官守，则人不胜自用之私。圣学衰而横议乱其教，史官失而野史逞其私。晚近文集传志之猥滥，说部是非之混淆，其渎乱纪载，荧惑清议，盖有不可得而胜诘者矣。苟于论定成编之业，必呈副于志科，而学校师儒，从公讨论，则地近而易于质实，时近而不能托于传闻，又不致有数者之患矣。此补于政理者，殆不可以胜计也。故曰，文章政事，未有不相表里者也。

地志统部

阳湖洪编修亮吉，尝撰辑乾隆府厅州县志，其分部乃用《一统志》例，以布政使司分隶府厅州县。余于十年前，访洪君于其家，谓此书于今制当称部院，不当泥布政使司旧文，因历言今制分部与初制异者，以明例义。洪君意未然也。近见其所刻《卷施阁文集》，内有《与章进士书》，繁称博引，痛驳分部之说，余终不敢为然。又其所辨，多余向所已剖，不当复云云者，则余本旨，洪君殆亦不甚忆矣。因疏别其说，存示子弟，明其所见然耳，不敢谓己说之必是也。

统部之制，封建之世，则有方伯；郡县之世，则自汉分十三部州，六朝州郡，制度迭改，其统部之官，虽有都督总管诸名，而建府无常。故唐人修《五代地志》，即《隋志》。不得统部之说，至以《禹贡》九州画分郡县，其弊然也。唐人分道，宋人分路，虽官制统辖不常，而道路之名不改，故修地志者，但举道路而分部明也。元制虽亦分路，而诸路俱以行省平章为主，故又称行省。而明改行省为十三布政使司，其守土之官，则曰布政使司，布政使。布政使司者，分部之名；而布政使者，统部之官，不可混也。然"布政使司"，连四字为言，而行省则又可单称为省。人情乐趋简便,故制度虽改,而当时流俗,止称为省。沿习既久,往往见于章奏文移,积渐非一日矣。

我朝布政使司,仍明旧制,而沿习称省,亦仍明旧。此如汉制,子弟封国,颁爵为王,而诏诰章奏,乃称为诸侯王。当时本非诸侯,则亦徇古而沿其名也。但初制尽如明旧,故正名自当为布政使司。百余年来,因时制宜,名称虽沿明故,而体制与明渐殊。今洪君书以乾隆为名,则循名责实,必当以巡抚为主而称部院,不当更称布政使司矣。盖初制,巡抚无专地,前明两京无布政使司,而顺天、应天间设巡抚。顺天之外,又有正定;应天之外,又有凤阳。诸抚不似今之总辖全部,自有专地,此当称部院者一也。

初制,巡抚无专官,故康熙以前,巡抚有二品三品四品之不同,其兼侍郎则二品,副都御史则三品,佥都御史则四品。今则皆兼兵部侍郎、右副都御史矣。其画一制度,不复如钦差无定之例。此当称部院者二也。

学差关部,皆有京职,去其京职,即无其官矣。今巡抚新除,吏部必请应否兼兵部都察院衔,虽故事相沿,未有不兼衔者。但既有应否之请,则亦有可不兼衔之理矣。按《会典》、《品级考》诸书,已列巡抚为从二品。注云:"加侍郎衔正二。"则巡抚虽不兼京衔,亦有一定阶级,正如宋之京朝官。知州军,知县事,虽有京衔,不得谓州县非职方也,此当称部院者三也。

国之大事,在祀与戎。今戎政为总督专司,而巡抚亦有标兵,固无论矣。坛庙祭祀,向由布政使主祭者,而今用巡抚主祭,则当称部院者四也。

宾兴大典,向用布政使印钤榜者,而今用巡抚关防,此当称部院者五也。

初制,布政使司有左右,使分理吏户礼工之事。都司掌兵,按察使司提刑,是布政二使,内比六部;而按察一使,内比都察院也。今裁二使归一,而分驿传之责于按察使;裁都司而兵权归于督抚,其职任与前异。故上自诏旨,下及章奏文移,皆指督抚为封疆,而不曰辁使;皆谓布政之司为钱谷总汇,按察之司为刑名总汇,而不以布政使为封疆,此尤准时立制,必当称部院者六也。

督抚虽同曰封疆,而总督头衔则称部堂;盖兵部堂官,虽兼右都御史,而仍以戎政为主者也。巡抚头衔,则称部院;盖都察院堂官,虽兼兵部侍郎,而仍以察吏为主者也。故今制,陪京以外,有不隶总督之府州县,而断无不隶巡抚之府州县也。如河南、山东、山西,有巡抚而无总督,巡抚不必兼总督衔;直隶、四川、甘肃,有总督而无巡抚,则总督必兼巡抚衔。督抚事权相等,何以有督无抚,督必兼抚衔哉?正以巡抚部院,画一职方制度,并非无端多此兼衔,此尤生今之时,宜达今之体制,其必当称部院者七也。

今天下有十九布政使司,而《会典则例》,六部文移,若吏部大计,户部奏销,礼部会试,刑部秋勘,皆止知有十八直省,而不知有十九布政使司;盖因巡抚止有十八部院故也。巡抚实止十五,总督兼缺有三。故江苏部院,相沿称江苏省久矣。

苏松布政使司与江淮布政使司,分治八府三州,不闻公私文
告有苏松直省,江淮直省之分。此尤见分部制度,今日万万
不当称使司,必当称部院者八也。

洪君以巡抚印用关防,不如布政使司正印,不得为地方
正主,可谓知一十而忘其为二五矣。如洪君说,则其所为府
厅州县之称,亦不当也。府州县固自有印,厅乃直隶同知,
止有关防而无印也。同知分知府印,而关防可领职方;巡抚
分都察院印,而关防不可以领职方。何明于小而暗于大也?
此当称部院者九也。

洪君又谓今制督抚,当如汉用丞相长史出刺州事。州
虽领郡,而《汉志》仍以郡国为主,不以刺史列于其间,此比
不甚亲切。今制惟江苏一部院,有两布政使司,此外使司所
治,即部院所治,不比汉制之一州必领若干郡也。然即洪君
所言,则阚骃《十三州志》,自有专书,何尝不以州刺史著职
方哉?此当称部院者十也。

夫制度更改,必有明文。前明初遣巡抚与三使司官,宾
主间耳。其稍尊者,不过王臣列于诸侯之上例耳。自后台
权渐重,三司奉行台旨。然制度未改,一切计典奏销,宾兴
祭祀,皆布政使专主,故为统部长官,不得以权轻而改其称
也。我朝百余年来,职掌制度,逐渐更易,至今日而布政使
官与按察使官,分治钱谷刑名,同为部院属吏,略如元制行
省之有参政参议耳。一切大政大典,夺布政使职而归部院
者,历有明文,此朝野所共知也。而统部之当称使司,与改
称部院,乃转无明文,何哉?以官私文告,皆沿习便而称直

省,不特部院无更新之名,即使司亦并未沿旧之名耳。律令典例,诏旨文移,皆有直省之称,惟《一统志》尚沿旧例,称布政使司,偶未改正,洪君既以乾隆名志,岂可不知乾隆六十年中时事乎?

或曰:"《统志》乃馆阁书,洪君遵制度而立例,何可非之!"余谓《统志》初例已定,其后相沿未及改耳。初例本当以司为主。其制度之改使司而为部院者,以渐而更,非有一旦创新之举,故馆阁不及改也。私门自著,例以义起,正为制度云然。且余所辨,不尽为洪君书也。今之为古文辞者,于统部称谓,亦曰诸省,或曰某省,弃现行之制度,而藉元人之名称,于古盖未之闻也。雍正、康熙以前,古文亦无使司之称,彼时理必当称使司。则明人便省文而因仍元制,为古文之病也久矣。故余于古文辞,有当称统部者,流俗或云某省,余必曰某部院,或节文称某部。流俗或云诸省,及某某等省,余必曰诸部院,或某某等部院。节文则曰诸部某某等部,庶几名正为言顺耳。使非今日制度,则必曰使司,或节文称司,未为不可。其称省,则不可行也。

或云:"诏旨章奏文移,何以皆仍用之?"答曰:"此用为辞语故无伤,非古文书事例也。且如诏旨章奏文移,称布政为藩,按察为臬,府州县长为守牧令,辞语故无害也。史文无此例矣。"

《和州志·皇言纪》序例

《周官》外史"掌四方之志",又"以书使于四方,则书其令"。郑氏注：四方之志，"若鲁之《春秋》，晋之《乘》，楚之《梼杌》"是也。书其令，"谓书王命以授使者"是也。乡大夫于"正月之吉，受教法于司徒，退而颁之乡吏"。孔氏疏谓"若大司徒职十二教以下"是也。夫畿内六乡，天子自治，则受法于司徒；而畿外侯封，各治其国，以其国制，自为《春秋》。列国之史，总名春秋。然而四方之书，必隶外史，书令所出，奉为典章。则古者国别为书，而简策所昭，首重王命，信可征也。是以《春秋》，岁首必书王正，而韩宣子聘鲁，得见《易·象》《春秋》，以谓周礼在是。盖书在四方，则入而正于外史；而命行王国，亦自外史颁而出之。故事有专官，而书有定制，天下所以协于同文之治也。

窃意《周官》之治，列国史记，必有成法，受于王朝，如乡大夫之受教法。考察文字，罔有奇衺。至晋、楚之史，自以《乘》与《梼杌》名书，乃周衰官失，列国自擅之制欤！司马迁侯国世家，亦存国别为书之义。而孝武《三王》之篇，详书诏策，冠于篇首，王言丝纶，史家所重，有由来矣。后代方州之书，编次失伦，体要无当，而朝廷诏诰，或入艺文。篇首标纪，或载沿革，又或以州县偏隅，未有特布德音，遂使中朝掌故，散见四方之志者，阙然无所考见。是固编摩之业，世久失传，然亦外史专官，秦、汉以来，未有识职故也。

夫封建之世，国别为史，然篇首尚重王正之书，列卿或慕《周官》之典。至于郡县受治，守令承奉诏条，一如古者畿内乡党州闾之法，而外史掌故，未尝特立专条。宋、元、明州县志书，今可见者，迄用一律，亦甚矣其不讲于《春秋》之义也。今裒录州中所有，恭编为《皇言纪》一，以时代相次，蔚光篇首，以志祗承所自云尔。

《和州志·官师表》序例

《周官》御史"掌赞书，数从政"。郑氏注谓"凡数及其见在空阙者"。盖赞太宰建六典而掌邦治之故事也。夫官有先后，政有得失，太宰存其纲纪，而御史指数其人以赞之，则百工叙而庶绩熙也。后代官仪之篇，考选之格，《汉官仪》、《唐六典》、《梁选簿》、《隋官序录》。代有成书。而官职姓名，浩繁莫纪，则是有太宰之纲纪，而无御史之数从政者也。班固《百官公卿表》，犹存古意，其篇首叙官，则太宰六典之遗也。其后表职官姓氏，则御史数从政之遗也。范、陈而后，斯风渺矣。至于《唐书》、《宋史》，乃有《宰相年表》，然亦无暇旁及卿尹诸官。非惟史臣思虑有所未周，抑史籍猥繁，其势亦难概举也。

至于嗜古之士，掇辑品令，联缀姓名，职官故事之书，六朝以还，于斯为盛。然而中朝掌故，不及方州，猥琐之编，难登史志。则记载无法，而编次失伦，前史不得不职其咎也。夫百职卿尹，中朝叙官，方州守令，外史纪载。《周官》御史数从政之士，则外史所掌四方之志，不徒山川土俗，凡所谓分职受事，必有其书，以归柱下之掌，可知也。唐人文集，往往有厅壁题名之记，盖亦叙官之意也。然文存而名不可考，自非搜罗金石，详定碑碣，莫得而知，则未尝勒为专书之故也。

宋、元以来，至于近代，方州之书，颇记任人名氏；然猥琐无文，如阅县令署役卯簿，则亦非班史年经月纬之遗也。或编次为表者，序录不详，品秩无次；或限于尺幅，其有官阶稍多，沿革异制，即文武分编；或府州别记，以趋苟简。是不知班史三十四官，分一十四级之遗法也。又前人姓氏，不可周知，然遗编具存，他说互见，不为博采旁搜，徒托阙文之义，是又不可语于稽古之功者也。

今折衷诸家，考次前后，上始汉代，迄于今兹，勒为一表，疑者阙之。后之览者，得以详焉。

《和州志·选举表》序例

《周官》，乡大夫"三年大比，兴一乡之贤能，献书于王，王再拜受之，登于天府"，甚盛典也。汉制，孝廉茂才，力田贤良之举，盖以古者乡党州闾之遗。当时贤书典籍，辟举掌故，未有专书，则以科条未繁，兴替人文，散见纪传，潜心之士，自可考而知也。江左六朝，州郡侨迁，士不土著，学不专业，乡举里选，势渐难行。至于隋氏，一以文学词章，创为进士之举。有唐以来，于斯为盛。选举既专，资格愈重；科条繁委，故事相传。于是文学之士，搜罗典章，采摭闻见，识大识小，并有成书。传记故事，杂以俳谐，而选举之书，盖哀然与柱下所藏等矣。

撰著既繁，条贯义例，未能一辙，就求其指，略有三门：若晁迥《进士编敕》、陆深《科场条贯》之属，律例功令之书也；姚康、乐史《科第录》，姚康十六卷，乐史十卷。李奕、洪适《登科记》,李奕二卷,亡;洪适十五卷。题名记传之类也;王定保《唐摭言》,钱明逸《宋衣冠盛事》,稗野杂记之属也。史臣采辑掌故,编于书志,裁择人事,次入列传,一代浩繁,义例严谨。其笔削之余,等于弃土之苴,吐果之核,而陈编猥琐,杂录无文,小牍短书,不能传世行远。遂使甲第人文,《周官》所以拜献于王,而登之天府者,阙焉不备。是亦方州之书,不遵乡大夫慎重贤书之制,记载无法,条贯未明之咎也。

　　近代颇有考定方州,自为一书者,若乐史《江南登科记》,张朝瑞《南国贤书》,陈汝元《皇明浙士登科考》,皆类萃一方掌故,惜未见之天下通行。而州县志书,编次科目,表列举贡,前明以来,颇存其例。较之宋、元州郡之书,可谓寸有所长者矣。特其体例未纯,纪载无法,不熟年经事纬之例,亦有用表例者,举贡掾仕封荫之条,多所抵牾。猥杂成书。甚者附载事迹,表传不分,此则相率成风,未可悉数其谬者也。论辨详列传第一篇《总论》内。今摭史志之文,先详制度,后列题名,以世相次,起于唐代,迄于今兹,为《选举表》。其封荫辟举,不可纪以年者,附其后云。

《和州志·氏族表》序例上

　　《周官》小史"奠系世,辨昭穆"。谱牒之掌,古有专官。司马迁以《五帝系牒》、《尚书》集世纪为《三代世表》,氏族渊源,有自来矣。班固以还,不载谱系。而王符《氏姓之篇》,《潜夫论》第三十五篇。杜预《世族之谱》《春秋释例》第二篇。则治经著论,别有专长,义尽而止,不复更求谱学也。自魏、晋以降,迄乎六朝,族望渐崇,学士大夫,辄推太史世家遗意,自为家传,其命名之别,若《王肃家传》,《虞览家记》,《范汪世传》,《明粲世录》,陆煦《家史》陆《史》十五卷。之属,并于谱牒之外,勒为专书,以俟采录者也。至于挚虞《昭穆记》,王俭《百家谱》,以及何氏《姓苑》,贾氏《要状》贾希鉴《氏族要状》十五卷。诸编,则总汇群伦,编分类次,上者可裨史乘,下或流入类书,其别甚广,不可不辨也。

族属既严,郡望愈重。若沛国刘氏,陇西李氏,太原王氏,陈郡谢氏,虽子姓散处,或本非同居,然而推言族望,必本所始。后魏迁洛,则有八氏、十姓、三十六族、九十二姓,并居河南洛阳。而中国人士,各第门阀,有四海大姓、州姓、郡姓、县姓,撰为谱录。齐、梁之间,斯风益盛,郡谱州牒,并有专书。若王俭、王僧孺之所著录,王俭《诸州谱》十二卷,王僧孺《十八州谱》七百卷。《冀州姓族》、《扬州谱钞》之属,不可胜纪,俱以州郡系其世望者也。唐刘知幾讨论史志,以谓族谱之书,允宜入史。其后欧阳《唐书》撰为《宰相世系》,顾清门巨族,但不为宰相者,时有所遗。至郑樵《通志》,首著《氏族之略》,其叙例之文,发明谱学所系,推原史家不得师承之故,盖尝慨切言之。而后人修史,不师其法,是亦史部之阙典也。

古者瞽矇诵诗,并诵世系,以戒劝人君。《国语》所谓"教之世,而为之昭明德"者是也。然则奠系之属,掌于小史,诵于瞽矇,先王所重,盖以尊人道而追本始也。当时州闾族党之长,属民读法,乡大夫三年大比,考德艺而献书于王,则其系世之属,必有成数,以集上于小史可知也。夫比人斯有家,比家斯有国,比国斯有天下;家牒不修,则国之掌故何所资而为之征信耶?《易》曰:"天与火同人,君子以类族辨物。"物之大者,莫过于人;人之重者,莫重于族。记传之别,或及虫鱼;地理之书,必征土产。而于先王锡土分姓,所以重人类而明伦叙者,阙焉无闻,非所以明大通之义也。且谱牒之书,藏之于家,易于散乱;尽入国史,又惧繁多。是则方州之志,考定成编,可以领诸家之总,而备国史之要删,亦载笔之不可不知所务者也。

《和州志·氏族表》序例中

莫系世之掌于小史,与民数之掌于司徒,其义一也。杜子春曰:"莫系世为帝系、诸侯卿大夫世本之属。"然则比伍小民,其世系之牒,不隶小史可知也。乡大夫以岁时登夫家之众寡,三年以大比兴一乡之贤能。夫夫家众寡,即上大司徒之民数,其贤能为卿大夫之选,又可知也。民贱,故仅登户口众寡之数;卿大夫贵,则详系世之牒,理势之自然也。后代史志,详书户口,而谱系之作无闻,则是有小民而无卿大夫也。《书》曰:"九族既睦,平章百姓。"郑氏注:"百姓,为群臣之父子兄弟。"见司马迁《五帝本纪》注。平章,乃辨别而章明之。是即《周官》小史莫系之权舆也。

孟子曰:"所谓故国者,非谓有乔木之谓也,有世臣之谓也。"近代州县之志,留连故迹,附会桑梓,至于世牒之书,阙而不议,则是重乔木而轻世家也。且夫国史不录,州志不

载,谱系之法,不掌于官,则家自为书,人自为说,子孙或过
誉其祖父,是非或颇谬于国史,其不肖者流,或谬托贤哲,或
私鬻宗谱,以伪乱真,悠谬恍惚,不可胜言。其清门华胄,则
门阀相矜,私立名字,若江左王、谢诸家,但有官勋,即标列
传。史臣含毫,莫能裁断。以至李必陇西,刘必沛国,但求
资望,不问从来,则有谱之弊,不如无谱。史志阙略,盖亦前
人之过也。

　　夫以司府领州县,以州县领世族,以世族率齐民,天下
大计,可以指掌言也。唐三百年谱系,仅录宰相,彼一代浩
繁,出于计之无如何耳。方州之书,登其科甲仕宦,则固成
周乡大夫之所以书上贤能者也。今仿《周官》遗意,特表氏
族,其便盖有十焉:一则史权不散,私门之书,有所折衷,其
便一也。一则谱法画一,私谱凡例未纯,可以参取,其便二
也。一则清浊分途,非其族类,不能依托,流品攸分,其便三
也。一则著籍已定,衡文取士,自有族属可稽;非有籍者,无
难勾检,其便四也。一则昭穆亲疏,秩然有叙;或先贤奉祀
之生,或绝祠嗣续之议,争为人后,其讼易平,其便五也。一
则祖系分明,或自他邦迁至,或后迁他邦,世表编于州志,其
他州县,或有谱牒散亡,可以藉此证彼,其便六也。一则改
姓易氏,其时世前后及其所改之故,明著于书,庶几婚姻有
辨;且修明谱学者,得以考厥由来,其便七也。一则世系蝉
联,修门望族,或科甲仕宦,系谱有书,而德行道艺,列传无
录,没世不称,志士所耻,是文无增损,义兼劝惩,其便八也。
一则地望著重,坊表都里,不为虚设,其便九也。一则征文

考献，馆阁檄收，按志而求，易如指掌，其便十也。

然则修而明之，可以推于诸府州县，不特一州之志已也。

《和州志·氏族表》序例下

《易》曰："物不可穷也，故受之以《未济》。"夫网罗散失，是先有散失，而后有网罗者也；表章潜隐，是先有潜隐，而后有表章者也。陈寿《蜀志》列传，殿以杨戏之赞；常璩《华阳》序志，概存士女之名，二子知掌故之有时而穷也，故以赞序名字，存其大略，而明著所以不得已而仅存之故，是亦史氏阙文之旧例也。

和州在唐、宋为望郡，而文献之征，不少概见。至于家谱世牒，寥寥无闻。询之故老，则云明季乙亥寇变，图书毁于兵燹。今州境之人士，皆当日仅存幸免者之曾若玄也。所闻所传闻者不过五世七世而止，不复能远溯也。传世既未久远，子姓亦无繁多，故谱法大率不修。就求其所有，则出私札笔记之属，体例未定，难为典则，甚者至不能溯受姓所由来。余于是为之慨然叹焉！

夫家谱简帙，轻于州志，兵燹之后，家谱无存。而明嘉靖中知州易鸾，与万历中知州康诰所修之州志，为时更久，而其书今日具存，是在官易守，而私门难保之明征也。及今而不急为之所，则并此区区者，后亦莫之征矣。且吾观《唐书·宰相世系》，列其先世，有及梁、陈者矣，有及元魏、后周者矣，不复更溯奕叶而上，则史牒阙文，非一朝一夕之故也。

然则录其所可考，而略其所不可知，乃免不知而作之诮焉。每姓推所自出，备稽古之资也。详入籍之世代，定州略也。科甲仕宦为目，而贡监生员与封君，及资授空阶皆与焉，从其类也。无科甲仕宦，而仅有生员及资授空阶，不为立表，定主宾轻重之衡也。科甲仕宦之族，旁支皆齐民，则及分支之人而止，不复列其子若孙者，君子之泽，五世而斩，若皆列之，是与版图之籍无异也。虽有科甲仕宦，而无谱者阙之，严讹滥之防也。正贡亦为科甲，微秩亦为仕宦，不复分其资级，以文献无征。与其过而废也，毋宁过而存之，是《未济》之义也。

《和州志·舆地图》序例

图谱之学，古有专门，郑氏樵论之详矣。司马迁为史，独取旁行斜上之遗，列为十表，而不取象魏悬法之掌，列为诸图，于是后史相承，表志愈繁，图经浸失。好古之士，载考陈编，口诵其辞，目迷其象，是亦载笔之通弊，斯文之阙典也。郑樵生千载而后，慨然有志于三代遗文，而于《图谱》一篇，既明其用，又推后代失所依据之故，本于班固收书遗图，亦既感慨言之矣。然郑氏之意，只为著录诸家，不立图谱专门，故欲别为一录，以辅《七略》四部之不逮耳。其实未尝深考，图学失传，由于司马迁有表无图，遂使后人修史，不知采录。故其自为《通志》，纪、传、谱、略诸体具备，而形势名象，亦未为图。以此而议班氏，岂所谓楚则失之，而齐亦未为得者非耶！

夫图谱之用,相为表里。《周谱》之亡久矣,而三代世次,诸侯年月,今具可考,以司马迁采摭为表故也。象魏之藏既失,而形名制度,方圆曲直,今不可知,以司马迁未列为图故也。然则书之存亡,系于史臣之笔削明矣。图之远者,姑弗具论,自《三辅黄图》《洛阳宫殿图》以来,都邑之簿,代有成书,后代搜罗,百不存一,郑氏独具心裁,立为专录,以谓有其举之,莫或废矣。然今按以郑氏所收,其遗亡散失,与前代所著,未始径庭,则书之存亡,系于史臣之笔削者尤重,而系于著录之部次者犹轻,又明矣。樽罍之微,或资博雅;卤簿之属,或著威仪,前人并有图书,盖亦繁富。史臣识其经要,未遑悉入编摩,郑氏列为专录,使有所考,但求本书可也。

至于方州形势,天下大计,不于表志之间列为专部,使读其书者,乃若冥行摛埴,如之何其可也?治《易》者必明乎象,治《春秋》者必通乎谱,图象谱牒,《易》与《春秋》之大原也。《易》曰:"系辞焉以尽其言。"《记》曰:"比事属辞,《春秋》教也。"夫谓之系辞属辞者,明乎文辞从其后也。然则图象为无言之史,谱牒为无文之书,相辅而行,虽欲阙一而不可者也。况州郡图经,尤前人之所重耶!

或曰:"学者亦知图象之用大矣!第辞可传习,而图不可以诵读,故书具存,而图不可考也,其势然也。"虽然,非知言也。夫图不可诵,则表亦非有文辞者也。表著于史,而图不入编,此其所以亡失也。且图之不可传者有二:一则争于绘事之工也。以古人专门艺事,自以名家,实无当于大经大法。若郭璞《山海经图赞》，赞存图亡，今观赞文，有类雕龙之工，则知图绘，殆亦画虎之技也。一则同乎髦弁之微也。近代方州之志，绘为图象，厕于序例之间，不立专门，但缀名胜，以为一书之标识，而实无当于古人图谱之学也。夫争于绘事，则艺术无当于史裁；而厕于弁髦，则书肆苟为标帜，以为市易之道，皆不可语于史学之精微也。

古人有专门之学，即有专门之书；有专门之书，即有专门之体例。旁行斜上，标分子注，谱牒之体例也。开方计里，推表山川，舆图之体例也。图不详而系之以说，说不显而实之以图，互著之义也。文省而事无所晦，形著而言有所归，述作之则也。亥豕不得淆其传，笔削无能损其质，久远之业也。要使不履其地，不深于文者，依检其图，洞如观火，是又通方之道也。夫《天官》、《河渠》图，而八书可以六；《地理》、《沟洫》图，而十志可以八。然而今日求太初之星象，稽西京之版舆，或不至于若是茫茫也。况夫方州之书，征名辨物，尤宜详赡无遗，庶几一家之作，而乃流连景物，附会名胜，以为丹青末艺之观耶！其亦不讲于古人所以左图右史之义也夫。

图不能不系之说，而说之详者，即同于书，图之名不亦缀欤？曰：非缀也。体有所专，意亦有所重也。古人书有专名，篇有专义，辞之出入非所计，而名实宾主之际，作者所谓窃取其义焉耳。且吾见前史之文，有表似乎志者矣。《汉书·百官公卿表》，篇首历叙官制。不必皆旁行斜上之文也。有志似乎表者矣，《汉书·律历志》，排列三统甲子。不必皆比事属辞之例也。《三辅黄图》，今亡其书矣，其见于他说所称引，则其辞也。遁甲通统之图，今存其说，犹《华黍》、《由庚》之有其义耳。虽一尺之图，系以寻丈之说可也。既曰图矣，统谓之图可也。图又以类相次，不亦繁欤？曰：非繁也，图之有类别，犹书之有篇名也。以图附书，则义不显；分图而系之以说，义斯显也。若皇朝《明史·律历志》，于仪象推步，皆绘为图，盖前人所未有矣。当时史臣，未尝别立为图，故不列专门，事各有所宜也。今州志分图为四：一曰《舆地》，二曰《建置》，三曰《营汛》，四曰《水利》，皆取其有关经要，而规方形势所必需者，详系之说，而次诸纪表之后，用备一家之学，而发其例于首简云尔。

《和州志·田赋书》序例

自画土制贡，创于《夏书》，任土授职，载师物地事及授地职。详于《周礼》，而田赋之书，专司之掌，有由来矣。班氏约取《洪范》八政，裁为《食货》之篇，后史相仍，著为圭臬。然而司农图籍，会稽簿录，填委架阁，不可胜穷，于是酌取一代之中以为定制。其有沿革，大凡盈缩总计，略存史氏要删，计臣章奏，使读者观书，可以自得，则亦其势然也。若李吉甫、韦处厚所为国计之簿，李吉甫《元和国计簿》十卷，韦处厚《太和国计》二十卷。丁谓、田况所为《会计之录》，丁谓《景德会计录》六卷，田况《皇祐会计录》六卷。则仿《周官》司会所贰书契版图之制也。杜佑、宋白之《通典》，王溥、章得象之《会要》，则掌故汇编，其中首重食货，义取综核，事该古今。至于麻缕之微，铢两之

细,不复委折求尽也。赵过均田之议,李翱平赋之书,则公
牍私论,各抒所见,惟以一时利病,求所折衷,非复史氏记实
之法也。夫令史簿录,猥琐无文,不能传世行远;文学掌故,
博综大要,莫能深鉴隐微,此田赋之所以难明,而成书之所
以难觏者也。

古者财赋之事,征于司徒,_{载师属大司徒。}会于太宰,<sub>司会
属太宰。</sub>太宰制三十年为通九式,均节九赋,自祭祀宾客之
大,以至刍秣匪颁之细,俱有定数。以其所出,准之以其所
入,虽欲于定式之外,多取于民,其道无由,此财赋所以贵簿
正之法也。自唐变租庸调而为两税,明又变两税而为一条
鞭法,势趋简便,令无苛扰,亦度时揆势,可谓得所权宜者
矣。然而存留供亿诸费,土贡方物等目,佥差募运之资,总
括毕输,便于民间,使无纷扰可也。有司文牍,令史簿籍,自
当具录旧有款目,明著功令,所以并省之由,然后折以时之
法度,庶几计司职守,与编户齐民,皆晓然于制有变更,数无
增损也。文移日趋简省,而案牍久远无征,但存当时总括之
数,不为条列诸科,则遇禁网稍弛,官吏不饬于法,或至增饰
名目,抑配均输,以为合于古者惟正之贡,孰从而议其非
制耶?

夫变法所以便民,而吏或缘法以为奸,文案之功,或不
能备,图史所以为经国之典也。然而一代浩繁,史官之籍,
有所不胜,独州县志书,方隅有限,可以条别诸目,琐屑无
遗,庶以补国史之力之所不给也。自有明以来,外志纪载,
率皆猥陋无法。至于田赋之事,以谓吏胥簿籍,总无当于文

章巨丽之观,遂据见行案牍,一例通编,不复考究古今,深求原委,譬彼玉卮无当,谁能赏其华美者乎?

明代条鞭之法,定于嘉靖之年。而和州旧志,今可考者,亦自嘉靖中易鸾《州志》而止。当时正值初更章程,而《州志》即用新法,尽削旧条,遂使唐人两税以来,沿革莫考,惜哉!又私门论议,官府文移,有关田赋利病,自当采入本书,如班《书》叙次晁错《贵粟》之奏,入《食货志》;贾让《治河》之策,入《沟洫志》,庶使事显文明,学归有用。否则裁入本人列传,便人参互考求,亦赵充国《屯田》诸议之成法也。近代志家,类皆截去文词,别编为《艺文志》,而本门事实,及本人行业,转使廓落无材。岂志目大书专门,特标义例,积成卷轴,乃等于匏瓜之悬仰而不食者耶?《康诰》旧志,略窥此风,后来秉笔诸家,毅然删去,一而至再,无复挽回,可为太息者也。今自易《志》以前,其有遗者,不可追已。自易《志》以后,具录颠末,编次为书。其《康诰》均田之议,实有当于田赋利病,他若州中有关田赋之文,皆采录之,次于诸条之后;兼或采入列传,互相发明,疑者阙之。后之览者,或有取于斯焉。

《和州志·艺文书》序例

《易》曰:“上古结绳而治,后世圣人,易之以书契,百官以治,万民以察。”夫文字之原,古人所以为治法也。三代之盛,法具于书,书守之官。天下之术业,皆出于官师之掌故,道艺于此焉齐,德行于此焉通,天下所以以同文为治。而

《周官》六篇,皆古人所以即官守而存师法者也。不为官师职业所存,是为非法,虽孔子言礼,必访柱下之藏是也。三代而后,文字不隶于职司,于是官府章程,师儒习业,分而为二,以致人自为书,家自为说,盖泛滥而出于百司掌故之外者,遂纷然矣。六经皆属掌故,如《易》藏太卜,《诗》在太师之类。书既散在天下,无所统宗,于是著录部次之法,出而治之,亦势之所不容已。

然自有著录以来,学者视为纪数簿籍,求能推究同文为治,而存六典识职之遗者,惟刘向、刘歆所为《七略》、《别录》之书而已。故其分别九流,论次诸子,必云出于古者某官之掌,其流而为某家之学,失而为某事之敝。条宣究极,隐括无遗。学者苟能循流而溯源,虽曲艺小数,诐辞邪说,皆可返而通乎大道。而治其说者,亦得以自辨其力之至与不至焉。有其守之,莫或流也;有其趋之,莫或歧也,言语文章,胥归识职,则师法可复,而古学可兴,岂不盛哉!

韩氏愈曰:“辨古书之正伪,昭昭然若黑白分。”孟子曰:“诐辞知其所蔽,淫辞知其所陷,邪辞知其所离,遁辞知其所穷。”孔子曰:“多闻,择其善者而从之。”夫欲辨古书正伪,以几于知言,几于多闻择善,则必深明官师之掌,而后悉流别之故,竟末流之失。是刘氏著录,所以为学术绝续之几也。不能究官师之掌,将无以条流别之故,而因以不知末流之失,则天下学术,无所宗师。“生心发政,作政害事。”孟子言之,断断如也。然而涉猎之士,方且炫博综之才;索隐之功,方且矜隅墟之见,以为区区著录之文,校雠之业,可以有裨于文事。噫！其惑也。

六典亡而为《七略》，是官失其守也；《七略》亡而为四部，是师失其传也。《周官》之籍富矣，保章天文，职方地理，虞衡理物，巫祝交神，各守成书，以布治法，即各精其业，以传学术，不特师氏、保氏所谓六艺、《诗》、《书》之文也。司空篇亡，刘歆取《考工记》补之，非补之也；考工当为司空官属，其所谓记，即《冬官》之典籍，犹《仪礼》十七篇，为《春官》之典籍，《司马法》百五十篇，为《夏官》之典籍，皆幸而获传后世者也。当日典籍具存，而三百六十之篇，即以官秩为之部次，文章安得散也？

衰周而后，官制不行，而书籍散亡，千百之中，存十一矣。就十一之仅存，而欲复三百六十之部次，非凿则漏，势有难行，故不得已而裁为《七略》尔。其云盖出古者某官之掌，盖之为言，犹疑辞也。欲人深思，而旷然自得于官师掌故之原也。故曰六典亡而为《七略》，官失其守也。虽然，官师失业，处士著书，虽曰法无统纪，要其本旨，皆欲推其所学，可以见于当世施行。其文虽连缀，而指趋可约也；其说虽谲诡，而驳杂不出也。故老、庄、申、韩、名、墨、纵横，汉初诸儒犹有治其业者，是师传未失之明验也。师传未亡，则文字必有所本；凡有所本，无不出于古人官守，刘氏所以易于条其别也。魏、晋之间，专门之学渐亡，文章之士，以著作为荣华，诗赋、章表、铭箴、颂诔，因事结构，命意各殊，其旨非儒非墨，其言时离时合，衷而次之，谓之文集，流别之不可分者一也。文章无本，斯求助于词采；纂组经传，摘抉子史，譬医师之聚毒，以待应时取给；选青妃紫，不主一家，谓之类书，流别之不可分者二也。学术既无专门，斯读书不能精一；删略诸家，取便省览，其始不过备一时之捷给，未尝有意留青；继乃积渐相沿，后学传为津逮；分之则其本书具在，合之则非一家之言，纷然杂出，谓之书抄，流别之不可分者三也。

会心不足，求之文貌，指摘句调工拙，品节宫商抑扬，俗师小儒奉为模楷，裁节经传，摘比词章，一例丹铅，谓之评选，流别之不可分者四也。凡此四者，并由师法不立，学无专门，末俗支离，不知古人大体。下流所趋，实繁且炽，其书既不能悉付丙丁，惟有强编甲乙，而欲执《七略》之旧法，部末世之文章，比于枘凿方圆，岂能有合？故曰：《七略》流而为四部，是师失其传也。若谓史籍浩繁，《春秋》附庸，蔚成大国，《七略》以《太史公》列春秋家，至二十一史，不得不别立史部。名墨寥落，小宗支别，再世失传，名家者流，墨家者流，寥寥数家，后代不复有其书矣。以谓《七略》之势，不得不变而为四部，是又浅之乎论著录之道者矣。

闻以部次治书籍，未闻以书籍乱部次者也。汉初诸子百家，浩无统摄，官礼之意亡矣。刘氏承西京之敝，而能推究古者官师合一之故，著为条贯，以溯其源，则治之未尝不精也。魏、晋之间，文集类书，无所统系，魏文帝撰徐、陈、应、刘之文，都为一集，挚虞作《文章流别集》，集之始也，魏文帝作《皇览》，类书之始也。专门传授之业微矣。而荀、李诸家，荀勖、李充。不能推究《七略》源流，至于王、阮诸家王俭、阮孝绪。相去逾远，其后方技兵

书,合于子部,而文集自为专门,类书列于诸子。唐人四部
之书,四部创于荀勖,体例与后代四部不同,故云始于唐人也。乃为后代
著录不祧之成法。而天下学术,益纷然而无复纲纪矣!盖
《七略》承六典之敝,而知存之典之遗法;四部承《七略》之
敝,而不知存《七略》之遗法,是《七略》能以部次治书籍,而
四部不能不以书籍乱部次也。

　　且四部之藉口于不能复《七略》者,一曰史籍之繁不能
附《春秋》家学也。夫二十一史,部勒非难,至于职官故事之
书,谱牒纪传之体,或本官礼制作,或涉儒杂家言,不必皆史
裁也。今欲括囊诸体,断史为部,于是仪注不入《礼经》,职
官不通六典,谟、诰离绝《尚书》,史评分途诸子史部皆诸子之遗,
入史部非也。变乱古人立言本旨,部次成法以就简易,如之何
其可也?二曰文集日繁,不列专部,无所统摄也。夫诸子百
家,非出官守,而刘氏推为官守之流别,则文集非诸子百家,
而著录之书,又何不可治以诸子百家之识职乎?夫集体虽
日繁赜,要当先定作集之人。人之性情,必有所近,得其性
情本趣,则诗赋之所寄托,论辨之所引喻,纪叙之所宗尚,撷
其大旨,略其枝叶,古人所谓一家之言,如儒、墨、名、法之
中,必有得其流别者矣。如韩愈之儒家,柳宗元之名家,苏轼之纵横家,
王安石之礼家。存录其文集本名,论次其源流所自,附其目于
刘氏部次之后,而别白其至与不至焉,以为后学辨途之津
逮,则卮言无所附丽,文集之弊,可以稍歇。庶几言有物而
行有恒,将由《七略》专家而窥六典遗则乎?家法既专,其无
根驳杂,类钞评选之属,可以不烦而自治。是著录之道,通

于教法，何可遽以数纪部目之属，轻言编次哉！但学者不先有以窥乎天地之纯，识古人之大体，而遽欲部次群言，辨章流别，将有希几于一言之是，而不可得者，是以著录之家，好言四部，而惮闻《七略》也。

史家所谓部次条别之法，备于班固，而实仿于司马迁。司马迁未著成法，班固承刘歆之学而未精，则言著录之精微，亦在乎熟究刘氏之业而已矣。究刘氏之业，将由班固之书，人知之；究刘氏之业，当参以司马迁之法，人不知也。夫司马迁所谓序次六家，条辨学术同异，推究利病，本其家学，司马谈论阴阳、儒、墨、名、法、道德，以为六家。尚已！纪首推本《尚书》，《五帝本纪赞》。表首推本《春秋》，《三代世表序》。传首推本《诗》《书》所阙。至于虞、夏之文，《伯夷列传》。皆著录渊源所自启也。其于六艺而后，周、秦诸子，若孟、荀、三邹、老、庄、申、韩、管、晏、屈原、虞卿、吕不韦诸传，论次著述，约其归趣，详略其辞，颉颃其品，抑扬咏叹，义不拘墟，在人即为列传，在书即为叙录。古人命意标篇，俗学何可绳尺限也。刘氏之业，其部次之法本乎官礼，至若叙录之文，则于太史列传，微得其裁，盖条别源流，治百家之纷纷，欲通之于大道，此本旨也。至于卷次部目，篇第甲乙，虽按部就班，秩然不乱，实通官联事，交济为功。如管子列于道家，而叙小学流别，取其《弟子职》篇附诸《尔雅》之后。则知一家之书，其言可采，例得别出也。伊尹、太公，道家之祖，次其书在道家。苏子、蒯通，纵横家言，以其兵法所宗，遂重录于兵法权谋之部次，冠冕孙、吴诸家。则知道德兵谋，凡宗旨有所统会，例得互见也。夫篇次可以别出，则学术源流，无阙间不全之患也；部目可以互见，则分纲别纪无两歧牵掣之患也。学术之源流，无阙间不全；分纲别纪，无两歧牵掣，则《周官》六卿联事之意存，而太史列传互详之旨见。如《货殖》叙子贡，不涉《弟子列传》，《儒林》叙董仲舒，王吉别有专传。治书之法，古人自有授受，何可忽也！

自班固删《辑略》，而刘氏之绪论不传；《辑略》乃总论群书大旨。省部目，而刘氏之要法不著。班省刘氏之重见者而归于一。于是学者不知著录之法，所以辨章百家，通于大道，《庄子·天下篇》亦此义也。而徒视为甲乙纪数之所需。无惑乎学无专门，书无世守，转不若巫祝符箓，医士秘方，犹有师传不失之道也。郑樵《校雠》之略，力纠《崇文》部次之失；自班固以下，皆有讥焉。然郑氏未明著录源流，当追官礼，徒斤斤焉纠其某书当甲而误乙，某书宜丙而讹丁；夫部次错乱，虽由家法失传，然儒、杂二家之易混，职官故事之多歧，其书本在两可之间，初非著录之误。如使刘氏别出互见之法，不明于后世，虽使太史复生，扬雄再见，其于部次之法，犹是茫然不可统纪也。郑氏能讥班《志》附类之失当，而不能纠其并省之不当，可谓知一十而不知二五者也。且吾观后人之著录，有别出《小尔雅》以归《论语》者，本《孔丛子》中篇名，《隋·经籍志》，别出归《论语》。有别出《夏小正》以入《时令》者，本《大戴礼》篇名，《文献通考》别出归《时令》。是岂足以知古人别出之法耶！特忘其所本之书，附类而失其依据者尔。《嘉瑞记》既入《五行》，又互见于《杂传》；《隋书·经籍志》。《西京杂记》既入《故事》，又互见于《地理》。《唐书·艺文志》。是岂足以知古人互见之法耶！特忘其已登著录，重复而至于讹错者尔。

夫末学支离，至附类失据，重复错讹，可谓极矣。究其所以歧误之由，则理本有以致疑，势有所以必至。徒拘甲乙之成法，而不于古人之所以别出，所以互见者，析其精微，其中茫无定识，弊固至乎此也。然校雠之家，苟未能深于学术源流，使之徒事裁篇而别出，断部而互见，将破碎纷扰，无复规矩章程，斯救弊益以滋弊矣！是以校雠师法，不可不传；而著录专家，不可不立也。

州县志乘，艺文之篇不可不熟议也。古者行人采书，太史掌典，文章载籍，皆聚于上，故官司所守之外，无坟籍也。后世人自为书，家别其说；纵遇右文之代，购典之期，其能入于秘府，领在史官者，十无七八，其势然也。文章散在天下，史官又无专守，则同文之治，惟学校师儒，得而讲习；州县志乘，得而部次，著为成法，守于方州，所以备辀轩之采风，待秘书之论定。其有奇衺不衷之说，亦得就其闻见，校雠是正，庶几文章典籍，有其统宗，而学术人心，得所规范也。昔蔡邕正定《石经》，以谓四方之士，至有贿改兰台漆书，以合私家文字者，是当时郡国传习，与中书不合之明征也。文字点画，小学之功，犹有四方传习之异，况纪载传闻，私书别录，学校不传其讲习，志乘不治其部次，则文章散著，疑似两淆，后世何所依据而为之考定耶？

郑樵论求书之法，以谓因地而求，因人而求，是则方州部录艺文，固将为因地因人之要删也。前代搜访图书，不悬重赏,则奇书秘策,不能会萃;苟悬重赏,则伪造古逸,妄希诡合,三坟之《易》,古文之《书》,其明征也。向令方州有部次之书,下正家藏之目,上备中秘之征,则天下文字,皆著籍录,虽欲私锢而不得,虽欲伪造而不能,有固然也。夫人口孳生,犹稽版籍;水土所产,犹列职方。况乎典籍文章,为学术源流之所自出,治功事绪之所流传,不于州县志书,为之部次条别,治其要删,其何以使一方文献,无所阙失耶?

《和州志·政略》序例

夫州县志乘,比于古者列国史书,尚矣!列国诸侯,开国承家,体崇势异,史策编列世家,抗于臣民之上,固其道也。州县长吏,不过古者大夫邑宰之选,地非久居,官不世禄。其有《甘棠》留荫,循迹可风,编次列传,班于文学政事之间,亦其宜也。往牒所载,今不可知,若梁元帝所为《丹阳尹传》,见《隋志》,凡十卷。孙仲所为《贤牧传》,见《唐志》,十五卷。则专门编录,率由旧章,马、班循吏之篇,要为不易者矣。至于州县全志,区分品地,乃用名宦为纲,与乡贤、列女、仙释、流寓诸条,均分门类,是乃摘比之类书,词人之杂纂,虽略仿乐史《太平寰宇记》中所附名目,实兔园捃撦词藻之先资。欲拟《春秋》家学,外史掌故,人编列传,事具首尾;苟使官民同录,体例无殊,未免德、操诣庞公之家,一室难分宾主者矣。

窃意蜀郡之慕文翁,南阳之思邵父,取其有以作此一方,为能兴利革弊。其人虽去,遗爱在民,职是故也。正使伯夷之清，柳下之和，不嫌同科。其或未仕之先，乡评未协；去官之后，晚节不终，苟为一时循良，何害一方善政？夫以治绩为重，其余行业为轻，较之州中人物，要其始末，品其瑕瑜，草木区分，条编类次者，其例本不相侔；于斯分别标题，名为"政略"，不亦宜乎？

夫略者，纲纪之鸿裁，编摩之伟号，《黄石》、《淮南》之属抗其题，《黄石公三略》，《淮南子要略》。张温、鱼豢之徒分其纪，张温《三史略》，鱼豢《典略》。盖有取乎谟略之遗，不独郑樵之二十部也。郑樵《通志·二十略》。以之次比政事，编著功猷，足以临莅邦人，冠冕列传。揆诸记载，体例允符，非谓如裴子野之删《宋略》，但取节文为义者也。

《和州志·列传》总论

志曰："传志之文，古无定体。"左氏所引《军志》、《周志》诸文，即传也。孟子所对汤、武苑囿之问，皆曰"于传有之"，即志也。六艺为经，则《论语》、《礼记》之文谓之传；卦爻为经，则象、象、文言谓之传。自《左氏春秋》依经起义，兼史为裁，而司马迁七十列传，略参其例，固以十二本纪，窃比《春秋》者矣。夫其人别为篇，类从相次，按诸左氏，稍觉方严，而别识心裁，略规诸子。揆其命名之初，诸传之依《春秋》，不过如诸记之因经礼，因名定体，非有深文，即楚之屈原，将汉之贾生合传；谈天邹衍，缀大儒孟、荀之篇。因人征类，品藻无方，咏叹激昂，抑亦吕氏六论之遗也。吕氏十二纪似本纪所宗，八览似八书所宗，六论似列传所宗。班史一卷之中，人分首尾，传名既定,规制綦密。然逸民四皓之属,王、贡之附庸也;王吉、韦贤诸人,《儒林》之别族也。附庸如颛臾之寄鲁,署目无闻;别族如田陈之居齐,重开标额。征文则相如侈陈词赋,辨俗则东方不讳谐言,盖卓识鸿裁,犹未可量以一辙矣。范氏《东汉》之作,则题目繁碎,有类米盐。传中所列姓名,篇首必标子注,于是列传之体,如注告身,首征祖系,末缀孙曾,循次编年,惟恐失坠。求如陈寿之述《蜀志》,旁采《季汉辅臣》;沈约之传灵运,通论六朝文史者,不为绳墨拘牵,微存作者之意,跫然如空谷之足音矣。然师般不作,规矩犹存,比缉成编,以待能者;和而不倡,宜若可为;第以著述多门,通材达识,不当坐是为詹詹尔。

至于正史之外,杂记之书,若《高祖》、《孝文》,论述策诏,皆称为传,《汉·艺文志》有《高祖传》十三篇,《孝文传》十一篇。则故事之祖也。《穆天子传》、《汉武内传》,小说之属也。刘向《列女传》、嵇康《高士传》,专门之纪也。《王肃家传》、《王袠世传》,一家之书也。《东方朔传》、《陆先生传》,一人之行也。至于郡邑之志,则自东京以往,讫于六朝而还,若《陈留耆旧传》、《会稽先贤传》之类。其不为传名者,若《襄阳耆旧记》、《豫章志后撰》之类,载笔繁委,不可胜数。网罗放失,缀辑前闻;譬彼丛流趋壑,细大不捐;五金在冶,利钝并铸者矣。司马迁曰:"百家言不雅驯,缙绅先生难言之。"又曰:"不离古文者近是。"又曰:"择其言尤雅者。""载籍极博,折衷六艺。《诗》、《书》虽阙,虞、夏可知。"然则旁推曲证,闻见相参;显微阐幽,折衷至当,要使文成法立,安可拘拘为划地之趋哉！

夫合甘辛而致味，通纂组以成文，低昂时代，衡鉴士风，论世之学也。同时比德，附出均编，类次之法也。情有激而如平，旨似讽而实惜，予夺之权也。或反证若比，或遥引如兴，一事互为详略，异撰忽尔同编，品节之理也。言之不文，行之不远，聚公私之记载，参百家之短长，不能自具心裁，而斤斤焉徒为文案之孔目，何以使观者兴起而遽欲刊垂不朽耶！

且国史征于外志，外志征于家牒，所征者博，然后可以备约取也。今之外志，纪传无分，名实多爽，既以人物列女，标为专门；又以文苑乡贤，区为定品，裁节史传，删略事实，逐条附注，有似类书摘比之规，非复古人传记之学。拟于国别为书，邱分作志，不亦难乎！又其甲科仕宦，或详选举之条；志状碑铭，列入艺文之内。一人之事，复见叠出，或注传详某卷，或注事见某条，此殆有类本草注药，根实异部分收；韵书通音，平仄互标为用者矣。文非雅驯，学者难言，今以正史通裁，特标列传，旁推互证，勒为专家，上裨古史遗文，下备后人采录，庶有作者，得以考求，如谓不然，请俟来哲。

《和州志·阙访列传》序例

孔子曰："吾犹及史之阙文也。"又曰："多闻阙疑，慎言其余。"夫网罗散失，绅绎简编，所见所闻，时得疑似，非贵阙然不讲也。夫郭公夏五，原无深文；末耜网罟，亦存论说。而《春秋》仍列故题，《尚书》断自《尧典》，疑者阙而弗竟，阙者存而弗删,斯其慎也。司马迁曰:"书阙有间,其轶时时见于他说。"夫疑似之迹,未必无他说可参;而旧简以古文为宗,百家以雅驯是择,心知其意,所以慨然于好学深思之士也。班固《东方朔传》,以谓奇言怪语,附著者多,遂详录其谐隐射复琐屑之谈,以见朔实止此,是史氏释疑之家法也。陈寿《蜀志》,以诸葛不立史官,蜀事穷于搜访,因录杨戏季汉名臣之赞,略存姓氏,以致其意,是史牒阙文之旧章也。寿别撰《益部耆旧传》十卷,是寿未尝略蜀也。《益部耆旧传》不入《蜀志》,体例各有当也,或以讥寿,非也。

自史学失传,中才史官,不得阙文之义,喜繁辞者,或杂奇衰之说;好简洁者,或删经要之言,《晋书》喜采小说,《唐书》每删章奏。多闻之旨不遵,慎言之训误解,若以形涉传疑,事通附会,含毫莫断,故牒难征,谓当削去篇章,方合阙文之说,是乃所谓疑者灭之而已,更复何阙之有?郑樵著《校雠略》,以谓馆阁征书,旧有阙书之目,凡考文者,必当录其部次,购访天下,其论可谓精矣。

窃谓典籍如此,人文亦然。凡作史者,宜取论次之余,或有人著而事不详,若传歧而论不一者,与夫显列名品,未征事实,清标夷、齐,而失载西山之薇;学著颜、曾,而不传东国之业,一隅三反,其类实繁。或由载笔误删,或是虚声泛采,难凭臆断,当付传疑,列传将竟,别裁阙访之篇,以副慎言之训,后之观者,得以考求。使若陈寿之季汉名臣,见上。常璩之华阳士女,《华阳国志》有序录,《士女志》止列姓名,云其事未详。不亦善乎!

至于州县之志,体宜比史加详。而向来撰志,条规人物，限于尺幅，摘比事实，附注略节，与方物土产，区门分类，约略相同。至其所注事实，率似计荐考语，案牍谳文，骈偶其词，断而不叙。士曰孝友端方，慈祥恺悌；吏称廉能清慎，忠信仁良；学尽汉儒，贞皆姜女，千篇一律，葭苇茫然，又何观焉！今用史氏通裁，特标列传，务取有文可诵，据实堪书，前志所遗，搜访略尽。他若标名略注，事实难征，世远年湮，不可寻访，存之则无类可归，削之则潜德弗曜，凡若此者，悉编为阙访列传，以俟后来者之别择云尔。

《和州志·前志列传》序例上

记曰："疏通知远，《书》教也；比事属辞，《春秋》教也。"言述作殊方，而风教有异也。孟子曰："颂其诗，读其书，不知其人可乎？"言坟籍具存，而作者之旨，不可不辨也。古者史官，各有成法，辞文旨远，存乎其人，孟子所谓其文则史，孔子以谓义则窃取。明乎史官法度不可易，而义意为圣人所独裁。然则良史善书，亦必有道矣。

前古职史之官不可考，春秋列国之良史，若董狐、南史之直笔，左史倚相之博雅，其大较也。窃意南、董、左史之流，当时必有师法授受，第以专门之业，事远失传，今不得而悉究之也。司马迁网罗散失，采获旧闻，撰为百三十篇，以绍《春秋》之业，其于衰周战国，所为《春秋》家言，如晏婴、虞卿、吕不韦之徒，《晏子春秋》、《虞氏春秋》、《吕氏春秋》，皆有比事属辞之体，即当时《春秋》家言，各有派别，不尽春王正月一体也。皆叙录其著述之大凡，缉比论次，所以明己之博采诸家，折中六艺，渊源流别，不得不详所自也。司马迁《自序》绍《春秋》之业，盖溯其派别有自，非僭妄之言。司马氏殁，班固氏作，论次西京史事，全录《太史自序》，推其义例，殆与相如、扬雄列传同科。范蔚宗《后汉》之述班固，踵成故事，墨守旧法，绳度不逾，虽无独断之才，犹有饩羊告朔，礼废文存者也。及《宋书》之传范蔚宗，《晋书》之传陈寿，或杂次文人之列，或猥编同时之人，而于史学渊源，作述家法，不复致意，是亦史法失传之积渐也。至于唐修《晋》、《隋》二书，惟资众力，人才既散，共事之人，不可尽知；或附著他人传末，或互见一二文人称说所及，不复别有记载，乃使《春秋》家学，塞绝梯航，史氏师传，茫如河、汉。譬彼收族无人，家牒自乱；缁流驱散，梵刹坐荒，势有必至，理有固然者也。

夫马、班著史，等于伏、孔传经，大义微言，心传口授。或欲藏之名山，传之其人；或使大儒伏阁，受业于其女弟，岂若后代纪传，义尽于简篇，文同于胥史，拘牵凡例，一览无遗者耶！然马、班《儒林》之篇，能以六艺为纲，师儒传授，绳贯珠联，自成经纬，所以明师法之相承，溯渊源于不替者也。《儒林传》体，以经为纲，以人为纬，非若寻常列传，详一人之生平者也，自《后汉书》以下失其传矣。后代史官之传，苟能熟究古人师法，略仿经师传例，标史为纲，因以作述流别，互相经纬。试以马、班而论，其先藉之资，《世本》、《国策》之于迁《史》，扬雄、刘歆之于《汉书》是也。后衍其传，如杨恽之布迁《史》，马融之受《汉书》是也。别治疏注，如迁《史》之徐广、裴骃，《汉书》之服虔、应劭是也。凡若此者，并可依类为编，申明家学，以书为主，不复以一人首尾名篇，则《春秋》经世，虽谓至今存焉可也。至于后汉之史，刘珍、袁宏之作，华峤、谢承、司马彪之书，皆与范氏并列赅存。晋氏之史，自王隐、虞预、何法盛、干宝、陆机、谢灵运之流，作者凡一十八家，亦云盛矣。而后人修史，不能条别诸家体裁，论次群书得失，萃合一篇之中，比如郢人善斫，质丧何求？

夏礼能言，无征不信者也。他若聚众修书，立监置纪，尤当考定篇章，复审文字，某纪某书，编之谁氏；某表某传，撰自何人。乃使读者察其臧匮，定其是非，庶几泾、渭虽淆，淄、渑可辨，末流之弊，犹恃堤防。而唐、宋诸家，讫无专录，遂使经生帖括，词赋雕虫，并得啁啾班、马之堂，攘臂汗青之业者矣。

《和州志·前志列传》序例中

晋挚虞创为《文章志》，叙文士之生平，论辞章之端委，范史《文苑列传》所由仿也。自是文士记传，代有缀笔，而文苑入史，亦遂奉为成规。至于史学流别，讨论无闻，而史官得失，亦遂置之度量之外，甚矣！世之易言文而惮言史也。

夫迁、固之书，不立文苑，非无文也。老、庄、申、韩、管、晏、孟、荀、相如、扬雄、枚乘、邹阳，所为列传，皆于著述之业，未尝不三致意焉。不标文苑，所以论次专家之学也。文苑而有传，盖由学无专家，是文章之衰也。然而史臣载笔，侈言文苑，而于《春秋》家学，派别源流，未尝稍容心焉，不知将自命其史为何如也？《文章志》传，挚虞而后，沈约、傅亮、张骘诸人，纷纷撰录，傅亮《续文章志》，沈约《宋世文章志》，张骘《文士

《传》。指亦不胜屈矣。然而史臣采摭,存其大凡,著录诸书,今皆亡失。则史氏原委,编摩故迹,当其撰辑成书之际,公滕私楮,未必全无征考也。乃前史不列专题,后学不知宗要,则虽有踪迹,要亦亡失无存。遂使古人所谓官守其书,而家世其业者,乃转不如文采辞章,犹得与于常宝鼎《文选著作人名》之列也。常书凡三卷。唐李肇著《经史释题》,宗谏注《十三代史目》,其书编于目录部类,则未通乎记传之宏裁也。赵宋、孔平仲,尝著《良史事迹》,其书今亦不传,而著录仅有一卷,则亦猥陋不足观采也。

夫史臣创例,各有所因。列女本于刘向,孝义本于萧广济,晋人,作《孝子传》。忠义本于梁元帝,《忠臣传》三十卷。隐逸本于皇甫谧《逸士传》、《高士传》。皆前史通裁,因时制义者也。马、班《儒林》之传,本于博士所业,惜未取史官之掌,勒为专书。后人学识不逮前人,故使未得所承,无能为役也。汉儒传经,师法亡矣。后史儒林之篇,不能踵其条贯源流之法;然未尝不取当代师儒,就其所业,以志一代之学。则马、班作史家法既失,后代史官之事,纵或不能协其义例,何不可就当时纂述大凡,人文上下,论次为传,以集一史之成乎?

夫儒林治经,而文苑谈艺,史官之业,介乎其间,亦编摩之不可不知所务者也。或以艺文部次,登其卷帙,叙录后语,略标作者之旨,以谓史部要旨,已见大凡。则不知经师传注,文士辞章,艺文未尝不著其部次,而儒林文苑之篇,详考生平,别为品藻,参观互证,胡可忽诸?其或事迹繁多,别标特传,不能合为一篇,则于史官篇内,亦当存录姓名,更注别自有传。董仲舒、王吉、韦贤之例，自有旧章，仲舒治《春秋》，王吉治《毛诗》，韦贤治《鲁诗》，并见《儒林》而别有专传。两无妨害者也。夫荀卿著《礼》、《乐》之论，乃《非十二子书》，庄周恣荒唐之言，犹叙禽、墨诸子。欲成一家之作，而不于前人论著，条析分明，祖述渊源，折衷至当，虽欲有功前人，嘉惠来学，譬则却步求前，未有得其至焉者也。

《和州志·前志列传》序例下

州县志书，论次前人撰述，特编列传，盖创例也。举此而推之四方，使《春秋》经世，史氏家法，灿然大明于天下，则外志既治，书有统会，而国史要删，可以抵掌言也。虽然，有难叙者三，有不可不叙者三，载笔之士，不可不熟察此论也。

何谓难叙者三？一曰书无家法，文不足观，易于散落也。唐、宋以后，史法失传，特言乎马、班专门之业不能复耳。若其纪表成规，志传旧例，历久不渝，等于科举程式，功令条例，虽中庸史官，皆可勉副绳墨，粗就隐括。故书虽优劣不齐，短长互见，观者犹得操成格以衡笔削也。外志规矩荡然，体裁无准，摘比似类书，注记如簿册，质言似胥吏，文语若尺牍，观者茫然，莫能知其宗旨。文学之士，鄙弃不观，新编告成，旧志遽没；比如寒暑之易冠衣，传舍之留过客，欲求存录，不亦难乎！二曰纂修诸家，行业不详，难于立传也。史馆征儒，类皆文学之士，通籍朝绅，其中且有名公卿焉。著述或见艺文，行业或详列传，参伍考求，犹易集也。州县志书，不过一时游宦之士，偶尔过从；启局杀青，不逾岁月；

讨论商榷，不出州闾。其人或有潜德莫征，懿修未显；所游不知其常，所习不知其业，等于萍踪之聚，鸿爪之留。即欲效文苑之联编，仿儒林之列传，何可得耶？三曰题序芜滥，体要久亡，难征录例也。马、班之传，皆录自序。盖其生平行业，与夫笔削大凡，自序已明，据本直书，编入列传，读者苟能自得，则于其书，思过半矣。原叙录之所作，虽本《易系》《诗》篇，而史氏要删，实自校雠诸家，特重其体。刘向所谓条其篇目，撮其指意，录而奏上之文，类皆明白峻洁，于其书与人，确然并有发明。简首题辞，有裨后学，职是故也。后代文无体要，职非校勘，皆能率尔操觚；凡有简编，辄题弁语，言出公家，理皆泛指。掩其部次，骤读序言，不知所指何人，所称何事。而文人积习相沿，莫能自反，抑亦惑矣。州县修志，尤以多序为荣，隶草夸书，风云竞体。棠阴花满，先为循吏颂辞；水激山峨，又作人文通赞。千书一律，观者索然；移之甲乙可也，畀之丙丁可也。尚得采其旧志序言，录其前书凡例，作列传之取材，为一书之条贯耶？凡此三者，所为难叙者也。

何谓不可不叙者三？一曰前志不当，后志改之，宜存互证也。天下耳目无穷，一人聪明有限。《禹贡》岷山之文尚矣，得《缅志》而江源详于金沙。郑玄娑尊之说古矣，得王肃而铸金凿其牺背。穷经之业，后或胜前；岂作志之才，一成不易耶？然后人裁定新编，未必遽存故录。苟前志失叙，何由知更定之苦心，识辨裁之至当？是则论次前录，非特为旧志存其姓氏，亦可为新志明其别裁耳。二曰前志有征，后志误改，当备采择也。人心不同，如其面也，为文亦复称是。史家积习，喜改旧文，取其易就凡例，本非有意苛求。然淮阴带剑，不辨何人；太史公《韩信传》云："淮阴少年辱信云：'若虽长大，中情怯耳。'"班固删去"若"字，文义便晦。太尉携头，谁当假藉？前人议《新唐书·段秀实传》云：柳宗元状称太尉曰："吾带吾头来矣。"文自明。《唐书》改云："吾带头来矣。"是谁之头耶？不存当日原文，则三更其手，非特亥豕传讹，将恐虫鱼易体矣。三曰志当递续，不当迭改，宜衷凡例也。迁书采《世本》、《国策》，集《尚书》、《世纪》；《南》、《北史》集沈、萧、姚、李八家之书，未闻新编告成，遽将旧书复瓿也。区区州县志乘，既无别识心裁，便当述而不作。乃近人载笔，务欲炫长，未窥龙门之藩，先习狙公之术，移三易四，辗转相因，所谓自扰也。夫三十年为一世，可以补辑遗文，搜罗掌故；更三十年而往，遗待后贤，使甲编乙录，新新相承，略如班之续马，范之继班，不亦善乎？藉使前书义例未全，凡目有阙，后人创起，欲补逸文，亦当如马无地理，班《志》直溯《夏书》；《梁》、《陈》无志，《隋书》上通五代，梁、陈、北齐、后周、隋五代。例由义制，何在不然。乃竟粗更凡目，全录旧文，得鱼忘筌，有同剽窃，如之何其可也？然琴瑟不调，改而更张。今兹创定一书，不能拘于递续之例。或且以矛陷盾，我则不辞。后有来者，或当鉴其衷曲耳。历叙前志，存其规模，亦见创例新编，初非得已。凡此三者，所谓不得不叙者也。

《和州志·文征》序例

乾隆三十九年撰《和州志》四十二篇，编摩既讫，因采州中著述,有裨文献,若文辞典雅,有壮观瞻者,辑为《奏议》二卷,《征述》三卷,《论著》一卷,《诗赋》二卷,合为《文征》八卷,凡若干篇。既条其别,因述所以采辑之故,为之叙录。

叙曰:古人著述,各自名家,未有采辑诸人,裒合为集者也。自专门之学散,而别集之风日繁。其文既非一律,而其言时有所长,则选辑之事兴焉。至于史部所征,汉代犹为近古,虽相如、扬雄、枚乘、邹阳,但取辞赋华言,编为列传;原史臣之意,虽以存录当时风雅,亦以人类不齐,文章之重,未尝不可与事业同传,不尽如后世拘牵文义,列传止征行迹也。但西京风气简质,而迁、固亦自为一家之书,故得用其义例。后世文字,如滥觞之流为江河,不与分部别收,则纪载充栋,将不可纪极矣。唐刘知幾尝患史传载言繁富,欲取朝廷诏令,臣下章奏,仿表志专门之例,别为一体,类次纪传之中,其意可为善矣。然纪传既不能尽削文辞,而文辞特编入史,亦恐浩博难罄,此后世所以存其说而讫不能行也。

夫史氏之书,义例甚广,《诗》、《书》之体,有异《春秋》,若《国语》十二,《国风》十五,所谓典训风谣,各有攸当。是以太师陈诗,外史又掌四方之志,未闻独取备于一类之书也。自孔逭《文苑》、萧统《文选》而后,唐有《文粹》,宋有《文鉴》,皆括代选文,广搜众体。然其命意发凡,仍未脱才子论文之习,经生帖括之风,其于史事,未甚亲切也。至于元人《文类》,则习久而渐觉其非。故其撰辑文辞,每存史意,序例亦既明言之矣。然条别未分,其于文学源流,鲜所论次。又古人云:"诵其诗,读其书,不知其人可乎?"作者生平大节,及其所著书名,似宜存李善《文选》注例,稍为疏证。至于建言发论,往往有文采斐然,读者兴起,而终篇扼腕,不知本事始末何如。此殆如梦古人而遽醒,聆妙曲而不终,未免使人难为怀矣。凡若此者,并是论文有余,证史不足,后来攻史诸家,不可不熟议者也。

至若方州选文,《国语》、《国风》之说远矣。若近代《中州》、《河汾》诸集,《梁园》、《金陵》诸编,皆能画界论文,略寓征献之意,是亦可矣。奈何志家编次艺文,不明诸史体裁,乃以诗辞歌赋,记传杂文,全仿选文之例,列于书志之中,可谓不知伦类者也。是用修志余暇,采摭诸体,草创规制,约略以类相从,为叙录其流别,庶几踵斯事者,得以增华云尔。

奏议第一

《文征》首《奏议》,犹志首编纪也。自萧统选文,以赋为一书冠冕,论时则班固后于屈原,论体则赋乃诗之流别,此其义例,岂复可为典要?而后代选文之家,奉为百世不祧之祖,亦可怪已!今取奏议冠首,而官府文移附之。《奏议》拟之于纪,而文移拟之政略,皆掌故之藏也。

征述第二

《征述》者,记传序述志状碑铭诸体也。其文与列传图书互为详略,盖史学散而书不专家,文人别集之中,应酬存录之作,亦往往有记传诸体,可裨史事者;萧统选文之时,尚未有此也。后代文集中兼史体,修史传者,往往从而取之,则《征述》之文,要为不易者矣。

论著第三

《论著》者,诸子遗风,所以托于古之立言垂不朽者,其端于是焉在。刘勰谓论之命名,始于《论语》,其言当矣。晁氏《读书志》,援"论道经邦",出于《尚书》,因诋刘氏之疏略。夫《周官》篇出伪古文,晁氏曾不之察,亦其惑也。诸子风衰,而文士集中,乃有论说辨解诸体,若书牍题跋之类,则又因事立言,亦论著之派别也。

诗赋第四

《诗赋》者,六义之遗,《国风》一体,实于州县《文征》为近。《甘泉》、《上林》,班固录于列传,行之当世可也。后代文繁,固当别为专书,惟诗赋家流,至于近世,溺于辞采,不得古者国史序《诗》之意,而蚩蚩焉争于文字工拙之间,皆不可与言文征者也。兹取前人赋咏,依次编列,以存风雅之遗;同时之人,概从附录,以俟后来者之别择焉。

卷七

外篇二

《永清县志·皇言纪》序例

史之有纪,肇于《吕氏春秋》十二月纪。司马迁用以载述帝王行事,冠冕百三十篇,盖《春秋》之旧法也。厥后二十一家,迭相祖述,体肃例严,有如律令。而方州之志,则多惑于地理类书之例,不闻有所遵循,是则振衣而不知挈领,详目而不能举纲,宜其散漫无章,而失国史要删之义矣。夫古者封建之世,列国自有史书,然正月必系周王,鲁史必称周典,韩宣子见《易象春秋》,以谓周礼尽在于鲁是也。盖著承禀所由始也。后世郡县,虽在万里之外,制如古者畿甸之法,乃其分门次类,略无规矩章程,岂有当于《周官》外史之义欤!《周官》,外史掌四方之志,掌达书名于四方。此见列国之书,不得自擅,必禀外史一成之例也。此则撰志诸家,不明史学之过也。

《吕氏》十二月令,但名为纪。而司马迁、班固之徒,则称本纪;原其称本之义,司马迁意在绍法《春秋》。顾左氏、公、穀专家各为之传,而迁则一人之书,更著书、表、列传,以为之纬,故加纪以本,而明其纪之为经耳。其定名则仿《世本》之旧称。班固不达其意,遂并十志而题为本志。然则表传之不加本称者,特以表称年表,传称列传,与本纪俱以二字定名;

惟志止是单名,故强配其数,而不知其有害于经纪纬传之义也。古人配字双单,往往有之,如《七略》之方称经方,《淮南子》论称书论之类,不一而足。惟无害于文义,乃可为之耳。至于例以义起,方志撰纪,以为一书之经当矣。如亦从史而称本纪,则名实混淆,非所以尊严国史之义也。且如后世文人所著诗文,有关当代人君行事,其文本非纪体,而亦称恭纪,以致尊崇,于义固无害也。若称本纪,则无是理矣。是则方志所谓纪者,临本书之表传,则体为经;对国史之本纪,则又为纬矣。是以著纪而不得称本焉。

迁、固而下,本纪虽法《春秋》,而中载诏诰号令,又杂《尚书》之体。至欧阳修撰《新唐书》,始用大书之法,笔削谨严,乃出迁、固之上,此则可谓善于师《春秋》者矣。至于方志撰纪,所以备外史之拾遗,存一方之祇奉,所谓循堂楹而测太阳之照,处牖隙而窥天光之通,期于慎辑详志,无所取于《春秋》书事之例也。是以恭录皇言,冠于首简,与史家之例,互相经纬,不可执一例以相拘焉。

大哉王言,出于《尚书》;王言如丝,出于《礼记》。盖三代天子称王,所以天子之言,称王言也。后世以王言承用,据为典故,而不知三代以后,王亦人臣之爵,凡称天子诏诰,亦为王言,此则拘于泥古,未见其能从时者也。夫《尚书》之文,臣子自称为朕,所言亦可称诰。后世尊称,既定于一,则文辞必当名实相符,岂得拘执古例,不知更易?是以易王言之旧文,称皇言之鸿号,庶几事从其质,而名实不淆。

敕天之歌,载于谟典,而后史本纪,惟录诏诰。盖诗歌抒发性情，而诏诰施于政事，故史部所收，各有当也。

至于方志之体，义在崇奉所尊，于例不当别择。前总督李卫所修《畿辅通志》，首列诏谕、宸章二门，于义较为允协。至永清一县，密迩畿南，固无特颁诏谕，若牵连诸府州县，及统该直隶全部，则当载入通志，又不得以永清亦在其内，遂冒录以入书。如有恩赐蠲逋赈恤，则事实恭登《恩泽》之纪；而诏谕所该者广，是亦未敢越界而书。惟是覃恩恺泽，褒赠貤封，固家乘之光辉，亦邑书之弁冕，是以辑而纪之。御制诗章，止有《冰窖》一篇，不能分置卷帙，恭录诏谕之后，以志云汉光华云尔。

《永清县志·恩泽纪》序例

古者左史纪言，右史纪事。朱子以谓言为《尚书》之属，事为《春秋》之属，其说似矣。顾《尚书》之例，非尽纪言，而所谓纪事之法，亦不尽于春王正月一体也。《周官》五史之法，详且尽矣；而记注之书，后代不可尽详。盖自《书》与《春秋》而外，可参考者，《汲冢周书》似《尚书》，《竹书纪年》似《春秋》而已。然而《穆天子传》，独近起居之注，其书虽若不可尽信，要亦古者记载之法，经纬表里，各有所主；初不拘拘《尚书》、《春秋》二体，而即谓法备于是，亦可知矣。三代而后，细为宫史，若汉武《禁中起居注》，马后《显宗起居注》是也；大为时政，若唐《贞观政要》，周《显德日历》是也；以时记录，历朝起居注是也；荟粹全书，梁太清以下实录是也。盖人君之德，如天晷计躔测，玑量圭度，法制周遍，乃得无所阙遗。是以《周官》立典,不可不详其义,而《礼》言左史右史之职,诚废一而不可者也。

纪之与传,古人所以分别经纬,初非区辨崇卑,是以迁《史》中有无年之纪,刘子玄首以为讥;班《书》自叙,称十二纪为《春秋考纪》,意可知矣。自班、马而后,列史相仍,皆以纪为尊称,而传乃专属臣下,则无以解于《穆天子传》与《高祖》、《孝文》诸传也。今即列史诸帝有纪无传之弊论之,如人君行迹,不如臣下之详,篇首叙其灵征,篇终断其大略;其余年编月次,但有政事,以为志传之纲领,而文势不能更及于他,则以一经一纬,体自不可相兼故也。诚以《春秋》大旨断之,则本纪但具元年即位,以至大经大法,足为事目,于义惬矣。人君行事,当参以传体,详载生平,冠于后妃列传之上,是亦左氏之传,以惠公、元妃数语,先经起事,即属隐公题下传文,可互证也。但纪传崇卑,分别已久,君臣一例,事理未安,则莫若一帝纪终,即以一帝之传次其纪后,如郑氏《易》之以《象传》、《彖辞》附于本卦之后之例,且崇其名曰《大传》,而不混列传,则名实相符,亦似折中之一道也。方志纪载,则分别事言,统名以纪,盖所以备外史之是正,初无师法《春秋》之义例,以是不可议更张耳。

《永清县志·职官表》序例

职官选举,入于方志,皆表体也。而今之编方志者,则曰史有百官志与选举志,是以法古为例,定以鸿名,而皆编为志,斯则迂疏而寡当者矣。夫史志之文,职官详其制度,

选举明其典则,其文或仿《周官》之经,或杂记传之体,编之
为志,不亦宜乎?至于方志所书,乃是历官岁月,与夫科举
甲庚,年经事纬,足以爽豁眉目,有所考索,按格而稽,于事
足矣。今编书志之体,乃以知县、典史、教谕、训导之属,分
类相从,遂使乾隆知县,居于顺治典史之前;康熙训导,次诸
雍正教谕之后。其有时事后先,须资检阅,及同僚共事,欲
考岁年,使人反复披寻,难为究竟,虚占篇幅,不知所裁。不
识何故而好为自扰如斯也!夫人编列传,史部鸿裁,方志载
笔,不闻有所规从。至于职官选举,实异名同,乃欲巧为附
依,此永州铁炉之步,所以致慨于千古也。

《周官》御史,掌赞书数从政,郑氏注谓"数其现在之官
位",则官职姓名,于古盖有其书矣。三百六十之官属,而以
从政记数之登书,窃意亦必有法焉。周谱经纬之凡例,恐不
尽为星历一家之用也。刘向以谱与历合为一家,归于术数,而司马迁之
称周谱,则非术数之书也。疑古人于累计之法多用谱体。班固《百官公
卿表》,叙例全为志体,而不以志名者,知历官之须乎谱法
也。以《周官》之体为经,而以《汉表》之法为纬,古人之立
法,博大而不疏,概可见矣。

东京以还,仅有职官志;而唐、宋之史,乃有《宰辅表》,
亦谓百职卿尹之不可胜收也。至于专门之书,官仪簿状,自
两汉以还,代有其编;而列表编年,宋世始多其籍。司马光《百
官公卿表》百五十卷之类。亦见历官纪数之书,每以无文而易亡
也。至于方州记载,唐、宋厅壁题名,与时湮没;其图经古
制,不复类聚官人,非阙典欤!元、明以来,州县志书,往往

存其历任,而又以记载无法,致易混淆,此则不可不为厘正者也。

或谓职官列表,仅可施于三公宰辅,与州县方志,一则体尊而例严,一则官少而易约也。若夫部府之志,官职繁多,而尺幅难竟,如皆表之,恐其易经而难纬也。<small>上方年月为经,首行官阶为纬,官多布格无容处也。</small>夫立例不精,而徒争于纪载之难约,此马、班以后,所以书繁而事阙也。班史百官之表卷帙无多,而所载详及九卿;唐、宋宰辅之表,卷帙倍增,而所载止画于丞弼。非为古书事简,而后史例繁也,盖以班分类附之法,不行于年经事纬之中,宜其进退失据,难于执简而驭繁也。按班史,表列三十四官,格止一十四级,或以沿革并注首篇,<small>相国、丞相、奉常、太常之类。</small>或以官联共居一格,<small>大行令、大鸿胪同格,左冯翊、京兆尹同格之类。</small>篇幅简而易省,事类从而易明,故能使流览者,按简而无复遗逸也。苟为统部列表,则督抚提镇之属共为一格;布按巡守之属共为一格。其余以府州画格,府属官吏同编一格之中,固无害也。及撰府州之志,即以州县各占一格,亦可不致阙遗。是则历官著表,断无穷于无例可通,况县志之固可一官自为一格欤!

姓名之下,注其乡贯科甲,盖其人不尽收于政略;注其首趾,亦所以省传文也,无者阙之。至于金石纪载,他有所征,而补收于志,即以金石年月冠之,不复更详其初仕何年,去官何月,是亦势之无可如何者耳。至于不可稽年月,而但有其姓名者,则于经纬列表之终,横列以存其目,亦阙疑俟后意云尔。

《永清县志·选举表》序例

选举之表,即古人贤书之遗也。古者取士,不立专科,兴贤出长,兴能出治,举才即见于用,用人即见于事。两汉贤良孝秀,与夫州郡辟署,事亦见于纪传,不必更求选举之书也。隋、唐以来,选举既专,资格愈重,科条繁委,故事相传,选举之书,累然充栋。则举而不必尽用,用而不必尽见于事,旧章故典,不可求之纪传之中,而选举之文,乃为史志之专篇矣。

志家之载选举,不解年经事纬之法,率以进士、举人、贡生、武选,各分门类。又以进士冠首,而举、贡以次编于后,于是一人之由贡获举而成进士者,先见进士科年,再搜乡举时代,终篇而始明其入贡年甲焉。于事为倒置,而文岂非复沓乎?间有经纬而作表者,又于旁行斜上之中,注其事实,以列传之体而作年表,乃元人撰《辽》、《金史》之弊法,虚占行幅,而又混眉目,不识何所取乎此也!

史之有表,乃列传之叙目;名列于表,而传无其人者,乃无德可称,而书事从略者也。其有立传而不出于表者,事有可纪,而用特书之例也。今撰志者,选举职官之下,往往杂书一二事实,至其人之生平大节,又用总括大略,编于人物名宦条中;然后更取传志全篇,载于艺文之内,此云详见某项,彼云已列某条,一人之事,复见叠出,而能作表者,亦不免于表名之下,更注有传之文,何其扰而不精之甚欤!

表有有经纬者,亦有不可以经纬者。如永清岁贡,嘉靖以前,不可稽年甲者七十七人。载之无格可归,删之于理未惬，则列叙其名于嘉靖选举之前，殿于正德选举之末，是《春秋》归余于终，而《易》卦终于《未济》之义也。史迁《三代世表》，于夏泄而下，无可经纬，则列叙而不复纵横其体，是亦古法之可通者矣。

《永清县志·士族表》序例

方志之表士族，盖出古法，非创例也。《周官》小史"奠系世，辨昭穆"，杜子春注"系世，若诸侯卿大夫系本之属"是也。《书》曰："平章百姓。"郑康成曰："百姓，谓群臣之父子兄弟。"平章，乃辨别而章明之也。先王锡土分姓，所以尊人治而明伦叙者，莫不由此。故欲协和万邦，必先平章百姓，典綦重矣。

士亦民也，详士族而略民姓，亦犹行古之道也。《周官》乡大夫"以岁时登夫家之众寡"，三年以大比兴一乡之贤能，夫民贱而士贵，故夫家众寡，仅登其数；而贤能为卿大夫者，乃详世系之牒；是世系之牒，重于户口之书，其明征也。近代方志，无不详书户口；而世系之载，阒尔无闻，亦失所以重轻之义矣。

夫合人而为家，合家而为国，合国而为天下；天下之大，由合人为家始也。家不可以悉数，是以贵世族焉。夫以世族率齐民，以州县领世族，以司府领州县，以部院领司府，则执简驭繁，天下可以运于掌也。孟子曰："所谓故国者，非谓有乔木也，有世臣之谓也。"州县之书，苟能部次世族，因以达于司府部院，则伦叙有所联，而治化有所属矣。今修志者,往往留连故迹,附会桑梓,而谱牒之辑缺然,是则所谓重乔木而轻世家矣。

谱牒掌之于官,则事有统会,人有著籍,而天下大势可以均平也。今大江以南,人文称盛,习尚或近浮华,私门谱牒,往往附会名贤,侈陈德业,其失则诬。大河以北,风俗简朴,其人率多椎鲁无文,谱牒之学,缺焉不备,往往子孙不志高曾名字;间有所录,荒略难稽,其失则陋。夫何地无人,何人无祖,而偏诬偏陋,流弊至于如是之甚者,谱牒不掌于官,而史权无统之故也。

或谓古人重世家,而其后流弊至于争门第。魏、晋而后,王、谢、崔、卢动以流品相倾轧;而门户风声,贤者亦不免于存轩轾,何可为训耶? 此非然也。吏部选格,州郡中正,不当执门阀而定铨衡,斯为得矣。若其谱牒,掌于曹郎令史,则固所以防散佚而杜伪托,初非有弊也。且郎吏掌其谱系,而吏部登其俊良,则清门巨族,无贤可以出长,无能可以出治者,将激劝而争于自见矣! 是亦鼓舞贤才之一道也。

史迁世表但纪三、五之渊源;而《春秋》氏族,仅存杜预之《世谱》,于是史家不知氏族矣。欧阳《宰相世系》,似有得于知几之寓言,《史通·书志》篇,欲立《氏族志》,然意存商榷,非刘本旨。第邓州韩氏不为宰相,以退之之故,而著于篇,是亦创例而不纯者也。魏收《官氏》与郑樵《氏族》,则但纪姓氏源流,不为条列支系。是史家之表系世,仅见于欧阳,而后人又不为宗法,毋亦有鉴于欧阳之为例不纯乎? 窃惟网罗一代,典籍浩繁,所贵持大体,而明断足以决去取,乃为不刊之典尔。世系不必尽律以宰相,而一朝右族声望,与国相终始者,纂次为表,篇帙亦自无多也。标题但署为世族,又何至于为例不纯欤? 刘歆曰:"与其过而废也,毋宁过而存之。"其是之谓矣。

正史既存大体,而部府州县之志,以渐加详焉。所谓行远自迩,登高自卑,州县博收,乃所以备正史之约取也。或曰:"州县有大小,而陋邑未必尽可备谱系。则一县之内,固已有士有民矣。民可计户口,而士自不虞无系也。"或又曰:"生员以上,皆曰士矣。文献大邦,惧其不可胜收也。"是则量其地之盛衰,而加宽严焉;或以举贡为律,或以进士为律。至于部府之志,则或以官至五品,或至三品者为律,亦自不患其芜也。夫志之载事,如鉴之示影也。径寸之鉴,体具而微,盈尺以上,形之舒展,亦称是矣。未有至于穷而无所置其影者也。

州县之志,尽勒谱牒矣,官人取士之祖贯,可稽检也。争为人后之狱讼,可平反也。私门不经之纪载,可勘正也。官府谱牒之讹误,谱牒之在官者。可藉雠也。藉私家之谱,较官谱,藉他县之谱,较本县,皆可也。清浊流品可分也,姻穆孝友可劝也,凡所以助化理而惠士民者,于此可得其要略焉。

先王锡土分姓,以地著人,何尝以人著地哉! 封建罢,而人不土著矣。然六朝郡望,问谢而知为阳夏,问崔而知为清河,是则人户以籍为定,而坊表都里不为虚设也。至于梅里、郑乡,则又人伦之望,而乡里以人为隐显者也。是以氏族之表,一以所居之乡里为次焉。

先城中,一县所主之地也。次东,次南,而后西乡焉,北则无而缺之,记其实也。城内先北街而后南街,方位北上而南下,城中方位有定者也。四乡先东南而后西北,《禹贡》先青、兖,次扬、荆,而殿梁、雍之指也。然亦不为定例,就一县之形势,无不可也。

凡为士者,皆得立表,而无谱系者阙之。子孙无为士者不入;而昆弟则非士亦书,所以定其行次也。为人后者,录于所后之下,不复详其所生;志文从略,家谱自可详也。寥寥数人,亦与入谱,先世失考,亦著于篇。盖私书易失,官谱易存,急为录之,庶后来可以详定,兹所谓先示之例焉耳。

私谱自叙官阶封赠,讹谬甚多,如同知通判称分府,守备称守府,犹徇流俗所称也。锦衣千户,则称冠带将军,或御前将军,或称金吾,则鄙倍已甚,使人不解果为何官也。今并与较明更正。又谱中多称省祭官者,不解是何名号,今仍之,而不入总计官数云。

《永清县志·舆地图》序例

史部要义,本纪为经,而诸体为纬。有文辞者,曰书曰传;无文辞者,曰表曰图;虚实相资,详略互见,庶几可以无遗憾矣。昔司马氏创定百三十篇,但知本周谱而作表,不知溯夏鼎而为图,遂使古人之世次年月,可以推求;而前世之形势名象,无能踪迹;此则学《春秋》,而得其谱历之义;未知溯《易》象而得其图书之通也。夫列传之需表而整齐,犹书志之待图而明显也。先儒尝谓表阙而列传不得不繁;殊不知其图阙而书志不得不冗也。呜呼!马、班以来,二千年矣，曾无创其例者，此则穷源竟委，深为百三十篇惜矣。

郑樵《图谱》之略，自谓独得之学，此特为著录书目，表章部次之法尔。其实史部鸿裁，兼收博采，并存家学，以备遗忘，樵亦未能见及此也。且如《通志》，纪传悉仍古人，以表为谱，改志称略，体亦可为备矣。如何但知收录《图谱》之目，而不知自创图体，以补前史之所无；以此而傲汉、唐诸儒所不得闻，宁不愧欤！又樵录《图谱》，自谓部次，专则易存，分则易失，其说似矣。然今按以樵之部目，依检前代之图，其流亡散失，正复与前不甚相远。然则专家之学，不可不入史氏鸿编，非仅区区著于部录，便能保使无失也。司马迁有表，而周谱遗法，至今犹存；任宏录图，郑樵云："任宏校兵书，有书有图，其法可谓善矣。"而汉家仪制，魏、晋已不可考，则争于著录之功小，创定史体之功大，其理易明也。

史不立表，而世次年月，犹可补缀于文辞；史不立图，而形状名象，必不可旁求于文字。此耳治目治之所以不同，而图之要义，所以更甚于表也。古人口耳之学，有非文字所能著者，贵其心领而神会也。至于图象之学，又非口耳之所能授者，贵其目击而道存也。以郑康成之学，而凭文字以求，则娑尊诘为凤舞；至于凿背之牺既出，而王肃之义长矣。以孔颖达之学，而就文义以解江源出自岷山；至金沙之道既通，而《缅志》之流远矣。此无他，一则困于三代图亡；一则困于班固《地理》无图学也。《地理志》自班固始，故专责之。虽有好学深思之士，读史而不见其图，未免冥行而擿埴矣。

唐、宋州郡之书，多以图经为号；而地理统图，起于萧何之收图籍。是图之存于古者，代有其书，而特以史部不收，则其力不能孤行于千古也。且其为体也，无文辞可以诵习，非纂辑可以约收；事存专家之学，业非文士所能，史部不与编摩，则再传而失其本矣。且如《三辅黄图》、《元和图志》，今俱存书亡图，是岂一朝一夕故耶！盖古无镌木印书，图学难以摩画；而竹帛之体繁重，则又难家有其编。马、班专门之学，不为裁定其体，而后人溯流忘源，宜其相率而不为也。解经多舛，而读史如迷，凡以此也。

近代方志，往往有图，而不闻可以为典则者，其弊有二：一则逐于景物，而山水摩画，工其绘事，则无当于史裁也。一则厕于序目凡例，而视同弁髦，不为系说命名，厘定篇次，则不可以立体也。夫表有经纬而无辞说，图有形象而无经纬，皆为书志列传之要删；而流俗相沿，苟为悦人耳目之具矣。则传之既久，欲望如《三辅黄图》、《元和图志》之犹存文字，且不可得，而况能补马、班之不逮，成史部之大观也哉！

图体无经纬，而地理之图，则亦略存经纬焉。孟子曰："行仁政，必自经界始。"《释名》曰："南北为经，东西为纬。"地理之求经纬尚已。今之州县舆图，往往即楮幅之广狭，为图体之舒缩，此则丹青绘事之故习，而不可入于史部之通裁也。今以开方计里为经，而以县乡村落为纬，使后之阅者，按格而稽，不爽铢黍，此图经之义也。

《永清县志·建置图》序例

《周官》象魏之法，不可考矣。后世《三辅黄图》及《洛阳

宫殿》之图，则都邑宫室之所由仿也。建章宫千门万户，张
华遂能历举其名，郑樵以为观图之效，而非读书之效，是则
建制之图，所系岂不重欤？朱子尝著《仪礼释宫》，以为不得
其制，则仪节度数，无所附著。盖古今宫室异宜，学者求于
文辞而不得其解，则图阙而书亦从而废置矣。后之视今，亦
犹今之视古，城邑衙廨，坛壝祠庙，典章制度，社稷民人所由
重也。不为慎著其图，则后人观志，亦不知所向往矣。迁、
固以还，史无建置之图，是则元、成而后，明堂太庙，所以纷
纷多异说也。

邵子曰："天道见乎南而潜乎北，是以人知其前，而昧其
后也。"夫万物之情，多背北而向南，故绘图者，必南下而北
上焉。山川之向背，地理之广袤，列之于图，犹可北下而南
上，然而已失向背之宜矣。庙祠衙廨之建置，若取北下而南
上，则檐额门扉，不复有所安处矣。华亭黄氏之隽执八卦之
图，乾南居上，坤北居下，因谓凡图俱宜南上者，是不知
《河》、《洛》、先、后《天图》，至宋始著，误认为古物也。且理
数之本质，从无形而立象体，当适如其本位也。山川宫室，
以及一切有形之物，皆从有象而入图，必当作对面观而始肖
也。且如绘人观八卦图，其人南面而坐，观者当北面矣。是
八卦图则必南下北上，此则物情之极致也。无形之理，如日
临檐，分寸不可逾也；有形之物，如鉴照影，对面则互易也。
是图绘必然之势也。彼好言尚古，而不知情理之安，则亦不
可以论著述矣。

建置所以志法度也，制度所不在，则不入于建置矣。近

代方志,或入古迹,则古迹本非建而置之也;或入寺观,则寺观不足为建置也。旧志之图,不详经制,而绘八景之图,其目有曰:《南桥秋水》,《三塔春虹》,《韩城留角》,《汉庙西风》,《西山叠翠》,《通镇鸣钟》,《灵泉鼓韵》,《雁口声嚱》。命名庸陋,构意勉强,无所取材,故志中一切削去,不留题咏,所以严史体也。且如风月天所自有,春秋时之必然,而强叶景物,附会支离,何所不至?即如一室之内,晓霞夕照,旭日清风,东西南北,触类可名,亦复何取?而今之好为题咏,喜竞时名,日异月新,逐狂罔觉,亦可已矣。

《永清县志·水道图》序例

史迁为《河渠书》,班固为《沟洫志》,盖以地理为经,而水道为纬;地理有定,而水则迁徙无常,此班氏之所以别《沟洫》于《地理》也。顾河自天设,而渠则人为,迁以《河渠》定名,固兼天险人工之义;而固之命名《沟洫》,则考工水地之法,并田浍畎所为,专隶于匠人也。不识四尺为洫,倍洫为沟,果有当于瓠子决河,碣石入海之义否乎?然则诸史标题,仍马而不依班,非无故矣。

河为一渎之名,与江、汉、淮、济等耳。迁书之目《河渠》,盖汉代治河之法,与郑、白诸渠缀合而名,未尝及于江、淮、汶、泗之水,故为独蒙以河号也。《宋》、《元》诸史,概举天下水利,如汴、洛、漳、蔡、江、淮圩闸,皆存其制,而其目亦为河渠,且取北条诸水,而悉命为河,不曰汴而曰汴河,不曰洛而曰洛河之类,不一而足。则几于饮水而忘其源矣!《水经》称诸水,无以河字作统名者。夫以一渎之水,概名天下穿渠之制,包罗陂闸,虽曰命名从古,未免失所变通矣。孟子曰:"禹之治水,水之道也。"倘以水为统名,而道存制度,标题入志,称为水道,不差愈乎?

永定河名,圣祖所锡,浑河、芦沟,古已云然,题为河渠,是固宜矣。然减水、哑吧诸水,未尝悉入一河,则标以水道,而全县之水,皆可概其中矣。

地理之书,略有三例,沿革、形势、水利是也。沿革宜表,而形势水利之体宜图。俱不可以求之文辞者也。迁、固以来,但为书志而不绘其图,是使读者记诵,以备发策决科之用尔。天下大势,读者了然于目,乃可豁然于心。今使论事甚明,而行之不可以步,岂非徇文辞而不求实用之过欤!

地名之沿革,可以表治;而水利之沿革,则不可以表治也。盖表所以齐名目而不可以齐形象也;图可得形象,而形象之有沿革,则非图之所得概焉。是以随其形象之沿革,而各为之图,所以使览之者,可一望而周知也。《禹贡》之纪地理,以山川为表,而九州疆界,因是以定所至。后儒遂谓山川有定,而疆界不常,此则举其大体而言之也。永定河形屡徙,往往不三数年,而形势即改旧观,以此定界,不可明也。今以村落为经,而开方计里,著为定法;河形之变易,即于村落方里表其所经,此则古人互证之义也。

志为一县而作,水之不隶于永清者,亦总于图,此何义耶?所以明水之源委,而见治水者之施功有次第也。班史止记西京之事,而《地理》之志,上溯《禹贡》、《周官》,亦见源委之有所自耳。然而开方计里之法，沿革变迁之故，止详于永清，而不复及于全河之形势，是主宾轻重之义。滨河州县，皆仿是而为之，则修永定河道之掌故，盖秩如焉。

《永清县志·六书》例议

史家书志一体，古人官礼之遗也。周礼在鲁，而《左氏春秋》，典章灿著，不能复备全官，则以依经编年，随时错见，势使然也。自司马八书，孟坚十志，师心自用，不知六典之文，遂使一朝大典，难以纲纪。后史因之，而详略弃取，无所折衷，则弊之由来，盖已久矣。

郑樵尝谓书志之原，出于《尔雅》。彼固特著《六书》、《七音》、《昆虫草木》之属，欲使经史相为经纬，此则自成一家之言可也。若论制作，备乎官礼，则其所谓《六书》、《七音》，名物训诂，皆本司徒之属，所谓师氏保氏之官，是其职矣。而大经大法，所以纲纪天人，而敷张王道者，《尔雅》之义，何足以尽之？官礼之义，大则书志不得系之《尔雅》，其理易见者也。

宇文仿《周官》，唐人作六典，虽不尽合乎古，亦一代之章程也。而牛宏、刘昫之徒，不知挈其纲领，以序一代之典章，遂使会要、会典之书，不能与史家之书志合而为一，此则不可不深长思者也。

古今载籍，合则易存，分则难恃。如谓掌故备于会要、会典，而史中书志，不妨意存所重焉，则《汉志》不用汉官为纲领，而应劭之《仪》，残缺不备；《晋志》不取晋官为纲领，而徐宣瑜之《品》,徐氏有《晋官品》。亡逸无存。其中大经大法,因是而不可窥其全体者,亦不少矣。且意存所重,一家私言,难为典则;若文章本乎制作,制作存乎官守,推而至于其极,则立官建制,圣人且不以天下为己私也;而载笔之士,又安可以己之意见为详略耶!

书志之体宜画一,而史家以参差失之。列传之体本参差,而史家以画一失之。典章制度,一本官礼,体例本截然也。然或有《天官》而无《地理》,或分《礼》、《乐》而合兵《刑》,不知以当代人官为纲纪,其失则散。列传本乎《春秋》,原无定式,裁于司马,略示区分,抑扬咏叹,予夺分合,其中有《春秋》之直笔,亦兼诗人之微婉,难以一概绳也。后史分别门类,整齐先后,执泥官阀,锱铢尺寸,不敢稍越,其失则拘。散也,拘也,非著作之通裁也。

州县修志,古者侯封,一国之书也。吏户兵刑之事,具体而微焉。今无其官而有吏,是亦职守之所在,掌故莫备于是,治法莫备于是矣。且府史之属,《周官》具书其数,会典亦存其制。而所职一县之典章,实兼该而可以为纲领,惟其人微,而缙绅所不道,故志家不以取裁焉。然有入境而问故,舍是莫由知其要,是以书吏为令史,首领之官曰典史;知令史典史之史,即纲纪掌故之史也,可以得修志之要义矣。

今之州县,繁简异势。而掌故令史,因事定制,不尽皆吏户兵刑之六曹也。然就一县而志其事,即以一县之制定其书,且举其凡目,而愈可以见一县之事势矣。案牍簿籍无文章,而一县之文章,则必考端于此,常人日用而不知耳。

今为挈其纲领,修明其书,使之因书而守其法度,因法而明其职掌,于是修其业而传授,得其人焉,古人所谓书契易而百官治,胥是道也。

或谓掌故之书,各守专官,连床架屋,书志之体所不能该,是以存之会典会要,而史志别具心裁焉,此亦不可谓之知言也。《周官》挈一代之大纲,而《仪礼》三千,不闻全入《春官》;《司马法》六篇,不闻全入《夏官》。然存宗伯司马之职掌,而礼兵要义,可以指掌而谈也。且如马作《天官》,而太初历象不尽见于篇籍也。班著《艺文》,而刘歆《七略》不尽存其论说也。史家约取掌故,以为学者之要删,其与专门成书,不可一律求详,亦其势也。既不求详,而又无纲纪以统摄之,则是散漫而无法也。以散漫无法之文,而欲部次一代之典章,宜乎难矣。

或谓求掌故于令史,而以吏户兵刑为纲领,则纪表图书之体不可复分也。如选举之表,当入吏书;河道之图,当入工书。充类之尽,则一志但存六书而已矣!何以复分诸体也?此亦不可谓之知言也。古人著书,各有义类,义类既分,不可强合也。司马氏本周谱而作表,然谱历之书,掌之太史,而旁行斜上之体,不闻杂入六典之中。盖图谱各有专书,而书志一体,专重典章与制度,自宜一代人官为统纪耳。非谓专门别为体例之作,皆杂其中,乃称隳括也。且如六艺皆周官所掌,而《易》不载于太卜,《诗》不载于太师,然三《易》之名,未尝不见于太卜;而四《诗》之目,则又未尝不著于太师也,是其义矣。

六卿联事,交互见功,前人所以有《冬官》散在五典之疑也。州县因地制宜,尤无一成之法,如丁口为户房所领,而编户烟册,乃属刑房;以烟册非赋丁,而立意在诘奸也。武生武举隶兵部,而承办乃在礼房;以生员不分文武,皆在学校,而学校通于贡举也。分合详略之间,求其所以然者而考之,何莫非学问耶!

《永清县志·政略》序例

近代志家,以人物为纲,而名宦、乡贤、流寓诸条,标分为目,其例盖创于元、明之一统志,而部府州县之国别为书,亦用统志类纂之法,可为失其体矣。夫人物之不当类纂,义例详于列传首篇;名宦之不当收于人物,则未达乎著述体裁,而因昧于权衡义理者也。古者侯封世治,列国自具春秋,_{羊舌肸《晋春秋》,墨子所引《燕春秋》}。则君临封内,元年但奉王正而已。至封建罢而郡县,守令承奉诏条,万里之外,亦如畿内守土之官,《甘棠》之咏召公,郑人之歌子产,马、班《循吏》之传,所以与时为升降也。若夫正史而外,州部专书,古有作者,义例非无可绎,梁元帝有《丹阳尹传》,_{《隋志》凡十卷}。贺氏有《会稽太守赞》,_{《唐志》凡二卷}。唐人有《成都幕府记》,_{《唐志》凡二卷,起贞元,讫咸通}。皆取莅是邦者,注其名迹。其书别出,初不与《广陵烈士传》,_{华隔撰,见《隋志》}。《会稽先贤传》,_{谢承撰,见《隋志》}。《益部耆旧传》,_{陈寿撰,见《隋志》}。猥杂登书。是则棠阴长吏,与夫梓里名流,初非类附云龙,固亦事同风马者也。

　　叙次名宦,不可与乡贤同为列传,非第客主异形,抑亦详略殊体也。长吏官于斯土,取其有以作此一方,兴利除弊,遗德在民,即当尸而祝之;否则学类颜、曾,行同连、惠,于县无补,志笔不能越境而书,亦其理也。如其未仕之前,乡评未允;去官之后,晚节不终,苟为一时循良,便纪一方善政,吴起杀妻,而效奏西河,于志不当追既往也;黄霸为相,而誉减颍川,于志不逆其将来也。以政为重,而他事皆在所轻,岂与斯土之人,原始要终,而编为列传者,可同其体制欤!

　　旧志于职官条下,备书政迹;而名宦仅占虚篇,惟于姓名之下,注云事已详前而已。是不但宾主倒置,抑亦未辨于褒贬去取,全失《春秋》之据事直书也。夫选举为人物之纲目,犹职官为名宦之纲目也。选举职官之不计贤否,犹名宦人物之不计崇卑;例不相侔,而义实相资也。选举有表,而列传无名;与职官有表,而政略无志,观者依检先后,责实循名,语无褒贬,而意具抑扬,岂不可为后起者劝耶?

　　列传之体缛而文,政略之体直而简,非载笔有殊致,盖事理有宜然也。列传包罗巨细,品藻人物,有类从如族,有分部如井。变化不拘,《易》之象也;敷道陈谟,《书》之质也;抑扬咏叹,《诗》之旨也;繁曲委折,《礼》之伦也;比事属辞,《春秋》之本义也。具人伦之鉴,尽事物之理,怀千古之志,撷经传之腴,发为文章,不可方物。故马、班之才,不尽于本纪、表、志,而尽于列传也。至于《政略》之体,义取谨严,意存补救;时世拘于先后,纪述要于经纶。盖将峻洁其体,可以临莅邦人,冠冕列传。经纬错综,主在枢纽,是固难为文士言也。

古人有经无纬之书,大抵名之以略。裴子野取沈约《宋书》而编年称《略》,亦其例也。而刘知幾讥裴氏之书名略,而文不免烦,斯亦未达于古人之旨矣。《黄石》、《淮南》《黄石公三略》、《淮南子要略》。诸子之篇也;张温、鱼豢,张温《三史略》,鱼豢《典略》。史册之文也。其中亦有谟略之意,何尝尽取节文为义欤!

循吏之迹,难于志乡贤也。治有赏罚,赏罚出而恩怨生,人言之不齐,其难一也。事有废兴,废兴异而难易殊,今昔之互视,其难二也。官有去留,非若乡人之子姓具在,则迹远者易湮,其难三也。循吏悃愊无华,巧宦善于缘饰,去思之碑,半是愧辞;颂祝之言,难征实迹,其难四也。擢当要路,载笔不敢直道;移治邻封,瞻顾岂遂无情?其难五也。世法本多顾忌,人情成败论才;偶遭挂误弹章,便谓其人不善,其难六也。旧志纪载无法,风尘金石易湮,纵能粗举大凡,岁月首趾莫考,其难七也。知其难,而不敢不即闻见以存其涯略,所以穷于无可如何,而益致其慎尔。

列传首标姓名,次叙官阀,史文一定之例也。政略以官标首,非惟宾主之理宜然,抑亦顾名思义之旨,不可忽尔。旧志以知县县丞之属,分类编次,不以历官先后为序,非政略之意,故无足责也。

《永清县志·列传》序例

传者,对经之称,所以转授训诂,演绎义蕴,不得已而笔之于书者也。左氏汇萃宝书，详具《春秋》终始，而司马氏以人别为篇，标传称列，所由名矣。经旨简严，而传文华美，于是文人沿流忘源，相率而撰无经之传，则唐、宋文集之中，所以纷纷多传体也。近人有谓文人不作史官，于分不得撰传。夫以绎经之题，逐末遗本，折以法度，彼实无辞；而乃称说史官，罪其越俎。使彼反唇相讥，以谓公、穀非鲁太史，何以亦有传文？则其人当无说以自解也。且使身为史官，未有本纪，岂遽可以为列传耶？此传例之不可不明者也。

无经之传，文人之集也；无传之经，方州之志也。文集失之艳而诬，方志失之短而俗矣。自获麟绝笔以来，史官不知百国宝书之义，州郡掌故，名曰图经；历世既久，图亡而经孤，传体不详，其书遂成瓠落矣。乐史《寰宇记》袭用《元和志》体，而名胜故迹，略存于点缀。其后元、明《一统志》，遂以人物、列女、名宦、流寓诸目，与山川、祠墓，分类相次焉，此则地理专门，略具类纂之意，以供词章家之应时取给尔，初不以是为重轻者也。阎若璩欲去《一统志》之人物门，此说似是，其实此等亦自无伤，古人亦不尽废也，盖此等处原不关正史体裁也。州县之志，本具一国之史裁，而撰述者，转用一统类纂之标目，岂曰博收以备国史之约取乎？

列传之有题目，盖事重于人，如《儒林》、《循吏》之篇，初不为施、孟、梁、邱、龚、黄、卓、鲁诸人而设也。其余人类之不同，奚翅什百倍蓰而千万，必欲尽以二字为标题，夫子亦云，方人，"我则不暇"矣。欧阳《五代》一史，尽人皆署其品目，岂所语于《春秋》经世，圣人所以议而不断哉！方州之志,删取事略,区类以编,观者索然,如窥点鬼之簿。至于名贤烈女,别有状志传铭,又为分裂篇章,别著艺文之下。于是无可奈何,但增子注,此云详见某卷,彼云已列某条,复见叠出,使人披阅为劳,不识何故而好为自扰也。此又志家列传之不可不深长思者也。

近代之人,据所见闻,编次列传,固其宜也。伊古有人,已详前史,录其史传正文,无所更易,抑亦马、班递相删述,而不肯擅作聪明之旨也。虽然,列史作传,一书之中,互为详略,观者可以周览而知也。是以《陈余传》中,并详张耳之迹;管、晏政事,备于太公之篇,其明验也。今既裁史以入志,犹仍列传原文,而不采史文之互见,是何以异于锲彼舟痕,而求我故剑也。

史文有讹谬,而志家订正之,则必证明其故,而见我之改易,初非出于得已也,是亦时世使然。故司马氏《通鉴考异》,不得同马、班之自我作古也。至于史文有褒贬,《春秋》以来,未有易焉者也。乃撰志者,往往采其长而讳所短,则不如勿用其文,犹得相忘于不觉也。志家选史传以入艺文,题曰某史某人列传矣。按传文而非其史意也,求其所删所节之故,而又无所证也,是则欲讳所短,而不知适以暴之矣。

史传之先后,约略以代次,否则屈、贾、老、庄之别有命意也。比事属辞,《春秋》之教也;比兴于是存焉尔。疏通知远,《尚书》之教也;象变亦有会焉尔。为列传而不知神明存乎人,是则为人作自陈年甲状而已矣!

《永清县志·列女列传》序例

列女之传，传其幸也。史家标题署目之传，儒林、文苑、忠义、循良，及于列女之篇，莫不以类相次，盖自蔚宗、伯起以还，率由无改者也。第儒林文苑，自有传家；忠义循良，勒名金石，且其人世不数见，见非一端，太史搜罗，易为识也。贞女节妇，人微迹隐，而纲维大义，冠冕人伦；地不乏人，人不乏事，辐轩远而难采，舆论习而为常。不幸不值其时，或值其时而托之非人，虽有高行奇节，归于草木同萎，岂不惜哉！永清旧志，列女姓氏寥寥；复按其文，事实莫考，则托非其人之效也。旧志留青而后，新编未辑以前，中数十年，略无可纪，则值非其时之效也。今兹博采广询，备详行实，其得与于列传，兹非其幸欤？幸其遇，所以深悲夫不遇者也！

列女之名，仿于刘向，非烈女也。曹昭重其学，使为丈夫，则儒林之选也；蔡琰著其才，使为丈夫，则文苑之材也。刘知幾讥范史之传蔡琰，其说甚谬，而后史奉为科律，专书节烈一门；然则充其义例，史书男子，但具忠臣一传足矣。是之谓不知类也。永清列女，固无文苑儒林之选，然而夫死在三十内，行年历五十外，中间嫠处，亦必满三十年；不幸夭亡，亦须十五年后，与夫四十岁外，律令不得不如是尔。妇德之贤否，不可以年律也。穆伯之死，未必在敬姜三十岁前；杞梁妻亡，未必去战莒十五年后也。以此推求，但核真伪，不复拘岁年也。州县之书，密迩而易于征实，非若律令之所包者多，不得不存限制者也。

迁、固之书，不著列女，非不著也。巴清叙于《货殖》，文君附著相如，唐山之入《艺文》，缇萦之见《刑志》。或节或孝，或学或文，磊落相望；不特杨敞之有智妻，买臣之有愚妇也。盖马、班法简，尚存《左》、《国》余风，不屑屑为区分类别，亦犹四皓、君平之不标隐逸，邹、枚、严、乐之不署文苑也。李延寿《南》、《北》二史，同出一家，《北史》仍《魏》、《隋》之题，特著《列女》；《南史》因无列女原题，乃以萧矫妻羊以下，杂次《孝义》之篇；遂使一卷之中，男女无所区别，又非别有取义，是直谓之缪乱而已，不得妄托于马、班之例也。至于类族之篇，亦是世家遗意。若王、谢、崔、卢孙曾支属，越代同篇。王、谢、崔、卢，本史各分朝代，而李氏合为一处也。又李氏之寸有所长，不可以一疵而掩他善也。今以《列女》之篇，自立义例，其牵连而及者，或姑年迈而有懿德，或子妇齿稚而著芳型，并援刘向之例，刘向之例，《列女》乃罗列女行，不拘拘为节烈也。姑妇相附，又世家遗意也。一并联编，所谓人弃而我取者也。其或事系三从，行详一族，虽是贞节正文，亦为别出门类，如刘氏守节，而归义门列传之类。庶几事有统贯，义无枝离，不拘拘以标题为绳，犹得《春秋》家法，是又所谓人合而我分者也。

范史列传之体，人自为篇，篇各为论，全失马、班合传师法《春秋》之比事属辞也。马、班分合篇次，具有深意，非如范史之取足成卷而已。故《前汉书》于简帙繁重之处，宁分上中下而仍为一篇，不肯分其篇为一二三也。至于《列女》一篇，叙例明云，不专一操矣。自叙云："录其高秀，不专一操而已。"乃杂次为编，不为分别置论，他传往往一人事毕，便立论断，破坏体裁。此处当分，反无论断。抑何相反，而各成其误耶？今志中列传，不敢妄意分合，破体而作论赞，惟兹《列女》一篇，参用刘向遗意，刘传不拘一操，每人各为之赞。

各为论列,抑亦诗人咏叹之义云尔。其事属平恒,义无特著,则不复缀述焉。

太史标题,不拘绳尺,传首直称张廷尉、李将军之类。盖《春秋》诸子,以意命篇之遗旨也。至班氏列传,而名称无假藉矣。范史列传,皆用班传书法,而《列女》一篇,章首皆用郡望夫名。既非地理之志,何以地名冠首?又非男子之文,何必先出夫名?是已有失《列女》命篇之义矣!当云某氏某郡某人之妻,不当云某郡某人妻某也。至于曹娥、叔先雄二女,又以孝女之称,揭于其上,何蔚宗之不惮烦也?篇首既标《列女》,曹昭不闻署贤母也;蔡琰不闻署才女也;皇甫不闻称烈妇也;庞氏不闻称孝妇也。是则娥、雄之加藻饰,又岂《春秋》据事直书、善恶自见之旨乎?末世行文,至有叙次列女之行事,不书姓氏,而直以贞女节妇二字代姓名者,何以异于科举制义,破题人不称名,而称圣人、大贤、贤者、时人之例乎?是则蔚宗实阶之厉也。今以女氏冠章,而用夫名父族次于其下,且详书其村落,以为后此分乡析县之考征,其贞烈节孝之事,观文自悉,不复强裂题目,俾览者得以详焉。妇人称姓,曰张曰李可也,今人不称节妇贞女,即称之曰氏,古人无此例也。称其节妇贞女,是破题也,称之谓氏,是呈状式也。

先后略以时代为次,其出于一族者合为一处。时代不可详者,亦约略而附焉。

无事可叙,亦必详其婚姻岁月,及其见存之年岁者,其所以不与人人同面目,惟此区区焉耳。噫!人且以是为不惮烦也。其有不载年岁者,询之而不得耳。

《永清县志·阙访列传》序例

史家阙文之义，备于《春秋》。两汉以还，伏、郑传经，马、班著史；经守师说，而史取心裁，于是六艺有阙简之文，而三传无互存之例矣。_{公、榖异闻，不著于左氏，左氏别见，不存于公、榖。}夫经尊而传别其文，故入主出奴，体不妨于并载；史直而语统于一，则因削明笔，例不可以兼存，固其势也。司马氏肇法《春秋》，创为纪传，其于传闻异辞，折衷去取，可为慎矣。顾石室金匮，方策留遗，名山大川，见闻增益，其叙例所谓疑者阙之，与夫古文乖异，以及书阙有间，其轶时时见于他说云云者，但著所取，而不明取之之由，自以为阙，而不存阙之之说，是则厕足而致之黄泉，容足之外，皆弃物矣。夫子曰："多闻阙疑，慎言其余。"闻欲多而疑存其阙，慎之至也。马、班而下，存其信而不著所疑以待访，是直所谓疑者削之而已矣，又复何阙之有哉？

阙疑之例有三：有一事两传，而难为衷一者，《春秋》书陈侯鲍卒，并存甲戌己丑之文是也。有旧著其文，而今亡其说者，《春秋》书夏五郭公之法是也。有慎书闻见，而不自为解者，《春秋》书恒星不见，而不言恒星之陨是也。韩非《储说》比次春秋时事，凡有异同，必加或曰云云，而著本文之下，则甲戌己丑之例也。孟子言献子五友，而仅著二人，则郭公夏五之例也。《檀弓》书马惊败绩，而不书马中流矢，是恒星不见之例也。马、班以还，书闻见而示意者，盖有之矣。一事两书，以及空存事目者，绝无闻焉。如谓经文得传而明，史笔不便于自著，而自释则别存篇目，而明著阙疑以俟访,未见体裁之之有害也。

史无阙访之篇,其弊有十:一己之见,折衷群说,稍有失中,后人无由辨正,其弊一也。才士意在好奇,文人义难割爱,猥杂登书,有妨史体;削而不录,又阙情文,其弊二也。传闻必有异同,势难尽灭其迹,不为叙列大凡,则稗说丛言,起而淆乱,其弊三也。初因事实未详,暂置不录;后遂阙其事目,等于入海泥牛,其弊四也。载籍易散难聚,不为存证崖略,则一时之书,遂与篇目俱亡,后人虽欲考求,渊源无自,其弊五也。一时就所见闻,易为存录;后代蜻蜒补缀,辞费心劳,且又难以得实,其弊六也。《春秋》有口耳之受,马、班有专家之学,史宗久失,难以期之马氏外孙,班门女弟,不存阙访,遂致心事难明,其弊七也。史传之立意命篇,如《老庄》、《屈贾》是也。标题类叙,如《循吏》、《儒林》是也。是于史法,皆有一定之位置,断无可缀之旁文,凡有略而不详,疑而难决之事,不存阙访之篇,不得不俯著于正文之内,类例不清,文辞难称粹洁,其弊八也。开局修书,是非哄起,子孙欲表扬其祖父,朋党各自逞其所私;苟使金石无征,传闻难信,不立阙访,以杜请谒,如云事实尚阙,而所言既有如此,谨存其略,而容后此之参访,则虽有偏心之人,亦无从起争端也。无以谢绝一偏之言,其弊九也。史无别识心裁,便如文案孔目;苟具别识心裁,不以阙访存其补救,则才非素王,笔削必多失平,其弊十也。

或谓史至马、班极矣,未闻有如是之詹詹也。今必远例《春秋》而近祧《史》、《汉》,后代史家亦有见及于此者乎?答曰：后史皆宗《史》、《汉》，《史》、《汉》未具之法，后人以意创之，大率近于类聚之书，皆马、班之吐弃而不取者也。夫以步趋马、班，犹恐不及，况能创意以救马、班之失乎！然有窥见一二，而微存其意者，功亦不可尽诬也。陈寿《蜀志》，以诸葛不立史官，蜀事穷于搜访，因于十五列传之末，独取杨戏《季汉辅臣赞》与《益部耆旧杂记》以补之。常璩《华阳国志》，以汉中士女，有名贤贞节，历久相传，而遗言轶事，无所考见者，《序志》之篇，皆列其名，而无所笔削，此则似有会于多闻阙疑之旨者。惜其未能发凡起例，特著专篇，后人不暇搜其义蕴，遂使独断之学与比类之书，接踵于世，而《春秋》之旨微矣。

近代府县志书，例编人物一门，厕于山川、祠墓、方物、土产之间，而前史列传之体，不复致思焉。其有丰功伟绩，与夫潜德幽光，皆约束于盈寸之节略，排纂比次，略如类书；其体既衰，所收亦猥滥而无度矣。旧志所载，人物寥寥，而称许之间，漫无区别，学皆伏、郑，才尽班、扬，吏必龚、黄，行惟曾、史，且其文字之体，尤不可通；或如应酬肤语，或如案牍文移，泛填排偶之辞，间杂帖括之句，循名按实，开卷茫然。凡若此者，或是乡人庸行，请托滥收；或是当日名流，失传事实。削之则九原负屈，编之则传例难归。又如一事两说，参差异同，偏主则褒贬悬殊，并载则抑扬无主，欲求名实无憾，位置良难。至于近代之人，开送事迹，俱为详询端末，纤悉无遗，具编列传之中，曾无时世之限。其间亦有姓氏可闻，实行莫著，滥收比类之册，或可奄藏；入诸史氏体裁，难

相假藉。今为别裁阙访，同占列传之篇；各为标目，可与正
载诸传，互相发明，是用叙其义例，以待后来者之知所审定
云尔。

《永清县志·前志列传》序例

　　史家著作成书，必取前人撰述，汇而列之，所以辨家学
之渊源，明折衷之有自也。司马谈推论六家学术，犹是庄生
之叙禽、墨，荀子之非十二家言而已。至司马迁《十二诸侯
表叙》，则于《吕览》、虞卿、铎椒、左丘明诸家，所为《春秋》家
言，反复推明著书之旨，此即百三十篇所由祖述者也。史迁绍
述《春秋》即虞、吕、铎、左之意，人讥其僭妄非也。班固作迁列传，范氏
作固列传，家学具存。至沈约之传范氏，姚氏之传沈约，不
以史事专篇为重，于是史家不复有祖述渊源之法矣。今兹
修志，而不为前志作传，是直攘人所有，而没其姓名，又甚于
沈、姚之不存家学也。盖州县旧志之易亡，又不若范史沈书
之力能自寿也。

　　纪述之重史官，犹《儒林》之重经师，《文苑》之重作者
也。《儒林列传》当明大道散著，师授渊源；《文苑列传》当明
风会变迁，文人流别。此则所谓史家之书，非徒纪事，亦以
明道也。如使《儒林》、《文苑》不能发明道要，但叙学人才士
一二行事，已失古人命篇之义矣。况史学之重，远绍《春
秋》，而后史不立专篇，乃令专门著述之业，湮而莫考，岂非
史家弗思之甚耶？夫列史具存，而不立专传，弊已如是。况
州县之书，迹微易隐，而可无专录乎？

书之未成,必有所取裁,如迁史之资于《世本》《国策》,固书之资于冯商、刘歆是也。书之既成,必有其传述,如杨恽之布迁书,马融之受汉史是也。书既成家,必有其攻习,如徐广、崔骃之注马,伏虔、应劭之释班是也。此家学渊源之必待专篇列传而明者也。

马、班而后,家学渐衰,世传之家学也。而豪杰之士,特立名家之学起,如《后汉书》之有司马彪、华峤、谢承、范蔚宗诸家,而《晋书》之有何法盛等一十八家是也。同纪一朝之迹,而史臣不领专官,则人自为编,家各为说,不为叙述讨论,萃合一篇之内,何以得其折衷,此诸家流别之必待专篇列传而明者也。

六代以还,名家复歇,父子世传为家学,一人特撰为名家。而集众修书之法行,如唐人之修《晋书》,元人之修《宋》、《辽》、《金》三史是也。监修大臣,著名简端,而编纂校勘之官,则隐显不一。即或偶著其人与修史事,而某纪某表,编之谁氏?某志某传,辑自何人?孰为草创规条?孰为润色文采?不为整齐缀合,各溯所由,未免一书之中,优劣互见,而功过难知。此一书功力之必待专篇列传而明者也。

若夫日历起居之法,延阁广内之藏,投牒议谥之制,稗官野史之征,或于传首叙例,详明其制;或于传终论述,推说其由,无施不可,亦犹儒林传叙,申明学制,表立学官之遗意也。诚得此意,而通于著作,犹患史学不举,史道不明,未之闻也。

志乘为一县之书,即古者一国之史也。而世人忽之,则以家学不立,师法失传,文不雅驯,难垂典则故也。新编告成而旧书复瓬,未必新书皆优,而旧志尽劣也。旧志所有,新志重复载之;其笔削之善否,初未暇辨;而旧志所未及载,新志必有增益,则旧志之易为厌弃者一矣。纂述之家,喜炫己长;后起之书,易于攻摘;每见修志诸家,创定凡例,不曰旧书荒陋,则云前人无稽;后复攻前,效尤无已。其实俎公颠倒三四,本无大相径庭;但前人已往,质证无由,则旧志之易为厌弃者二矣。州县之书,率多荒陋,文人学士,束而不观。其有特事搜罗,旁资稽索,不过因此证彼,初非耽悦本书;新旧二本,杂陈于前,其翻阅者,犹如科举之士,购求程墨,阴阳之家,检视宪书,取新弃旧,理势固然,本非有所持择,则旧志之易为厌弃者三矣。夫索绥《春秋》,_{索绥撰《前凉春秋》。}端资边浏,_{浏承张骏之命集《凉内外事》。}常璩《国志》,_{《华阳国志》也。}半袭谯周,_{《华阳国志》载李氏始末,其刘氏二志,大率取裁谯周蜀本纪。}是则一方之书,不能无藉于一方之纪载,而志家不列前人之传,岂非得鱼忘筌,习而不察?又何怪于方志之书,放失难考耶?

主修之官,与载笔之士,撰著文词,不分名实,前志之难传一也。序跋虚设,于书无所发明,前志之难传二也。_{如有发明,则如马、班之录《自序》,可以作传矣。}作志之人,行业不详,前志之难传三也。书之取裁,不标所自,前志之难传四也。志当递续,非万不得已,不当迭改;迭改之书,而欲并存,繁重难胜,前志之难传五也。于难传之中,而为之作传,盖不得已而存之,推明其故,以为后人例也。

《永清县志·文征》序例

《永清县志》告成，区分纪、表、图、书、政略、列传六体，定著二十五篇，篇各有例，又取一时征集故事文章，择其有关永清而不能并收入本志者，又自以类相从，别为《奏议》、《征实》、《论说》、《诗赋》各为一卷，总四卷，卷为叙录如左，而总叙大指以冠其编。

叙曰：古人有专守之官，即有专掌之故；有专门之学，即有专家之言；未有博采诸家，汇辑众体，如后世文选之所为也。官失学废，文采愈繁，以意所尚，采掇名隽，若萧氏《文选》、姚氏《文粹》是也。循流溯源，推而达于治道，宋文之《鉴》是也。相质披文，进而欲为史翼，元文之《类》是也。是数子之用心，可谓至矣！然而古者十五《国风》，八国《国语》，以及晋《乘》、楚《梼杌》，与夫各国春秋之旨，绎之则列国史书，与其文诰声诗，相辅而行，在昔非无例也。唐刘知幾尝患史体载言繁琐，欲取诏诰章疏之属，以类相从，别为一体，入于纪传之史，是未察古人各有成书，相辅益章之义矣。第窥古人之书，《国语》载言，必叙事之终始；《春秋》义授左氏；《诗》有国史之叙，故事去千载，读者洞然无疑。后代选文诸家，掇取文词，不复具其始末，如奏议可观，而不载报可；寄言有托，而不述时世；诗歌寓意，而不缀事由，则读者无从委决，于史事复奚裨乎？《文选》、《文粹》，固无足责，《文鉴》、《文类》，见不及斯，岂非尺有所短者哉！近人修志，艺文不载书目，滥入诗文杂体，其失固不待言；亦缘撰志之时，先已不辨为一国史裁，其猥陋杂书，无所不有，亦何足怪！今兹稍为厘正，别具《文征》，仍于诗文篇后，略具始末，便人观览，疑者阙之，聊于叙例申明其旨云尔。

奏议叙录

《奏议》之文，所以经事综物，敷陈治道；文章之用，莫重于斯。而萧统选文，用赋冠首；后代撰辑诸家，奉为一定科律，亦失所以重轻之义矣。如谓彼固词章家言，本无当于史例，则赋乃六义附庸，而列于诗前；骚为赋之鼻祖，而别居诗后，其任情颠倒，亦复难以自解。而《文苑》、《文鉴》，从而宗之，又何说也？今以《奏议》冠首，以为辑文通例，窃比列史之首冠本纪云尔。

史家之取《奏议》，如《尚书》之载《训》、《诰》，其有关一时之制度者，裁入书志之篇；其关于一人之树立者，编诸列传之内。然而纪传篇幅，各有限断，一代奏牍，文字繁多，广收则史体不类，割爱则文有阙遗。按班氏《汉书》，备详书奏，然复检《艺文志》内，石渠奏议之属，《高祖》、《孝文》，论述册诏之传，未尝不于正史之外，别有专书。然则《奏议》之编，固与实录起居注相为表里者也。前人编《汉魏尚书》，近代编《名臣章奏》，皆体严用巨，不若文士选文之例，而不知者，往往忽而不察，良可惜也。

杜佑撰《通典》，于累朝制度之外，别为《礼议》二十余卷，不必其言之见用与否，而谈言有中，存其名理，此则著书之独断编次之通裁；其旨可以意会，而其说不可得而迹泥者也。然而专门之书，自为裁制，或删或节，固无不可。史志之体,各有识职,征文以补书志之阙,则录而不叙,自由旧章,今采得奏议四篇,咨详禀帖三篇,亦附录之。为其官府文书,近于奏议,故类入焉。其先后一以年月为次,所以备事之本末云尔。

征实叙录

《征实》之文,史部传记支流。古者史法谨严,记述之体,各有专家,是以魏、晋以远,文人率有别集。然而诸史列传,载其生平著述,止云诗赋箴铭颂诔之属,共若干篇而已,未闻载其记若干首,传若干章,志若干条,述若干种者也。由是观之,则记传志述之体,古人各为专门之书,初无散著文集之内,概可知矣。唐、宋以还,文集之风日炽,而专门之学杳然,于是一集之中,诗赋与经解并存,论说与记述同载,而哀然成集之书,始难定其家学之所在矣。若夫选辑之书,则萧统《文选》,不载传记;《文苑》、《文鉴》,始渐加详,盖其时势然也。文人之集,可征史裁,由于学不专家,事多旁出,岂不洵欤!

《征实》之体,自记事而外,又有数典之文,考据之家,所以别于叙述之文也。以史法例之,记事乃纪传之余,数典为书志之裔,所谓同源而异流者也。记事之源,出于《春秋》,而数典之源,本乎官礼,其大端矣。数典之文,古来亦具专家,《戴记》而后,若班氏《白虎通义》、应氏《风俗通义》、蔡氏《独断》之类,不可胜数。而文人入集,则自隋、唐以前,此体尤所未见者也。至于专门学衰,而文士偶据所得,笔为考辨,著为述议,成书则不足,削弃又可惜,于是无可如何,编入文集之中,与诗赋书表之属分占一体,此后世选文之不得不收者也。

《征实》之文,与本书纪事,尤相表里,故采录校别体为多。其传状之文,有与本志列传相仿佛者,正以详略互存,且以见列传采摭之所自,而笔削之善否工拙,可以听后人之别择审定焉,不敢自据为私也。碑刻之文,有时不入金石者,录其全文,其重在征事得实也;仍于篇后著石刻之款识,所以与《金石》相互见也。

论说叙录

《论说》之文,其原出于《论语》。郑氏《易》云:"云雷屯,君子以经纶。言论撰书礼乐,施政事。"盖当其用,则为典、谟、训、诰;当其未用,则为论撰说议。圣人制作,其用虽异,而其本出于一也。周、秦诸子,各守专家,虽其学有醇驳,语有平陂,然推其本意,则皆取其所欲行而不得行者,笔之于书,而非有意为文章华美之观,是《论说》之本体也。自学不专门,而文求绮丽,于是文人撰集,说议繁多。其中一得之见,与夫偶合之言,往往亦有合于古人;而根本不深,旨趣未卓,或诸体杂出,自致参差;或先后汇观,竟成复沓,此文集中之论说,所以异于诸子一家之言也。唐马总撰《意林》,裁节诸子,标其名隽,此亦弃短取长之意也。今兹选文,存其论之合者,亦撰述之通义也。

《文选》诸论,若《过秦》、《辨亡》诸篇,义取抑扬咏叹,旨非抉摘发挥，是乃史家论赞之属，其源略近诗人比兴一流，与唐、宋诸论，名同实异。然《养生》、《博弈》诸篇，则已自有命意。斯固文集盛行，诸子风衰之会也。萧氏不察，同编一类，非其质矣。

诸子一变而为文集之论议，再变而为说部之札记，则宋人有志于学，而为返朴还醇之会也。然嗜好多端，既不能屏除文士习气；而为之太易，又不能得其深造逢源，遍阅作者，求其始末；大抵是收拾文集之余，取其偶然所得，一时未能结撰者，札而记之，积少致多，哀成其帙耳。故义理率多可观，而宗旨终难究索也。

永清文献荒芜，论说之文，无可采择。约存一首，聊以备体，非敢谓有合于古人也。

诗赋叙录

诗赋者，六籍之鼓吹，文章之宣节也。古者声诗立教，铿锵肆于司乐，篇什叙于太史，事领专官，业传学者，欲通声音之道，或求风教所施，询诸掌故，本末犁然，其具存矣。自诗乐分源，俗工惟习工尺，文士仅攻月露，于是声诗之道，不与政事相通；而业之守在专官，存诸掌故者，盖茫然而不可复追矣。然汉、魏而还，歌行乐府，指事类情，就其至者，亦有考其文辞，证其时事。唐、宋以后，虽云文士所业，而作者继起，发挥微隐，敷陈政教，采其尤者，亦可不愧古人。故选文至于诗赋，能不坠于文人绮语之习，斯庶几矣。

刘氏《七略》，以《封禅仪记》入《礼经》，秦官奏议、《太史公书》入《春秋》;而《诗赋》自为一略,不隶《诗经》,则以部帙繁多,不能不别为部次也。惜其叙例,不能申明源委,致开后世诗赋文集混一,而不能犁晰之端耳。至于赋乃六义之一,其体诵而不歌;而刘《略》所收,篇第倍蓰于诗,于是以赋冠前,而诗歌杂体反附于后,以致萧《选》以下,奉为一定章程,可为失所轻重者矣。又其诗赋,区为五种,若杂赋一门,皆无专主名氏,体如后世总集之异于别集。诗歌一门,自为一类,虽无叙例,观者犹可以意辨之,知所类别。至屈原以下二十家,陆贾以下二十一家,孙卿以下二十五家,门类既分为三,当日必有其说,而叙例阙如,如诸子之目后,叙明某家者流,其原出于古者某官云云是也。不与诸子之书同申源委,此《诗赋》一略,后人所为欲究遗文,而莫知宗旨者也。州县文征,选辑诗赋,古者《国风》之遗意也。旧志八景诸诗,颇染文士习气,故悉删之,所以严史例也。文丞相词,与《祭漯河文》,非诗赋而并录之者,有韵之文,如铭箴颂诔,皆古诗之遗也。

《亳州志·人物表》例议上

班固《古今人表》,为世诟詈久矣!由今观之,断代之书,或可无需人表;通古之史,不可无人表也。固以断代为书,承迁有作;凡迁史所阙门类,固则补之;非如纪传所列君臣事迹,但画西京为界也。是以《地理》及于《禹贡》、《周官》,《五行》罗列春秋战国,人表之例,可类推矣。人表之失,不当以九格定人,强分位置,而圣仁智愚,妄加品藻,不得《春秋》谨严之旨。又刘知幾摘其有古无今,名与实舛,说亦良允。其余纷纷议其不当作者，皆不足为班氏病也。向令去其九等高下，与夫仁圣愚智之名，而以贵贱尊卑区分品地；或以都分国别异其标题，横列为经；而以年代先后标著上方，以为之纬。且明著其说曰：取补迁书，作列传之稽检，则其立例，当为后代著通史者一定科律，而岂至反为人诟詈哉！甚矣！

千古良法，沉溺于众毁之余，而无有精史裁者，为之救其弊而善所用也。近代马氏《绎史》，盖尝用其例矣。然马氏之书，本属纂类，不为著作。推其用意，不过三代去今日久，事文杂出，茫无端绪，列为人表，则一经传姓名考耳。且犹贬置班表，不解可为迁书补隙，又不解扩其义类，可为史氏通裁；顾曰人表若为《绎史》而作，则亦未为知类者也。

夫通古之史，所书事迹，多取简编故实；非如当代纪载，得于耳闻目见，虚实可以互参。而既为著作，自命专家，则列传去取，必有别识心裁，成其家言；而不能尽类以收，同于排纂，亦其势也。即如《左传》中事，收入《史记》，而子产、叔向诸人，不能皆编列传。《人表》安可不立？至前人行事，杂见传记，姓名隐显，不无详略异同。列传裁断所余，不以人表收其梗概，则略者致讥挂漏，详者被谤偏徇，即后人读我之书，亦觉阙然少绳检矣。故班氏之《人表》，于古盖有所受，不可以轻议也。

《亳州志·人物表》例议中

或曰："通史之需人表，信矣。断代之史，子言或可无需人表，或之云者，未定辞也。断代无需征古，何当有人表欤?"曰：断代书不一类，约计盖有三门，然皆不可无人表也。较于通史，自稍缓耳；有之斯为美矣。史之有列传也，犹《春秋》之有左氏也。左氏依经而次年月，列传分人而著标题，其体稍异，而其为用则皆取足以备经《春秋》。纪本纪。之本末而已矣。治左氏者，尝有《列国公子谱》矣；治断代纪传之史者，仅有班《书·人表》，甫著录而已为丛诟所加，孰敢再议人物之条贯欤！夫《春秋》、《公子》、《谥族》诸谱，杜预等。《名字异同》诸录，冯继先等。治编年者，如彼其详；而纪传之史，仅一列传目录；而列传数有限制，即年表世表，亦仅著王侯将相，势自不能兼该人物，类别区分。是以学者论世知人，与夫检寻史传，去取义例，大抵渺然难知，则人表之不可阙也，信矣。

顾氏炎武曰："史无年表，则列传不得不多；列传既多，则文繁而事反遗漏。"因谓其失，始于陈寿，而范、沈、姚、李诸家，咸短于此。顾氏之说，可谓知一而不知二矣。年表自不可废，然王公将相，范、沈、姚、李诸史，所占篇幅几何？唐、宋之史，复立年表，而列传之繁，乃数倍于范、沈诸书，年表何救于列传之多欤？夫不立人表，则列传不得不多，年表犹其次焉者耳。而人表方为史家怪笑，不敢复犯，宜其纷纷著传，如填户版，而难为决断定去取矣。

夫通古之史，所取于古纪载，简册具存，不立人表，或可如迁《史》之待补于固，未为晚也。断代之史或取裁于簿书记注，或得之于耳目见闻，势必不能尽类而书，而又不能必其事之无有，牵联而及，则纵揽人名，区类为表，亦足以自见凡例，且严列传通裁，岂可更待后之人乎？

夫断代之史，上者如班、陈之专门名家，次者如晋、唐之集众所长，下者如宋、元之强分抑配。专门名家之史，非人表不足以明其独断别裁；集众所长之史，非人表不足以杜其参差同异；强分抑配之史，非人表不足以制其芜滥猥芬。故曰："断代之史，约计三门，皆不可无人表也。"

《亳州志·人物表》例议下

方志之表人物，何所仿乎？曰：将以救方志之弊也。非谓必欲仿乎史也，而史裁亦于是具焉而已。今之修方志者，其志人物，使人无可表也。且其所志人物，反类人物表焉，而更无所谓人物志焉。而表又非其表也，盖方志之弊也久矣！史自司马以来，列传之体，未有易焉者也。

方志为国史所取裁，则列人物而为传，宜较国史加详；而今之志人物者，删略事实，总撷大意，约略方幅，区分门类。其文非叙非论，似散似骈；尺牍寒温之辞，簿书结勘之语，滥收猥入，无复剪裁；至于品皆曾、史，治尽龚、黄，学必汉儒，贞皆姜女，面目如一，情性难求，斯固等于自郐无讥，存而不论可矣。即有一二矫矫，雅尚别裁，则又简略其辞，谬托高古，或仿《竹书》记注，或摩石刻题名，虽无庸恶肤言，实昧通裁达识，所谓似表非表，似注非注，其为痼弊久矣。是以国史宁取家乘，不收方志，凡以此也。

夫志者，志也。人物列传，必取别识心裁，法《春秋》之谨严，含诗人之比兴，离合取舍，将以成其家言，虽曰一方之志,亦国史之具体而微矣。今为人物列表,其善盖有三焉:前代帝王后妃,今存故里,志家收于人物,于义未安;削而不载,又似阙典,是以方志遇此,聚讼纷然;而私智穿凿之流,往往节录本纪,巧更名目,辗转位置,终无确当。今于传删人物,而于表列帝王,则去取皆宜,永为成法,其善一也。史传人物本详,志家反节其略;此本类书摘比,实非史氏通裁;然既举事文归于其义,则简册具有名姓,亦必不能一概而收,如类纂也。兹于古人见史策者,传例苟无可登,列名人物之表,庶几密而不猥,疏而不漏,其善二也。史家事迹,目详于耳,宽今严古,势有使然;至于乡党自好,家庭小善,义行但存标题,节操止开年例;史法不收,志家宜具,传无可著之实,则文不繁猥;表有特著之名,则义无屈抑,其善三也。凡此三者,皆近志之通病,而作家之所难言,故曰:"方志之表人物,将以救方志之弊也。"

《亳州志·掌故》例议上

先王制作,存乎六艺,明其条贯,天下示诸掌乎。夫《书》道政事,典、谟、贡、范可以为经要矣;而《周官》器数,不入四代之书。夏礼殷礼,夫子能言,而今已不存其籍。盖政教典训之大,自为专书;而人官物曲之细,别存其籍,其义各有攸当,故以周、孔经纶,不能合为一也。司马迁氏绍法《春秋》,著为十二本纪,其年表列传,次第为篇,足以备其事之本末;而于典章制度,所以经纬人伦,纲维世宙之具,别为八书以讨论之。班氏广为《十志》,后史因之,互有损益,遂为史家一定法矣。昔韩宣子见《易象》、《春秋》，以谓周礼在鲁。左氏综纪《春秋》，多称《礼经》，书志之原，盖出官礼，《天官》未改《天文》，《平准》未改《食货》，犹存《汉书》一二名义，可想见也。郑樵乃云："志之大原，出于《尔雅》。"非其质矣。然迁、固书、志，采其纲领，讨论大凡，使诵习者，可以推验一朝梗概，得与纪传互相发明足矣。

至于名物器数，以谓别有专书，不求全备，犹左氏之数典征文，不必具《周官》之纤悉也。司马《礼书》末云："俎豆之事，则有司存。"其他抑可知矣。自沈、范以降，讨论之旨渐微，器数之加渐广。至欧阳《新唐》之志，以十三名目，成书至五十卷，官府簿书，泉货注记，分门别类，惟恐不详。《宋》、《金》、《元》史，繁猥愈甚，盈床叠几，难窥统要，是殆欲以《周官》职事，经礼容仪，尽入《春秋》，始称全体。则夫子删述《礼》、《乐》、《诗》、《书》，不必分经为六矣。夫马、班书志，当其创始，略存诸子之遗。《管子》、《吕览》、《鸿烈》诸家，所述天文地圆官图乐制之篇，采掇制数，运以心裁，勒成一家之言，其所仿也。马、班岂不知名数器物，不容忽略，盖谓各有成书，不容于一家之言，曲折求备耳。如欲曲折求备，则文必繁芜，例必庞杂，而事或反晦而不显矣。惟夫经生策括，类家纂要，本非著作，但欲事物兼该，便于寻检，此则猥陋无足责耳。史家纲纪群言，将勒不朽，而惟沾沾器数，拾给不暇，是不知《春秋》、官礼，意可互求，而例则不可混合者也。

《亳州志·掌故》例议中

簿书纤悉,既不可溷史志,而古人甲乙张本,后世又无由而知,则欲考古制而得其详,其道何从?曰:叔孙章程,韩信军法,萧何律令,皆汉初经要之书,犹《周官》之六典也。《汉志》、《礼》、《乐》、《刑》、《法》,不能赅而存之,亦以其书自隶官府,人可咨于有司而得之也。官失书亡,则以其体繁重,势自不能行远,自古如是,不独汉为然矣。欧、宋诸家,不达其故,乃欲藉史力以传之;夫文章易传,而度数难久,故礼亡过半,而《乐经》全逸,六艺且然,况史文乎!且《唐书》倍汉,而《宋史》倍唐,已若不可胜矣。万物之情,各有所极,倘后人再倍《唐》、《宋》而成书,则连床架屋,毋论人生耳目之力,必不能周,抑且迟之又久,终亦必亡。是则因度数繁重,反并史文而亡之矣,又何史力尚能存度数哉?

然则前代章程故事,将遂听其亡欤?曰:史学亡于唐,而史法亦莫具于唐。欧阳《唐志》未出,而唐人已有窥于典章制度,不可求全于史志也。刘氏有《政典》,杜氏有《通典》,并仿《周官》六典,包罗典章,巨细兼收。书盈百帙,未尝不曰君臣事迹,纪传可详;制度名数,书志难于赅备,故修之至汲汲也。至于宋初,王氏有《唐会要》、《五代会要》。其后徐氏更为两汉《会要》,则补苴前古,括代为书,虽与刘、杜之典同源异流;要皆综核典章,别于史志,义例昭然,不可易矣。夫唐、宋所为典要,既已如彼;后人修唐、宋书,即以其法,纪纲唐、宋制度,使与纪传之史相辅而行,则《春秋》、《周礼》,并接源流,奕世遵行,不亦善乎!何欧阳述《唐》,元人纂《宋》,反取前史未收之器数而猥加罗列,则亦不善度乎时矣。或谓《通典》《会要》之书,较马、班书志之体为加详耳。其于器物名数,亦复不能甄综赅备,故考古者,不能不参质他书,此又非知言也。古物苟存于今,虽户版之籍,市井泉货之簿,未始不可备考证也。如欲皆存而无裁制,则岱岳不足供藏书,沧海不足为墨渖也。

故为史学计其长策,纪表志传,率由旧章;再推周典遗意,就其官司簿籍,删取名物器数,略有条贯,以存一时掌故,与史相辅而不相侵,虽为百世不易之规可也。

《亳州志·掌故》例议下

掌故之原,始于官礼,百官具于朝廷,则惟国史书志,得而撷其要;国家会典会要之书,得而备其物与数矣。撰方志者,何得分志与掌故乎?曰:部寺监卿之志,即掌故也。拟于《周官》,犹《夏官》之有《司马法》,《冬官》之有《考工记》也。部府州县之志,乃国史之分体;拟于周制,犹晋《乘》、楚《梼杌》与鲁《春秋》也。郡县异于封建,则掌故皆出朝廷之制度耳。六曹职掌,在上颁而行之,在下承而奉之,较之国史具体而微。志与掌故,各有其不可易,不容溷也。

今之方志,猥琐庸陋,求于史家义例,似志非志,似掌故而又非掌故,盖无以讥为也。然簿书案牍,颁于功令,守于吏典,自有一定科律,虽有奇才,不能为加;虽有愚拙,不能为损,名胜大邦与荒僻陋邑,无以异也。故求于今日之志,不可得而见古人之史裁;求于今日之案牍,实可因而见古人之章程制度；故曰："礼失，求诸野也。"夫治国史者，因推国史以及掌故，盖史法未亡，而掌故之义不明，故病史也。治方志者，转从掌故而正方志；盖志义久亡，而掌故之守未坠，修其掌故，则志义转可明矣。《易》曰："穷则变，变则通，通则久。"志义欲其简而明也，然而事不可不备也；掌故欲其整以理也，然而要不容不挈也。徒以简略为志，此《朝邑》、《武功》之陋识也。但知详备为掌故，则胥史优为之，而不知其不可行矣。

夫志者，志也。其事其文之外，盖有义焉。所谓操约之道者此也。而或误以并省事迹，删削文字，谓之简也，其去古人，不亦远乎？夫名家撰述，意之所在，必有别裁，或详人之所略，或弃人之所取，初无一成之法，要读之者，美爱传久，而恍然见义于事文间，斯乃有关于名教也。然不整齐掌故，别为专书，则志亦不能自见其意矣。

卷八

外篇三

答甄秀才论修志第一书

文安宰币聘修志，兄于史事久负，不得小试，此行宜踊跃。仆有何知？乃承辱询，抑盛意不可不复，敢于平日所留意者，约举数条，希高明裁择！有不然处，还相告也。

一，州郡均隶职方，自不得如封建之国别为史。然义例不可不明，如传之与志，本二体也。今之修志，既举人物典制而概称曰志，则名宦乡贤之属，不得别立传之色目。传既别分色目，则礼、乐、兵、刑之属，不得仍从志之公称矣。窃思志为全书总名，则皇恩庆典，当录为外纪；官师铨除，当画为年谱；典籍法制，则为考以著之；人物名宦，则为传以列之。变易名色，既无僭史之嫌；纲举目张，又无遗漏之患。其他率以类附。至事有不伦，则例以义起，别为创制可也。琐屑繁碎，无关惩创，则削而不存可也。详赡明备，整齐画一，乃可为国史取材；否则总极精采，不过一家小说耳，又何裨焉！

一，今世志艺文者，多取长吏及邑绅所为诗赋、记序杂文，依类相附，甚而风云月露之无关惩创，生祠碑颂之全无实征，亦胥入焉。此姑无论是非，既使文俱典则，诗必雅驯，而铨次类录，诸体务臻，此亦选文之例，非复志乘之体矣。夫既志艺文，当仿三通、《七略》之意，取是邦学士著撰书籍，分其部汇，首标目录，次序颠末，删芜撷秀，掇取大旨，论其得失，比类成编，乃使后人得所考据，或可为馆阁雠校取材，斯不失为志乘体尔。至坛庙碑铭，城堤纪述，利弊论著，土物题咏，则附入物产、田赋、风俗、地理诸考，以见得失之由，沿革之故。如班史取延年、贾让诸疏入《河渠志》，贾谊、晁错诸疏入《食货志》之例可也。学士论著，有可见其生平抱负，则全录于本传，如班史录《天人三策》于《董仲舒传》，录《治安诸疏》于《贾谊列传》之例可也。至墓志传赞之属，核实无虚，已有定论，则即取为传文，如班史仍《史记·自序》，而为《司马迁传》；仍扬雄《自序》，而为《扬雄列传》之例可也。此一定之例，无可疑虑，而相沿不改，则甚矣，史识之难也。

一，凡捐资修志，开局延儒，实学未闻，凡例先广，务新耳目，顿易旧书。其实颠倒狙公，有何真见？州郡立志，仿自前明，当时草创之初，虽义例不甚整齐，文辞尚贵真实，剪裁多自己出；非若近日之习套相沿，轻隽小生，史字未曾全识，皆可奋笔妄修，窃叨饩脯者。然其书百无一存，此皆后凌前替，修新志者，袭旧志之纪载，而灭作者之姓名。充其义类，将班《书》既出，《史记》即付祖龙；欧、宋成书，《旧唐》遂可覆瓿与？仆以谓修志者，当续前人之记载，不当毁前人之成书。即前志义例不明，文辞乖舛，我别为创制，更改成书，亦当听其并行，新新相续，不得擅毁；彼此得失，观者自有公论。仍取前书卷帙目录,作者姓氏,录入新志艺文考中,以备遗亡,庶得大公无我之意,且吾亦不致见毁于后人矣。

一,志之为体,当详于史。而今之志乘所载,百不及一。此无他,搜罗采辑,一时之耳目难周;掌故备藏,平日之专司无主也。尝拟当事者,欲使志无遗漏,平日当立一志乘科房,佥掾吏之稍通文墨者为之。凡政教典故,堂行事实,六曹案牍,一切皆令关会,目录真迹,汇册存库。异日开局纂修,取裁甚富,虽不当比拟列国史官,亦庶得州闾史胥之遗意。今既无及,当建言为将来法也。

一,志乃史体,原属天下公物,非一家墓志寿文,可以漫为浮誉,悦人耳目者。闻近世纂修,往往贿赂公行,请托作传,全无征实。此虽不肖浮薄文人所为,然善恶惩创,自不可废。今之志书,从无录及不善者;一则善善欲长之习见,一则惧罹后患之虚心尔。仆谓讥贬原不可为志体,据事直书,善否自见,直宽隐彰之意同,不可专事浮文,以虚誉为事也。

一,史志之书,有裨风教者,原因传述忠孝节义,凛凛烈烈,有声有色,使百世而下,怯者勇生,贪者廉立。《史记》好侠,多写刺客畸流,犹足令人轻生增气。况天地间大节大义,纲常赖以扶持,世教赖以撑柱者乎!每见文人修志,凡景物流连,可骋文笔,典故考订,可夸博雅之处,无不津津累牍。一至孝子忠臣,义夫节妇,则寥寥数笔;甚而空存姓氏,行述一字不详,使观者若阅县令署役卯簿,又何取焉!窃谓邑志搜罗不过数十年，采访不过百十里，闻见自有真据，宜加意采辑，广为传述，使观者有所兴起，宿草秋原之下，必有拜彤管而泣秋雨者矣。尤当取穷乡僻壤，畸行奇节，子孙困于无力，或有格于成例，不得邀旌奖者，踪迹既实，务为立传，以备采风者观览，庶乎善善欲长之意。

已上六条，就仆所见，未敢自谓必然。而今世刻行诸志，诚有未见其可者。丈夫生不为史臣，亦当从名公巨卿，执笔充书记，而因得论列当世，以文章见用于时，如纂修志乘，亦其中之一事也。今之所谓修志，令长徒务空名，作者又鲜学识；上不过图注勤事考成，下不过苟资馆谷禄利。甚而邑绅因之以启奔竞，文士得之以舞曲笔；主宾各挟成见，同局或起抵牾，则其于修志事，虽不为亦可也。乃如足下，负抱史才，常恨不得一当牛刀小试。向与仆往复商论，窥兄底蕴，当非苟然为者。文安君又能虚心倾领，致币敦请，自必一破从前宿习，杀青未毕，而观者骇愕，以为创特，又岂一邑之书，而实天下之书矣。仆于此事，无能为役，辱存商榷，陈其固陋之衷，以庶几萤烛增辉之义，兄其有以进我乎？

答甄秀才论修志第二书

日前敬筹末议，薄殖浅陋，猥无定见，非复冀有补高深，聊以塞责云耳。乃辱教答，藉奖有加，高标远引，辞意挚恳，读之真愧且畏也。足下负良史才，博而能断，轩视前古，意志直欲驾范轶陈，区区郡邑志乘，不啻牛刀割鷇，乃才大心虚，不耻往复下问，鄙陋如仆，何以副若谷之怀耶！前书粗陈梗概，过辱虚誉，且欲悉询其详，仆虽非其人，辄因高情肫挚之深，不敢无一辞以覆，幸商择焉。

一，体裁宜得史法也。州县志乘，混杂无次，既非正体，编分纪表，亦涉僭妄，故前书折衷立法，以外纪、年谱、考、传四体为主，所以避僭史之嫌，而求纪载之实也。然虚名宜避国史，而实意当法古人。外纪、年谱之属，今世志乘，百中仅见一二；若考之与传，今虽浑称志传，其实二者之实，未尝不载，特不能合于古史良法者，考体多失之繁碎，而传体多失之浑同也。考之为体，乃仿书志而作，子长《八书》，孟坚《十志》，综核典章，包函甚广。范史分三十志，《唐书》广五十篇，则已浸广。至元修《宋史》，志分百六十余，议者讥为科吏档册。然亦仅失裁制，致成汗漫，非若今之州县志书，多分题目，浩无统摄也。如星野、疆域、沿革、山川、物产，俱"地理志"中事也；户口、赋役、征榷、市籴，俱"食货考"中事也；灾祥、歌谣、变异、水旱，俱"五行志"中事也；朝贺、坛庙、祀典、乡饮宾兴，俱"礼仪志"中事也。凡百大小，均可类推，篇首冠以总名，下乃缕分件悉，汇列成编，非惟总萃易观，亦且谨严得体，此等款目，直在一更置耳。而今志猥琐繁碎，不啻市井泉货注簿，米盐凌杂，又何观焉？或以长篇大章，如班固《食货》，马迁《平准》，大难结构。岂知文体既合史例，即使措辞，如布算子，亦自条理可观，切实有用，文字正不必沾沾顾虑，好为繁琐也。

一，成文宜标作者也。班袭迁《史》，孝武以前多用原文，不更别异；以《史》、《汉》同一纪载，而迁《史》久已通行，故无嫌也。他若诏令书表之属，则因其本人本事而明叙之，故亦无嫌于钞录成文。至《史记》赞秦，全用贾生三论，则以"善哉贾生推言"一句引起。《汉书·迁传》，全用《史记·自序》，则以"迁之《自序》云尔"一句作收。虽用成文，而宾主分明，不同袭善。志为史体，其中不无引用成文，若如俗下之艺文选集，则作者本名，自应标于目录之下。今若刊去所载文辞，分类载入考传诸体，则作者本名，易于刊去，须仍复如《史》、《汉》之例，标而出之。至文有蔓长，须加删节者，则以"其略曰"三字领起，如孟坚载贾谊诸疏之例可也。援引旧文，自足以议论者，则如《伯夷列传》中入"其传曰"云云一段文字之例可也。至若前缀序引，后附论赞，今世纂家，多称野史氏曰，或称外史氏曰。揆之于理，均未允协，莫如直仿《东汉》之例，标出"论曰"、"序曰"之体为安。至反覆辨正，存疑附异，或加"案曰"亦可；否则直入本文，不加标目，随时斟酌，均在夫相体裁衣耳。

一，传体宜归画一也。列传行述入艺文志，前书已辨其非。然国史取材邑志，人物尤属紧要，盖典章法令，国有会典，官有案牍，其事由上而下，故天下通同；即或偶有遗脱，不患无从考证。至于人物一流，自非位望通显，太常议谥，史臣立传，则姓名无由达乎京师。其幽独之士，贞淑之女，幸邀旌奖，按厥档册，直不啻花名卯册耳。必待下诏纂修，开馆投牒，然后得核，故其事由下而上。邑志不详备，则日后何由而证也？夫传即史之列传体尔，《儒林》、《游侠》，迁史首标总目；《文苑》、《道学》、《宋史》又画三科。先儒讥其标帜启争,然亦止标目不及审慎尔,非若后世志乘传述碑版,统列艺文;及作人物列传,又必专标色目,若忠臣、孝子、名贤、文苑之类,挨次排纂,每人多不过八九行,少或一二三行,名曰传略。夫志曰辌轩实录,宜详于史,而乃以略体行之,此何说也?至于标目所不能该,义类兼有所附,非以董宣入《酷吏》,则于《周臣》阙韩通耳。按《史记》列传七十,惟《循吏》、《儒林》而下九篇,标出总目。《汉书》自《外戚》、《佞幸》而上七篇标出总目。江都传列《三策》,不必列以《儒林》,东方特好恢谐,不必列入《滑稽》。传例既宽,便可载瑰特之行于法律之外,行相似者,比而附之;文章多者,录而入之。但以庸滥徇情为戒,不以篇幅广狭为拘,乃属善之善耳。

一,论断宜守谨严也。史迁序引断语,俱称"太史公曰"云云,所以别于叙事之文,并非专标色目。自班固作赞,范史撰论,亦已少靡。南朝诸史,则于传志之末,散文作论,又用韵语,仿孟坚自叙体作赞,以缀论文之后,屋下架屋,斯为多文。自后相沿,制体不一,至明祖纂修《元史》,谕宋濂等据事直书,勿加论赞,虽寓谨严之意,亦非公是之道。仆则以为,是非褒贬,第欲其平,论赞不妨附入,但不可作意轩轾,亦不得故恣吊诡。其有是非显然,不待推论,及传文已极抑扬,更无不尽之情者,不必勉强结撰,充备其数。

一,典章宜归详悉也。仆言典章,自上而下,可较人物为略,然是极言传之宜更详耳。学校祭祀,一切开载《会典》者,苟州县所常举行,岂可因而不载?《会典》简帙浩繁,购阅非易，使散在州县各志，则人人可观，岂非盛事！况州县举行之典，不过多费梨枣十余枚耳。今志多删不载，未知所谓。

一，自注宜加酌量也。班史自注，于十志尤多。以后史家文字，每用自注。宋人刻伪《苏注杜诗》，其不可强通者，则又妄加"公自注"三字。后人觉其伪者，转矫之曰："古人文字，从无自注。"然则如司马《潜虚》自加《象传》，又何如耶？志体既取详赡，行文又贵简洁，以类纂之意，而行纪传之文，非加自注，何以明畅？但行文所载之事实，有须详考颠末，则可自注。如《潜虚》之自解文义，则非志体所宜尔。

一，文选宜相辅佐也。诗文杂体入艺文志，固非体裁，是以前书欲取各体归于传考。然西京文字甚富，而班史所收之外，寥寥无觏者，以学士著撰，必合史例方收。而一切诗文赋颂，无昭明、李昉其人，先出而采辑之也。史体纵看，志体横看，其为综核一也。然综核者，事详而因以及文；文有关于土风人事者，其类颇夥，史固不得而尽收之。以故昭明以来，括代为选，唐有《文苑》，宋有《文鉴》，元有《文类》，明有《文选》，广为铨次，巨细毕收。其可证史事之不逮者，不一而足。故左氏论次《国语》，未尝不引谚证谣，而十五《国风》，亦未尝不别为一编，均隶太史，此文选志乘交相裨益之明验也。近楚抚于《湖广通志》之外，又选《三楚文献录》，江苏宋抚军，聘邵毗陵修《明文录》外，更撰《三吴文献录》等集，亦佐《江南通志》之不及。仆浅陋寡闻，未知他省皆如是否？然即此一端，亦可类及，何如略仿《国风》遗意，取其有关民风流俗,参伍质证,可资考校,分列诗文记序诸体,勒为一邑之书,与志相辅,当亦不为无补。但此非足下之力所克为者,盍乘间为当事告焉。

一,列女宜分传例也。列女名传,创于刘向,分汇七篇,义近乎子;缀颂述雅,学通乎诗;而比事属辞,实为史家之籍。班、马二史,均阙此传。自范蔚宗《东汉书》中,始载《列女》,后史因之,遂为定则。然后世史家所谓列女,则节烈之谓,而刘向所叙,乃罗列之谓也。节烈之烈为列女传,则贞节之与殉烈,已自有殊;若孝女义妇,更不相入,而闺秀才妇,道姑仙女,永无入传之例矣。夫妇道无成,节烈孝义之外,原可稍略;然班姬之盛德,曹昭之史才,蔡琰之文学,岂转不及方技伶官之伦,更无可传之道哉!刘向传中,节烈孝义之外,才如妾婧,奇如鲁女,无所不载;即下至施、旦,亦胥附焉。列之为义,可为广矣。自《东汉》以后,诸史误以罗列之列为殉烈之烈,于是法律之外,可载者少,而蔡文姬之入史,人亦议之。今当另立贞节之传,以载旌奖之名。其正载之外,苟有才情卓越,操守不同,或有文采可观,一长擅绝者,不妨入于列女,以附方技、文苑、独行诸传之例,庶妇德之不尽出于节烈,而苟有一长足录者,亦不致有湮没之叹云。狂瞽之言,幸惟择之,醉中草草,勿罪!

与甄秀才论《文选》义例书

辱示《文选》义例,大有意思,非熟知此道甘苦,何以得此?第有少意商复。夫踵事增华,后来易为力,括代总选,

须以史例观之。昭明草创,与马迁略同。由六朝视两汉,略
已,先秦略之略已。周则子夏《诗序》、屈子《离骚》而外,无
他策焉。亦犹天汉视先秦略已,周则略之略已。五帝三王,
则本纪略载而外,不更详焉。昭明兼八代,《史记》采三古,
而又当创事,故例疏而文约。《文苑》、《文鉴》,皆包括一代;
《汉书》、《唐书》,皆专纪一朝,而又藉前规,故条密而文详。
《文苑》之补载陈、隋,则续昭明之未备;《文鉴》之并收制科,
则广昭明之未登,亦犹班固《地志》之兼采《职方》、《禹贡》,
《隋书》诸志之补述梁、陈、周、齐。例以义起,斟酌损益,固
无不可耳。夫一代文献,史不尽详,全恃大部总选,得载诸
部文字,于律令之外,参互考校,可补二十一史之不逮,其事
綦重,原与揣摩家评选文字不同,工拙繁简,不可屑屑校量。
读书者,但当采掇大意,以为博古之功,斯有益耳。

修志十议

修志有二便:地近则易核,时近则迹真。有三长:识足
以断凡例,明足以决去取,公足以绝请托。有五难:清晰天
度难,考衷古界难,调剂众议难,广征藏书难,预杜是非难。
有八忌:忌条理混杂,忌详略失体,忌偏尚文辞,忌妆点名
胜,忌擅翻旧案,忌浮记功绩,忌泥古不变,忌贪载传奇。有
四体:皇恩庆典宜作纪,官师科甲宜作谱,典籍法制宜作
考,名宦人物宜作传。有四要:要简,要严,要核,要雅。今
拟乘二便,尽三长,去五难,除八忌,而立四体,以归四要。
请略议其所以然者为十条,先陈事宜,后定凡例,庶乎画宫

于堵之意云。

一，议职掌：提调专主决断是非，总裁专主笔削文辞，投牒者叙而不议，参阅者议而不断，庶各不相侵，事有专责。

二，议考证：邑志虽小，体例无所不备，考核不厌精详，折衷务祈尽善，所有应用之书，自省府邻境诸志而外，如廿二史、《三楚文献录》、《一统志》、圣祖仁皇帝御纂《方舆路程图》、《大清会典》、《赋役全书》之属，俱须加意采访。他若邑绅所撰野乘、私记、文编、稗史、家谱、图牒之类，凡可资搜讨者，亦须出示征收，博观约取。其六曹案牍、律令文移、有关政教典故、风土利弊者，概令录出副本，一体送馆，以凭详慎铨次，庶能巨细无遗，永垂信史。

三，议征信：邑志尤重人物，取舍贵辨真伪。凡旧志人物列传，例应有改无削。新志人物，一凭本家子孙列状投柜，核实无虚，送馆立传，此俱无可议者。但所送行状，务有可记之实，详悉开列，以备采择，方准收录。如开送名宦，必详曾任何职，实兴何利，实除何弊，实于何事有益国计民生，乃为合例。如但云清廉勤慎，慈惠严明，全无实征，但作计荐考语体者，概不收受。又如卓行，亦必开列行如何卓；文苑亦必开列著有何书，见推士林；儒林亦必核其有功何经，何等著作，有关名教；孝友亦必开明于何事见其能孝能友。品虽毋论庸奇偏全，要有真迹，便易采访。否则行皆曾、史，学皆程、朱，文皆马、班，品皆夷、惠，鱼鱼鹿鹿，何以辨真伪哉？至前志所收人物，果有遗漏，或生平大节，载不尽详，亦准其与新收人物，一例开送，核实增补。

四，议征文：人物之次，艺文为要。近世志艺文者，类辑诗文记序，其体直如《文选》。而一邑著述目录，作者源流始末，俱无稽考，非志体也。今拟更定凡例，一仿班《志》、刘《略》，标分部汇，删芜撷秀，跋其端委，自勒一考，可为他日馆阁校雠取材，斯则有裨文献耳。但艺文人志，例取盖棺论定，现存之人，虽有著作，例不入志，此系御纂《续考》馆成法，不同近日志乘，掇拾诗文，可取一时题咏，广登尺幅者也。凡本朝前代学士文人，果有卓然成家，可垂不朽之业，无论经史子集，方技杂流，释门道藏，图画谱牒，帖括训诂，均得净录副本，投柜送馆，以凭核纂。然所送之书，须属共见共闻，即未刻行，亦必论定成集者，方准收录。倘系钞撮稿本，畸零篇页，及从无序跋论定之书，概不入编，庶乎循名责实之意。惟旧志原有目录，而藏书至今散逸者，仍准入志，而于目录之下，注一“亡”字以别之。

五，议传例：史传之作，例取盖棺论定，不为生人立传。历考两汉以下，如《非有先生》、《李赤》诸传，皆以传为游戏；《圬者》、《橐驼》之作，则藉传为议论。至《何蕃》、《方山》等传，则又作贻赠序文之用。沿至宋人，遂多为生人作传，其实非史法也。邑志列传，全用史例，凡现存之人，例不入传，惟妇人守节，已邀旌典，或虽未旌奖，而年例已符，操守粹白者，统得破格录入。盖妇人从一而终，既无他志，其一生责任已毕，可无更俟没身。而此等单寒之家，不必尽如文苑卓行之出入缙绅，或在穷乡僻壤，子孙困于无力，以及偶格成例，今日不予表章，恐后此修志，不免遗漏，故搜求至汲汲也。至去任之官，苟一时政绩，卓然可传，舆论交推，更无拟议者，虽未经没身论定，于法亦得立传。盖志为此县而作，为宰有功此县，则甘棠可留；虽或缘故被劾，及乡论未详，安得没其现施事迹。且其人已去，即无谀颂之嫌，而隔越方州，亦无遥访其人存否之例。惟其人现居本县，或现升本省上官，及有统辖者，仍不立传，所以远迎合之嫌，杜是非之议耳。其例得立传人物，投递行状，务取生平大节合史例者，详慎开载，纤琐叮咛，凡属浮文，俱宜刊去。其有事涉怪诞，义非惩创，或托神鬼，或称奇梦者，虽有所凭，亦不收录，庶免凫履羊鸣之诮。

六，议书法：典故作考，人物作传，二体去取，均须断制尽善，有体有要，乃属不刊之书，可为后人取法。如考体，但重政教典礼，民风土俗，而浮夸形胜，附会景物者，在所当略。其有古迹胜概，确乎可凭；名人题咏，卓然可纪者，亦从小书分注之例，酌量附入正考之下，所以厘正史体，别于稗乘耳。盖志体臂之治室，厅堂甲第，谓之府宅可也。若依岩之构，跨水之亭，谓之别业可，谓之正寝则不可；玉麈丝绦，谓之仙服可，谓之绅笏则不可。此乃郡县志乘，与卧游清福诸编之分别也。列传亦以名宦乡贤，忠孝节义，儒林卓行为重；文苑方技，有长可见者，次之。如职官而无可纪之迹，科目而无可著之业，于法均不得立传。盖志属信史，非如宪纲册籍，一以爵秩衣冠为序者也。其不应立传者，官师另立历任年谱，邑绅另有科甲年谱，年经月纬之下，但注姓名，不得更有浮辞填入。即其中有应立传者，亦不必更于谱内注明有传字样,以昭画一。若如近日通行之例,则纪官师者,既有职官志,以载受事年月,又有名宦志,以载历任政绩,而于他事,有见于生祠碑颂,政绩序记者,又收入艺文志。记邑绅者,既有科目志,又有人物志,亦分及第年分,与一生行业为两志;而其行业有见于志铭传诔者,则又收入艺文志。一人之事,叠见三四门类,于是或于此处注传见某卷,于彼处注详见某志,字样纷错,事实倒乱,体裁烦碎,莫此为甚。今日修志,尤当首为厘定,一破俗例者也。

七,议援引:史志引用成文,期明事实,非尚文辞。苟于事实有关,即胥吏文移,亦所采录,况上此者乎!苟于事实无关,虽班、扬述作,亦所不取,况下此者乎?但旧志艺文所录文辞,今悉散隶本人本事之下,则篇次繁简不伦;收入考传方幅之内,其势不无删润。如恐嫌似剿袭,则于本文之上,仍标作者姓名,以明其所自而已。至标题之法,一仿《史》、《汉》之例,《史》、《汉》引用周、秦诸子,凡寻常删改字句,更不识别,直标"其辞曰"三字领起。惟大有删改,不更仍其篇幅者,始用"其略曰"三字别之。若贾长沙诸疏是也。今所援引,一皆仿此。然诸文体中,各有应得援引之处,独诗赋一体,应用之处甚少。惟地理考内,名胜条中,分注之下,可载少许,以证灵杰。他若抒写性灵,风云月露之作,果系佳构,自应别具行稿,或入专主选文之书,不应搀入史志之内,方为得体。且古来十五《国风》,十二《国语》,并行不悖,未闻可以合为一书,则志中盛选诗词,亦俗例之不可不亟改者。倘风俗篇中,有必须征引歌谣之处,又不在其列,是又即《左》、《国》引谚征谣之义也。

八，议裁制：取艺文应载一切文辞，各归本人本事，俱无可议。惟应载传志行状诸体，今俱删去，仍取其文，裁入列传，则有难处者三焉：一则法所不应立传，与传所不应尽载者；当日碑铭传述，或因文辞为重，不无滥收。二则志中列传，方幅无多，而原传或有洋洋大篇，全录原文，则繁简不伦，删去事迹，则召怨取讥。三则取用成文，缀入本考本传，原属文中援引之体，故可标作者姓名，及"其辞曰"三字，以归征引之体。今若即取旧传，裁为新传，则一体连编，未便更著作者姓名。譬班史作《司马迁传》，全用《史记·自序》，则以"迁之《自序》云尔"一句标清宾主。盖史公《自序》，原非本传，故得以此句识别之耳。若孝武以前纪传，全用《史记》成文者，更不识别，则以纪即此纪，传即此传，赞即此赞，其体更不容标"司马迁曰"字样也。今若遽同此例，则近来少见此种体裁，必有剿袭雷同之谤。此三端者，决无他法可处，惟有大书分注之例，可以两全。盖取彼旧传，就今志义例，裁为新传，而于法所应删之事，未便遽删者，亦与作为双行小字，并作者姓氏，及删润之故，一体附注本文之下，庶几旧志征实之文，不尽刊落，而新志谨严之体，又不相妨矣。其原文不甚散漫，尚合谨严之例者，一仍其旧，以见本非好为更张也。

九，议标题：近行志乘，去取失伦，芜陋不足观采者，不特文无体要，即其标题，先已不得史法也。如采典故而作考，则天文、地理、礼仪、食货数大端，本足以该一切细目，而今人每好分析，于是天文则分星野、占候为两志，于地理，又分疆域、山川为数篇，连编累牍，动分几十门类。夫《史》、《汉》八书、十志之例具在，曷尝作如是之繁碎哉！如访人物而立传，则名宦、乡贤、儒林、卓行数端，本不足以该古今人类，而今人每好合并，于是得一逸才，不问其行业如何超卓，而先拟其有何色目可归；得一全才，不问其学行如何兼至，而先拟其归何门类为重，抵牾牵强，以类括之。夫历史合传独传之文具在，曷尝必首标其色目哉！所以然者，良由典故证据诸文，不隶本考，而隶艺文志，则事无原委，不得不散著焉，以藏其苟简之羞；行状碑版诸文，不隶本传，而隶艺文志，则人无全传，不得不强合焉，以足其款目之数。故志体坏于标题不得史法，标题坏于艺文不合史例；而艺文不合史例之原，则又原于创修郡县志时，误仿名山图志之广载诗文也。夫志州县与志名山不同，彼以形胜景物为主，描摩宛肖为工；崖颠之碑，壁阴之记，以及雷电鬼怪之迹，洞天符检之文；与夫今古名流游览登眺之作，收无孑遗，即征奥博，盖原无所用史法也。若夫州县志乘，即当时一国之书，民人社稷，政教典故，所用甚广，岂可与彼一例？而有明以来，相沿不改，故州县志乘，虽有彼善于此，而卒鲜卓然独断，裁定史例，可垂法式者。今日尤当一破夙习，以还正史体裁者也。

十，议外编：廿一史中，纪表志传四体而外，《晋书》有《载记》，《五代史》有《附录》，《辽史》有《国语解》，至本朝纂修《明史》，亦于年表之外，又有图式，所用虽各不同，要皆例以义起，期于无遗无滥者也。邑志猥并错杂，使同稗野小说,固非正体,若遽以国史简严之例处之,又非广收以备约取之意,凡事属琐屑,而不可或遗者,如一产三男,人寿百岁,神仙踪迹,科第盛事,一切新奇可喜之传,虽非史体所重,亦难遽议刊落,当于正传之后,用杂著体零星纪录,或名外编,或名杂记,另成一体,使纤黍钉铰,先有门类可归,正以厘清正载之体裁也。谣歌谚语,巷说街谈,苟有可观,皆用此律。

甲申冬杪,天门胡明府议修县志,因作此篇,以附商榷。其论笔削义例,大意与旧答甄秀才前后两书相出入。而此议前五条,则先事之事,宜有彼书所不及者;若彼书所条,此议亦不尽入,则此乃就事论事,而余意推广于纂修之外者,所未遑也。至论俗例拘牵之病,此较前书为畅;而艺文一志,反复论之特详,是又历考俗例受病之原,皆不出此。故欲为是拔本塞源之论,而断行新定义例,初非好为更张耳。阅者取二书而互考焉,从事编纂之中,庶几小有裨补云。自跋。

《天门县志·艺文考》序艺文论附

呜呼!《艺文》一考,非第志文之盛,且以慨其衰也。有志之士,负其胸中之奇,至于抵牾掎摭,不得已而见之于文,伤已!乃其所谓文者,往往竭数十年萤镫雪案,苦雨凄风,所与刻肝贤,耗心血,而郑重以出者;曾不数世,而一瓻拓落,存没人间,冷露飘风,同归于尽,可胜慨哉!幸而轺轩载笔,得以传示来兹。然汉史所录,《隋志》阙亡者若而人;《隋

志》所录,《唐书》残逸者若干家。《崇文总目》,《中兴书目》,
《文渊阁目》,上下千年,大率称是。岂造物忌才,精华欲秘
欤!抑所撰述,精采不称,不足传久远欤!而两汉以下,百
家丛脞,雅俗杂揉,猥鄙琐屑之谈,亦具有存者,则其中亦自
有幸不幸焉。

《景陵旧志》,《艺文》不载书目,故前人著作,未尽搜罗,
而本传附录,生平著书,今亦不少概见。然则斯考所采,更
阅三数十年,其散逸遗亡,视今又何如耶!此余之所以重为
诸家惜也。今采摭诸家,勒为一考,厥类有四:曰经,曰史,
曰子,曰集。其别有三:曰传世,曰藏家,俱分隶四部,曰亡
逸,别自为类,附篇末。

论曰:近志艺文,一变古法,类萃诗文,而不载书目,非
无意也。文章汇次甲乙成编,其有裨于史事者,事以旁证而
易详,文以兼收而大备,故昭明以后,唐有《文苑》,宋有《文
鉴》,元有《文类》,括代总选,雅俗互陈,凡以辅正史,广见
闻,昭文章也。第十五《国风》、十二《国语》,固宜各有成书,
理无可杂。近世多仿《国语》而修邑志,不闻仿《国风》而汇
辑一邑诗文,以为专集,此其所以爱不忍删,牵率抵牾,一变
艺文成法欤!夫史体尚谨严,选事贵博采,以此诗文拦入志
乘,已觉繁多,而以选例推之,则又方嫌其少。然则二者自
宜各为成书,交相裨佐明矣。至著作部目,所关至巨,未宜
轻议刊置,故今一用古法,以归史裁。其文之尤不忍删者,
暂隶附录,苟踵事增华,更汇成书,以裨志之不逮。呜呼!
庶有闻风而嗣辑者欤!

《天门县志·五行考》序

尧水汤旱，圣世不能无灾；回星反火，外物岂能为异？然而石鹢必书，螟蝗谨志者，将以修人事答天变也。自《援神》、《钩命》，符谶荒唐，遂失谨严。而班、范所录，一准刘向《洪范》之传，连类比附，证合人事，虽存警戒，未始无附会矣。

夫天人之际，圣人谨焉。《春秋》二百四十二年，五行灾祥，杂出不一，圣人第谨书之，而不与斤斤规合，若者应何事？若者应何人？非不能也，盖征应常变之理，存其概，足以警人心；而牵合其事，必至一有不合，或反疑灾变之不足畏，毋乃欲谨而反怠欤！草木变异，虫兽祸孽，史家悉隶五类，列按五事。余以为祥异固有为而作，亦有不必尽然，难以附合者。故据事直书，不分门类，不注征应，一以年月为次；人事有相关者，杂见他篇，可自得焉。

《天门县志·学校考》序

阙里备家乘矣，成均辑故事矣，胶庠泮水，寰宇同风，曷事连编采摭，更为专考？抑自两汉以下政教各有所崇；而学校有兴无废，披水筑宫，拂虞拭履，有事则于中讲明而施行之；无事则父老子弟，于以观游自淑，而礼法刑政，民彝物则，胥出于是焉；则学校固与吏治相为表里者也。典型具在，坠绪茫然，抚钟鼓而想音徽，可以蹶然兴矣。

与石首王明府论志例

志为史裁，全书自有体例。志中文字，俱关史法，则全书中之命辞措字,亦必有规矩准绳,不可忽也。体例本无一定,但取全书,足以自覆,不致互歧,毋庸以意见异同,轻为改易。即原定八门大纲,中分数十子目,略施调剂,亦足自成一家,为目录以就正矣。惟是记传叙述之人,皆出史学。史学不讲,而记传叙述之文,全无法度,以至方志家言,习而不察,不惟文不雅驯,抑亦有害事理。曾子曰:"出辞气,斯远鄙倍矣。"鄙则文不雅也,倍则害于事也。文士囿于习气,各矜所尚,争强于无形之平奇浓淡,此如人心不同,面目各异,何可争?亦何必争哉!惟法度义例,不知斟酌,不惟辞不雅驯,难以行远;抑且害于事理,失其所以为言。今既随文改正,附商榷矣。恐未悉所以必改之故,约举数端,以为梗概。则不惟志例洁清,即推而及于记传叙述之文,亦无不可以明白峻洁,切实有用,不致虚文害实事矣。

如《石首县志》,举文动称石邑,害于事也。地名两字,摘取一字,则同一字者,何所分别?即如石首言石,则古之县名,汉有石成,齐有石秋,隋有石南,唐有石岩,今四川有石柱厅,云南有石屏州,山西有石楼县,江南有石埭县,江西、广东又俱有石城县,后之观者,何由而知为今石首也?至以县称邑,亦习而不察其实,不可训也。邑者,城堡之通称,大而都城、省城、府州之城,皆可称邑,《诗》称京邑,《春秋》诸国通好,自称敝邑,岂专为今县名乎?小而乡村筑堡,十家之聚,皆可称邑,亦岂为县治邪?

至称今知县为知某县事,亦非实也。宋以京朝官知外县事,体视县令为尊,结衔犹带京秩,故曰某官知某县事耳。

今若袭用其称，后人必以宋制疑今制矣。若邑侯，邑大夫，则治下尊之之辞，施于辞章则可，用以叙事，鄙且倍矣。邑宰则春秋之官，虽汉人施于碑刻，毕竟不可为训。令尹亦古官名，不可滥用以疑后人也。官称不用制度，而多文语，大有害于事理。曾记有称人先世为"司马公"者，适欲考其先世，为之迷闷，数日不得其解。盖流俗好用文语，以《周官》司马，名今之兵部，然尚书侍郎与其属官，皆可通名司马，已难分矣。又府同知，俗称亦为司马，州同亦有州司马之称。自兵部尚书以至州同，其官相悬绝矣！"司马公"三字，今人已不能辨为何官，况后世乎？

以古成均称今之国子监生，以古庠序称今之廪增附生，明经本与进士分科，而今为贡生通号。然恩、拔、副、岁、优、功、廪、增、附、例十等，分别则不可知矣。通显贵官，则谥率恭文懿敏；文人学子，号多峰岩溪泉。谥则称公，号则先生处士，或如上寿祝辞，或似荐亡告牒，其体不知从何而来？项籍曰："书足以记姓名。"今读其书，见其事，而不知其人何名？岂可为史家书事法欤？

又如双名止称一字，古人已久摘其非。如杜台卿称卿，则语不完，而荀卿、虞卿皆可通用。安重荣称荣，则语不完，而桓荣、寇荣皆可通用。至去疾称疾，无忌称忌，不害称害，且与命名之意相反，岂尚得谓其人欤？妇女有名者称名，无名者称姓，《左》、《史》以来，未有改者。今志家乃去姓而称氏，甚至称为该氏，则于义为不通，而于文亦鄙塞也。今世为节烈妇女撰文，往往不称姓氏，而即以节妇烈女称之，尤害理也。妇人守节,比于男子抒忠,使为逢、比诸公撰传,不称逢、比之名,而称忠臣云云,有是理乎?经生之为时艺,首用二语破题。破题例不书名,先师则称圣人,弟子则称贤者,颜、曾、孟子则称大贤,盖仿律赋发端,先虚后实,试帖之制度然尔。今用其法以称节孝,真所谓习焉不察者也。

柳子曰:"参之太史以著其洁。"未有不洁而可以言史文者。文如何而为洁?选辞欲其纯而不杂也。古人读《易》如无《书》,不杂之谓也。同为经典,同为圣人之言,倘以龙血鬼车之象,而参奥若稽古之文;取熊蛇鱼旐之梦,而系春王正月之次,则圣人之业荒,而六经之文且不洁矣。今为节妇著传,不叙节妇行事,往往称为矢志《柏舟》,文指不可得而解也。夫柏舟者,以柏木为舟耳。诗人托以起兴,非《柏舟》遂为贞节之实事也。《关雎》可以兴淑女,而雎鸠不可遂指为淑女;《鹿鸣》可以兴嘉宾,而鸣鹿岂可遂指为嘉宾?理甚晓然。奈何纪事之文,杂入诗赋藻饰之绮语。

夫子曰:"必也正名乎!"文字则名言之萃著也。"名不正,则言不顺",而事理于焉不可得而明。是以书有体裁,而文有法度,君子之不得已也。苟徇俗而无伤于理,不害于事,虽非古人所有,自可援随时变通之义,今亦不尽执矣。

记与戴东原论修志

乾隆三十八年癸巳夏,与戴东原相遇于宁波道署,冯君弼方官宁绍台兵备道也。

戴君经术淹贯,名久著于公卿间,而不解史学。闻余言史事,辄盛气凌之。见余《和州志例》,乃曰:"此于体例则甚古雅,然修志不贵古雅。余撰汾州诸志,皆从世俗,绝不异人,亦无一定义例,惟所便尔。夫志以考地理,但悉心于地理沿革,则志事已竟。侈言文献,岂所谓急务哉?"

余曰:"余于体例,求其是尔,非有心于求古雅也。然得其是者,未有不合于古雅者也。如云但须随俗,则世俗人皆可为之,又何须择人而后与哉?方志如古国史,本非地理专门,如云但重沿革,而文献非其所急,则但作沿革考一篇足矣,何为集众启馆,敛费以数千金,卑辞厚币,邀君远赴,旷日持久,成书且累函哉?且古今沿革,非我臆测所能为也。考沿革者,取资载籍;载籍具在,人人得而考之。虽我今日有失,后人犹得而更正也。若夫一方文献,及时不与搜罗,编次不得其法,去取或失其宜,则他日将有放失难稽,湮没无闻者矣。夫图事之要,莫若取后人所不得而救正者,加之意也。然则如余所见,考古固宜详慎;不得已而势不两全,无宁重文献而轻沿革耳。"戴他顾而语人曰:"沿革苟误,是通部之书皆误矣。名为此府若州之志,实非此府若州也,而可乎?"

余曰:"所谓沿革误而通部之书皆误者,亦止能误入载籍可稽之古事尔。古事误入,亦可凭古书而正之,事与沿革等耳。至若三数百年之内,遗文逸献之散见旁出,与夫口耳流传,未能必后人之不湮没者;以及兴举利弊,切于一方之实用者,则皆核实可稽,断无误于沿革之失考,而不切合于此府若州者也。"

冯君曰:"方志统合古今,乃为完书,岂仅为三数百年以内设邪?"余曰:"史部之书,详近略远,诸家类然,不独在方志也。《太史公书》详于汉制,其述虞、夏、商、周,显与六艺背者,亦颇有之。然六艺具在,人可凭而正史迁之失,则迁书虽误,犹无伤也。秦、楚之际,下逮天汉,百余年间,人将一惟迁书是凭;迁于此而不详,后世何由考其事耶?且今之修方志者,必欲统合今古,盖为前人之修是志,率多猥陋,无所取裁,不得已而发凡起例,如创造尔。如前志无憾,则但当续其所有;前志有阙,但当补其所无。夫方志之修,远者不过百年,近者不过三数十年。今远期于三数百年,以其事虽递修,而义同创造,特宽为之计尔。若果前志可取,正不必尽方志而皆计及于三数百年也。夫修志者,非示观美,将求其实用也。时殊势异,旧志不能兼该,是以远或百年,近或三数十年,须更修也。若云但考沿革,而他非所重。则沿革明显,毋庸考订之州县,可无庸修志矣。"冯君恍悟曰:"然!"

戴拂衣径去。明日示余《汾州府志》,曰:"余于沿革之外,非无别裁卓见者也。旧志人物门类,乃首名僧,余欲删之,而所载实事,卓卓如彼,又不可去。然僧岂可以为人?他志编次人物之中,无识甚矣。余思名僧必居古寺,古寺当归古迹,故取名僧事实,归之古迹,庸史不解此创例也。"

余曰:"古迹非志所重,当附见于舆地之图,不当自为专门。古迹而立专门,乃统志类纂名目,陋儒袭之,入于方志,非通裁也。如云僧不可以为人,则彼血肉之躯,非木非石,毕竟是何物邪？笔削之例至严，极于《春秋》，其所诛贬，极于乱臣贼子，亦止正其名而诛贬之，不闻不以为人，而书法异于圆首方足之伦也。且人物仿史例也；史于奸臣叛贼，犹与忠良并列于传，不闻不以为人，而附于地理志也。削僧事而不载，不过俚儒之见耳。以古迹为名僧之留辙，而不以人物为名，则《会稽志》禹穴，而人物无禹；《偃师志》汤墓，而人物无汤；《曲阜志》孔林，而人物无孔子。彼名僧者，何幸而得与禹、汤、孔子同其尊欤？无其识而强作解事，固不如庸俗之犹免于怪妄也。"

报广济黄大尹论修志书

承示志稿，体裁简贵，法律森严，而殷殷辱赐下询，惟恐有辜盛意，则仅就鄙衷所见，约举一二，以备采菲，然亦未必是也。

盖方志之弊久矣，流俗猥滥之书，固可不论，而雅意拂拭，取足成家，则往往有之。大抵有文人之书，学人之书，辞人之书，说家之书，史家之书，惟史家为得其正宗。而史家又有著作之史，与纂辑之史，途径不一。著作之史，宋人以还，绝不多见；而纂辑之史，则以博雅为事，以一字必有按据为归，错综排比，整炼而有剪裁，斯为美也。

今来稿大抵仿朱氏《旧闻》，所谓纂辑之善者也。而用之似不能画一其体。前周书昌与李南涧合修《历城县志》，无一字不著来历。其古书旧志有明文者，固注原书名目。即新收之事，无书可注，如取于案牍，则注某房案卷字样；如取投送传状，则注家传呈状字样；其有得于口述者，则注某人口述字样。此明全书，并无自己一语之征，乃真仿《旧闻》而画一矣。志中或注新增二字，或不加注，似非义例。

又世纪遗漏过多，于本地沿革之见于史志者，尚未采备，其余亦似少头绪，此门似尚未可用。至城市中之学校，录及乐章，及先贤先儒配位，此乃率土所同，颁于令典，本不须载。今载之，又不注出于《会典》，而注出于旧志，亦似失其本原。又诗文入志，本宜斟酌，鄙意故欲别为文征。今仿《旧闻》之例，载于本门之下，则亦宜画一其例。按《旧闻》无论诗文，概为低格分载。今但于山川门中，全篇录诗，而诸门有应入传志记叙之文，多删节而不列正文，恐简要虽得，而未能包举也。又表之为体，纵横经纬，所以爽豁眉目，省约篇章，义至善也。今职官选举，仍散著如花名簿，名虽为表，而实非表。户籍之表善矣，然注图甲姓氏可也，今有注人名者，不知所指何人，似宜覈核。

艺文之例，经史子集，无不当收；其著书之人，不尽出于文苑；今裁文苑之传而入艺文，谓仿《书录解题》，其实刘向《七略》、《别录》，未尝不表其人，略同传体。然班氏撰入《汉·艺文志》，则各自为传，而于艺文目下，但注有传二字，乃为得体。今又不免反客而为主矣！

已上诸条，极知瞽蒙之见，无当采择，且不自揣而为出位之谋，是以琐屑不敢渎陈，然既承询及，不敢不举其大略也。

覆崔荆州书

前月过从，正在公事旁午之际，荷蒙赐赆赠舟，深切不安。措大眼孔，不达官场缓急情事，屡书冒渎，抱惭无地。冬寒，敬想尊侯近佳。所付志稿，解缆匆忙，未及开视，曾拜书，俟旋省申覆。舟中无事，亦粗一过目，则叹执事明鉴，非他人可及。前在省相见，送志稿时，执事留日无多，即云"志颇精当，内有讹错，亦易改正"，数语即为定评。

今诸缙绅磨勘月余，签摘如麻，甚至屡加诋诘嘲笑，全失雅道，乃使鄙人抱惭无地。然究竟推敲，不过《职官》、《科目》二表，人名有颠倒错落；《文征·碑记》一卷，时代不按先后，诚然抵牾。然校书如雠，议礼成讼，办书之有签商往复，亦事理之常；否则古人不必立校雠之学，今人修书，亦不必列较订参阅之衔名矣！况《职官》、《科目》二表，实有办理错误之处，亦有开送册籍本不完全之处。《文征》则因先已成卷，后有续收，以致时代有差，虽曰舛误，亦不尽无因也。而诸绅指摘之外，严加诋诃，如塾师之于孺子，官长之于胥吏，则亦过矣。况文理果系明通，指摘果无差失，鄙人何难以严师奉之。

今开卷第一条，则凡例原文云："方志为国史要删。"语本明白。要删犹云删要以备用尔，语出《史记》，初非深僻，而签改为要典，则是国史反藉方志为重，事理失实，而语亦费解矣。《文征·二圣祠记》，上云"立化像前"，下云"食顷复活"。化，即死也。故字书死字从化字之半，其文亦自明白。今签"立化"句云"有误，否则下文复活无根"。由此观之，其人文理本未明通，宜其任意诃叱，不知斯文有面目也。至《职官》、《科目》之表，舛误自应改正。然《职官》有文武正佐，《科目》亦有文武甲乙，既以所属七县画分七格，再取每属之职官科目，逐一分格，则尺幅所不能容，是以止分七格，而以各款名目，注于人名之下。此法本于《汉书·百官表》，以三十四官并列一十四格，而仍于表内各注名目，最为执简驭繁之良法。今签指云："混合一表，眉目不清。"

又《文征》以各体文字分编，通部一例，偶因《碑记》编次舛误，自应签驳改正可也。今签忽云："学校之记当前，署廨列后，寺观再次于后。"则一体之中，又须分类。分类未为不可，然表奏、序论、诗赋诸体，又不分类，亦不签改，则一书之例，自相矛盾。由此观之，其人于书之体例，原不谙习，但知信口詈骂，不知交际有礼义也。其余摘所非摘，驳所非驳之处甚多，姑举一二以概其余，则诸绅见教之签，容有不可尽信者矣。

《荆志·风俗》，袭用旧文，以谓士敦廉让。今观此书签议，出于诸绅，则于文理，既不知字句反正虚实；而于体例，又不知款目前后编次，一味横肆斥骂，殆于庸妄之尤，难以语文风土习矣。因思执事数日之间，评定志稿得失，较诸绅汇集多日，纷指如麻为远胜之，无任钦佩之至！但此时执事无暇及此，而鄙人又逼归期，俟明岁如签声覆，以听进止可耳。

为张吉甫司马撰《大名县志》序

乾隆四十六年冬，余自肥乡知县移剧大名。大名自并魏移治府城，号称畿南冲要，而县志尚未裒合成书，文献之征，阙焉未备。余有志搜罗，下车之始，姑未遑暇。至四十九年，乃与乡缙绅讨论商榷，采取两县旧志，参互考订，益以后所见闻，汇辑为编，得图说二篇，表二篇，志七篇，传五篇，凡一十六篇。而《叙例》《目录》之列于卷首，杂采缀记之附于卷末者不与焉。五十年春正月，书成，会余迁河间府同知，寻以挂误免官，羁迹旧治。而继为政者，休宁吴君，自隆平移治兹县。吴君故尝以循良，名声三辅，而大雅擅文，所学具有原本。及余相得，莫逆于心，因以志稿属君订定，而付之梓人。爰述所以为志之由而质之吴君。

曰：往在肥乡官舍，同年友会稽章君学诚，与余论修志事。章君所言，与今之修志者异。余征其说。章君曰："郡县志乘，即封建时列国史官之遗；而近代修志诸家，误仿唐、宋州郡图经而失之者也。《周官》外史掌四方之志，注谓若晋之《乘》，楚之《梼杌》，鲁之《春秋》，是一国之史，无所不载，乃可为一朝之史之所取裁。夫子作《春秋》，而必征百国宝书，是其义矣。若夫图经之用，乃是地理专门。按天官司会所掌书契版图，注：版谓户籍，图谓土地形象，田地广狭，即后世图经所由仿也。是方志之与图经，其体截然不同，而后人不辨其类，盖已久矣。"

余曰："图经于今，犹可考乎？"章君曰："古之图经，今不可见；间有经存图亡，如《吴郡图经》《高丽图经》之类，约略见于群书之所称引，如水经地志之类，不能得其全也。今之图经，则州县舆图，与六条宪纲之册，其散著也；若元、明之

《一统志》书，其总汇也。散著之篇，存于官府文书，本无文理，学者所不屑道；统汇之书，则固地理专门，而人物流寓，形胜土产，古迹祠庙诸名目，则因地理而类撮之，取供文学词章之所采用，而非所以为书之本意也。故形胜必用骈俪，人物节取要略，古迹流连景物，祠庙亦载游观，此则地理中之类纂，而不为一方文献之征，甚皎然也。"

余曰："然则统志之例，非与阎氏若璩以谓统志之书，不当载人物者，其言洵足法与？"章君曰："统志创于元、明，其体本于唐、宋，质文损益，具有所受，不可以为非也。《元和郡县》之志，篇首各冠以图，图后系以四至八到，山川经纬之外，无旁缀焉，此图经之本质也。《太平寰宇》之记，则入人物艺文，所谓踵事而增华也。嘉熙《方舆胜览》，侈陈名胜古迹，游览辞赋，则逐流而靡矣。统志之例，补《寰宇》之剩义，删名胜之支辞，折衷前人，有所依据，阎氏从而议之，过矣！然而其体自有轻重，不可守其类纂名目，以备一方文献之全，甚晓然也。"

余曰："古之方志，义例何如？"章君曰："三代封建，与后代割据之雄，大抵国自为制，其体固不侔矣。郡县之世，则汉人所为《汝南先贤》、《襄阳耆旧》、《关东风俗》诸传说，固已偏而不备，且流传亦非其本书矣。今可见者，宋志十有余家，虽不能无得失，而当时图经纂类名目未盛，则史氏家法犹存；未若今之直以纂类子目，取为全志，俨如天经地义之不可易也。"

余曰："宋志十有余家，得失安在？"章君曰："范氏之《吴郡志》,罗氏之《新安志》,其尤善也。罗《志》芜而不精,范《志》短而不详,其所蔽也;罗《志》意存著述,范《志》笔具翦裁,其所长也。后人得著述之意者,鲜矣!知剪裁者,其文削而不腴,其事郁而不畅,其所识解,不出文人习气,而不可通于史氏宏裁;若康氏《武功》之志,韩氏《朝邑》之志,其显者也。何为文人习气?盖仿韩退之《画记》而叙山川物产,不知八书、十志之体不可废也;仿柳子厚《先友记》而志人物,不知七十列传之例不可忘也。然此犹文人徇名之弊也。等而下者,更无论矣。"

余曰:"如君所言,修志如何而后可?"章君曰:"志者,志也。其事其文之外,必有义焉,史家著作之微旨也。一方掌故,何取一人著作;然不托于著作,则不能以传世而行远也。文案簿籍,非不详明,特难乎其久也。是以贵专家焉。专家之旨,神而明之,存乎其人,不可以言传也。其可以言传者,则规矩法度,必明全史之通裁也。明全史之通裁,当奈何?曰:知方志非地理专书,则山川都里,坊表名胜,皆当汇入地理,而不可分占篇目,失宾主之义也。知方志为国史取裁,则人物当详于史传,而不可节录大略;艺文当详载书目,而不可类选诗文也。知方志为史部要删,则胥吏案牍,文士绮言,皆无所用,而体裁当规史法也,此则其可言者也。夫家有谱,州县有志,国有史,其义一也。然家谱有征,则县志取焉;县志有征,则国史取焉。今修一代之史,盖有取于家谱者矣,未闻取于县志,则荒略无稽,荐绅先生所难言也。然其故,实始于误仿图经纂类之名目,此则不可不明辨也。"

噫！章君之言，余未之能尽也。然于志事，实不敢掉之以轻心焉！二图包括地理，不敢流连名胜，侈景物也。七志分别纲目，不敢以附丽失伦，致散涣也。二表辨析经纬，不敢以花名卯簿，致芜秽也。五传详具事实，不敢节略文饰，失征信也。乡荐绅不余河汉，勤勤讨论，勒为斯志，庶几一方之掌故，不致如章君之所谓误于地理之偏焉耳。若求其志而欲附于著作专家，则余谢不敏矣。

为毕秋帆制府撰《常德府志》序

常德为古名郡，左包洞庭，右控五溪，战国楚黔中地。秦楚争衡，必得黔中以为橐钥，所谓旁摄溪蛮，南通岭峤，从此利尽南海者也。后汉尝移荆州治此，盖外控诸蛮，则州部之内，千里晏然。隋、唐以来，益为全楚关键。五季马氏，既并朗州，而后屹然雄视诸镇，莫敢与抗矣。盖北屏荆渚，南临长沙，远作滇、黔门户，实为控要之区，不其然欤！我朝奕世承平，蛮夷率服，大湖南北，皆为腹地。康熙二十二年，满洲将军驻防荆州，遂移提督军门弹压常德。后虽分湖南北为两部院，而营制联络，两部呼吸相通，故节制之任，仍统于一。

余承乏两湖，尝按部常德，览其山川形势，慨想秦、汉通道以来，治乱机缄，割制利弊，与夫居安思治，化俗宜民之道，爰进守土长吏，讲求而切磋究之。知府三原李君大鼇，恫愊吏也，六条之察，次第既略具矣。府志辑于康熙九年，故册荒陋，不可究诘；百余年之文献，又邈焉无征，于是请事重修,余谓此能知其大也。虽然方志遍寰宇矣。贤长吏知政贵有恒,而载笔之士,不知辞尚体要,猥芜杂滥无讥焉耳。即有矫出流俗,自命成家,或文人矜于辞采,学士侈其搜罗,而于事之关于经济,文之出于史裁,则未之议也。

会稽章典籍学诚,游于余门,数为余言史事,犁然有当于余心。余嘉李君之意,因属典籍为之撰次,阅一载而告成,凡书二十四篇,为纪者二,编年以综一郡之大事。为考者十,分类以识今古之典章。为表者四,年经事纬,以著封建、职官、选举、人物之名姓。为略者一,为传者七,采辑传记,参合见闻,以识名宦、乡贤、忠孝、节义之行事。纲举而目斯张,体立而用可达。俗志附会古迹,题咏八景,无实靡文,概从删落。其有记序文字,歌咏篇什,足以考证事实,润色风雅,志家例录为艺文者,今以艺文专载书目,诗文不可混于史裁,别撰《文征》七卷,自为一书,与志相辅而行。其搜剔之余,畸言脞说,无当经纶,而有资谈助者,更为《丛谈》一卷,皆不入于志篇。凡此区分类别,所以辨明识职,归于体要,于是常德典故,可指掌而言也。

夫志不特表章文献,亦以辅政教也。披览舆图,则善德、桃源之为山镇,渐潜、沧浪之为川泽,悠然想见古人清风,可以兴起末俗,爰求前迹,有若马伏波、应司隶之流,制苗蛮于汉世;李习之、温简舆其人,兴水利于唐时,因地制宜,随时应变,皆文武长吏前事之师。考古即以征今,而平日讨论,不可以不豫也。盖政之有恒,与辞之体要,本非两事,昧于治者不察也。余故因李君之知所务也,而推明大旨，以为求治理者法焉。

为毕秋帆制府撰《荆州府志》序

荆州富于《禹贡》、《职方》，雄据于三国六朝五季，而冲要岩剧于前明，盖至今所领仅七城，而于湖北部内十一府州犹为重望云。三代画州，荆域衺延且数千里，无可言也。汉分南郡、荆州所部。蒯越说刘表曰："荆州南据江陵，北守襄阳，八郡可传檄而定。"诸葛忠武说昭烈曰："荆州北据汉沔，利尽南海，东连吴会，西通巴蜀，用武之国。"六朝争剧于萧梁，五季称雄于高氏，一时献奇藉箸，腾说虽多，大约不出蒯、葛数语。然是时荆州，实兼武陵、桂阳诸郡，幅员包湖南境。至明改元中兴路为荆州府，则今荆州境矣。彼时王国所封，蔚为都会。我朝因明旧治，初以总兵官镇守其地，旋改满营，设将军都统，以下如制。雍正十三年，割二州三县与土司地，分置宜昌、施南两府。乾隆五十六年，又以远安隶荆门州，于是荆州所部，止于七县。然而形势犹最诸府，则江陵固兼南北之冲，而东延西控，联络故自若也。至于时事异宜，则满汉分城，兵民不扰，漕兑互抵，转饷无劳，亦既因时而立制矣。惟大江东下分流，故道多湮，江防堵筑，视昔为重。乾隆戊申，大水灌城，军民被淹，城治倾圮。天子南顾畴咨，特命重臣，持节临莅，发帑二百万金，巨工大役，次第兴举。余于是时，奉命来督两湖，夙夜惴惕，惟恐思虑有所未周，无以仰答诏旨。咨于群公，询于寮寀，群策材力，幸无陨越；而亿兆生灵，皆蒙恺泽，而出于昏垫，则荆州虽故而若新也。

逾年,民气渐苏,官司稍有清晏。知府山阴张君方理,始欲整齐掌故,为后持循,旋以事去。继其任者,永济崔君龙见,乃集七县长吏,而议修府志。崔君以名进士起家,学优而仕,其于斯志,盖斤斤乎不苟作也。且《荆志》著于古者,倍他州郡,盛宏之有《荆州记》,庾仲雍有《江记》,宗懔有《荆楚岁时记》,梁元帝有《荆南志》,又有《丹阳尹传》。书虽不存,部目可考,遗文逸句,犹时见于群书所称引也。前明所修《荆州府志》,仅见著录而无其籍。康熙年间,胡在恪所修,号称佳本,而世亦鲜见。

今存叶仰高志,自云多仍胡氏旧文,体例谨严,纂辑必注所出,则其法之善也。而崔君之于斯志,则一秉史裁,详赡博雅之中,运以独断别裁之义。首纪以具编年史法,次表以著世次年代,掌故存于诸考,人物详于列传,亦既纲举而目张矣。

又以史志之书,记事为主,艺文乃著录之篇,而近代志家,猥选诗文杂体,其有矫而正者,则又裁节诗文,分类隶于本事之下,皆失古人流别。今师史例以辑《府志》,更仿选例以辑《文征》,自云志师八家《国语》,《文征》师十五《国风》,各自为书,乃得相辅而不相乱。又采辑之余,琐事畸言,取则失裁,弃则可惜,近人编为志余,亦非史法。今乃别为《丛谈》一书,巨细兼收,而有条不紊,盖近日志家所罕见也。

昔罗愿撰《新安志》,自谓儒者之书,不同钞撮簿记。今崔君所辑,本源深远,视罗氏雅裁,有过之而无不及已。会湖北有《通志》之役，聘会稽章籍学诚，论次其事。章君雅有史识，与余言而有合。崔君又屡质于典籍，往复商榷，时亦取衷于余，余故备悉其始末，而叙于卷端。

为毕秋帆制府撰《石首县志》序

石首为荆州望县，两汉本华容地。晋平吴，分华容置县，因山以石首名。赵宋改治调弦，易名建宁，寻迁绣林山左，复名石首。元大德中，又迁楚望山下。历明至今，文物声名，为荆部称盛。县志不修，近六十年，旧志疏脱，诠次无法，又阙数十年之事实。知县玉田王君维屏，因余撰辑《通志》，檄征州县之书，乃论次其县事，犁剔八门，合首尾为书十篇，以副所征，且请余为之序。余披览其书，而知王君之可与论治也。

夫为政必先纲纪，治书必明体要。近日为州县志者，或胥吏案牍，芜秽失裁；或景物题咏，浮华无实。而求其名义所归，政教所重，则茫然不知其所指焉。夫政者，事也。志者，言也。天下盖有言之斐然，而不得于其事者矣；未闻言之尚无条贯，而其事转能秩然得叙者也。

今王君是志，凡目数十，括以八门，若网在纲，有条不紊。首曰《编年》，存史法也。志者，史所取裁；史以记事，非编年弗为纲也。次曰《方舆》，考地理也，县之有由立也；山川古迹，以类次焉，而水利江防，居其要矣。次曰《建置》，人功修也；城池廨署，以至坛庙，依次附焉。次曰《民政》，法度立也；户田赋役之隶于司徒，邮驿兵防之隶于司马，皆《洪范》八政之经也。次曰《秩官》,昭典守也;长佐师儒,政教所由出也,而卓然者,爰斯传矣。次曰《选举》,辟才俊也;论秀书升,《王制》之大,兴贤与能,《周官》是详,勒邦乘者所不容略也。次曰《人物》,次曰《艺文》,一以征文,一以考献,皆搜罗放失,谨备遗忘,尤为乘时之要务也。《人物》必征实事,而不以标榜为虚名;《艺文》谨著部目,而不以诗文充篇幅。盖《人物》为马史列传之遗,《艺文》为班、刘著录之例,事必师古,而后可以法当世也。部分为八,亦既纲举而目张矣。至于序例图考,冠于编首,余文剩说,缀于简末,别为篇次,不入八门,殆如九夫画井,八阵行军,经纬灿然,体用具备,乃知方志为一方之政要,非徒以风流文采,为长吏饰儒雅之名也。且石首置县以来,凡三徙矣。今县治形势,实为不易;四顾平衍之中,至县群山涌出,东有龙盖,南有马鞍,西有绣林,北有楚望,居中扼要,政令易均,是以明代至今,相仍为治。

夫抚驭必因形势,为政必恃纲纪,治书必贵体要,一也。王君以儒术入仕,知所先务,其于治书,洵有得于体要,后人相仍,如县治矣。抑古人云:"坐而言者,期起而行。"今之具于书者,果能实见诸政治,则必不以簿书案牍为足称职业,文采绚饰为足表声誉,是则虽为一县之志,即王君一人之治书也。古之良史,莫能尚已。余于王君有厚望焉。

书《武功志》后

康海《武功志》三卷,又分七篇,各为之目。一曰《地理》，二曰《建置》，三曰《祠祀》，四曰《田赋》，五曰《官师》，六曰《人物》，七曰《选举》。首仿古人著述，别为篇叙，高自位置，几于不让，而世多称之。王氏士祯亦谓"文简事核，训辞尔雅"。后人致欲奉为修志楷模，可为幸矣！夫康氏以二万许言，成书三卷，作一县志，自以谓高简矣。今观其书，芜秽特甚，盖缘不知史家法度，文章体裁，而惟以约省卷篇，谓之高简，则谁不能为高简邪？

志乃史裁，苟于地理无关，例不滥收诗赋。康氏于名胜古迹，猥登无用诗文，其与俗下修志，以文选之例为艺文者，相去有几？

夫诸侯不祖天子，大夫不祖诸侯，严名分也。历代帝王后妃，史尊纪传，不藉方志。修方志者，遇帝王后妃故里，表明其说可也。列帝王于人物，载后妃于列女，非惟名分混淆，且思王者天下为家，于一县乎何有？康氏于人物，则首列后稷以至文王，节录太史《周纪》，次则列唐高祖、太宗，又节录《唐本纪》，乖剌不可胜诘矣。方志不当僭列帝王，姑且勿论，就如其例，则武王以下，何为删之？以谓后有天下，非邠之故邑耶？则太王尝迁于岐，文王又迁于丰，何以仍列武功人物？以武王实有天下，文王以上不过追王，故录之耶？则唐之高祖、太宗又何取义？以谓高祖、太宗生长其地，故录之耶？则显、懿二祖，何为删之？后妃上自姜嫄，下及太姜，何为中间独无太任？姜非武功封邑，入于武功列女，以谓妇从夫耶？则唐高祖之太穆窦后，太宗之文德长孙皇后，皆有贤名，何为又不载乎？夫载所不当载，为芜为僭，以言识不足也。就其自为凡例，任情出入，不可诘以意指所在，天下有如是而可称高简者哉？

尤可异者，志为七篇，舆图何以不入篇次？盖亦从俗例也。篇首冠图，图止有二，而苏氏《璇玑》之图，乃与舆图并列，可谓胸中全无伦类者矣，夫舆图冠首，或仿古人图经之例，所以揭一县之全势，犹可言也。《璇玑》之图，不过一人文字，或仿范氏录蔡琰《悲愤诗》例，收于列女之传可也。如谓图不可以入传，附见传后可也。蓦然取以冠首，将武功为县，特以苏氏女而显耶？然则充其义例，既列文王于人物矣，曷取六十四卦之图冠首？既列唐太宗于人物矣，曷取六阵之图冠首？虽曰迂谬无理，犹愈《璇玑图》之仅以一女子名也。惟《官师志》，褒贬并施，尚为直道不泯，稍出于流俗耳。

书《朝邑志》后

韩邦靖《朝邑志》二卷，为书七篇：一曰《总志》，二曰《风俗》，三曰《物产》，四曰《田赋》，五曰《名宦》，六曰《人物》，七曰《杂记》，总约不过六七千言，用纸十六七番，志乘之简，无有过于此者。康《武功》极意求简，望之瞠乎后矣。康为作序，亦极称之。今观文笔，较康实觉简净。惟《总志》于古迹中，入唐诗数首，为芜杂耳。

康氏、韩氏，皆能文之士，而不解史学，又欲求异于人，故其为书，不情至此，作者所不屑道也。然康氏犹存时人修志规模，故以志法绳之，疵谬百出。韩氏则更不可以为志，直是一编无韵之《韩邑赋》，又是一篇强分门类之《朝邑考》，入于六朝小书短记之中，如《陈留风俗》、《洛阳伽蓝》诸传记，不以史家正例求之，未始不可通也。故余于《武功》、《朝邑》二家之志，以《朝邑》为稍优。然《朝邑志》之疵病虽少，而程济从建文事，滥采野史，不考事实，一谬也。并选举于人物，而举人进士不载科年，二谬也。书其父事，称韩家君名，至今人不知其父何名。列女有韩太宜人张氏，自系邦靖尊属，但使人至今不知为何人之妻？何人之母？古人临文不讳，或谓司马迁讳其父谈为同，然《滑稽传》有"谈言微中"，不讳谈字，恐讳名之说未确，就使讳之，而自叙家世，必实著其父名，所以使后人有所考也。今邦靖讳其父，而使人不知为谁，称其尊属为太宜人，而使人不知为谁之妻母，则是没其先人行事，欲求加人而反损矣，三谬也。

至于篇卷之名，古人以竹简为篇，简策不胜，则别自为编，识以甲乙，便稽核耳。后人以缯帛成卷，较竹简所载为多，故以篇为文之起讫，而卷则概以轴之所胜为量，篇有义理，而卷无义理故也。近代则纸册写书，较之卷轴，可增倍蓰，题名为卷，不过存古名耳。如累纸不须别自为册，则分篇者毋庸更分卷数，为其本自无义理也。

今《武功》、《朝邑》二志，其意嫌如俗纂之分门类，而括题俱以篇名，可谓得古人之似矣。《武功》用纸六十余番，一册足用，而必分七篇以为三卷，于义已无所取。《朝邑》用纸仅十余番，不足一册之用，而亦分七篇以为二卷，则何说也？或曰此乃末节，非关文义，何为屑屑较之。不知二家方以作者自命,此等篇题名目,犹且不达古人之意,则其一笔一削,希风前哲,不自度德量力,概可知矣!

书《吴郡志》后

范成大《吴郡志》五十卷,分篇三十有九:曰沿革,曰分野,曰户口税租,曰土贡,曰风俗,曰城郭,曰学校,曰营寨,曰官宇,曰仓库,而场务附焉。曰坊市,曰古迹,曰封爵,曰牧守,曰题名,曰官吏,曰祠庙,曰园亭,曰山,曰虎丘,曰桥梁,曰川,曰水利,曰人物,而列女附焉,曰进士题名,曰土物,曰宫观,曰府郭寺,曰郊外寺,曰县记,曰冢墓,曰仙事,曰浮屠,曰方技,曰奇事,曰异闻,曰考证,曰杂咏,曰杂志。篇首有绍定二年汴人赵汝谈叙,言:"石湖志成,守具木欲刻。时有求附某事于籍而弗得者,哗曰:'是书非石湖笔也。'守莫敢刻,遂藏学宫。绍定初元,广德李侯寿朋以尚书郎出守。其先度支公嘉言,石湖客也,谒学问故,惊曰:'是书犹未刊耶?'他日拜石湖祠,从其家求遗书,校学本无少异。而书止绍熙三年。其后大建置,如百万仓,嘉定新邑,许浦水军,顾径移屯等类皆未载。于是会校官汪泰亨与文学士杂议,用褚少孙例,增所阙遗,订其误伪,而不自别为续焉。"又曰"石湖在时,与郡士龚颐、滕成、周南厚三人数咨焉;而龚荐所闻于公尤多,异论由是作。益公碑公墓,载所为书,篇目可考"云云。其为人所推重如此。今学者论宋人方志,亦推罗氏《新安志》与范氏《吴郡志》为称首,无异辞矣。

余谛审之,文笔亦自清简,后世方志庸猥之习,彼时未开,编次亦尔雅洁。又其体制详郡而略县,自沿革、城池、职官、题名之属,皆有郡而无县。县记二卷,则但记官署,间及署中亭台,或取题石记文,而无其名姓,体参差不一律,此则当日志例,与近日府志之合州县志而成者,迥不相同。余别有专篇讨论其事,此固可无论也。

第他事详郡略县,称其体例可也;沿革有郡无县,则眉目不分矣。宜其以平江路府冒吴郡之旧称,冠全志而不知其谬也;且沿革叙入宋代,则云:“开宝元年,吴越王改中吴军为平江军,太平兴国三年,钱俶纳土。”考史,是时改苏州矣。而志文不著改州,下突接云:“政和三年,升苏州为平江府。”上无苏州之文,忽入升州为府,文指亦不明矣。通体采摭史籍及诗文说部编辑而成,仍注所出于本条下,是足为纂类之法,却非著作体也;风俗多摭吴下诗话,间亦考订方音,是矣。徐祐辈九老之会,章岵辈耆英之会,皆当日偶为盛事,不当入风俗也;学校在四卷,县记在三十七八卷,县治官宇,既入县记,而学校兼志府县之学,是未出县名而先有学矣。坊市不附城郭,而附官宇,亦失其伦。提点刑狱司,提举常平盐茶司题名,不入牧守题名本类,而附见官宇之后,亦非法度;提点刑狱题名,皆大书名姓于上,而分注出身与来去年月于下;提举常平盐茶,皆大书官阶名姓于上,而分注任事年月于下,亦于体例未画一也;牧守载有名人,而题名反著于后,是倒置矣;官吏不载品制员额,而但取有可传者,亦为疏略;功曹掾属,与令长相间杂次,亦嫌令长之名,在县记之先也；古迹与祠庙、官宇、园亭、冢墓、宫观、寺、山川等，颇相混乱。别出虎丘一门于山之外，不解类例牵连详略互注之法，则触手皆荆棘矣；人物不自撰著，裁节史传，亦纂类之例也。依次编为八卷，不用标目分类，尚为大雅。然如张、顾大族，代有闻人，自宜聚族为篇；一族之中，又以代次可也。乃忽分忽合，时代亦复间有颠倒，不如诸、陆之萃合一编，前后不乱，岂今本讹错非范反之原次欤？仙事、浮屠、方技，亦人物之支流，纵欲严其分别，亦当次于人物之后，别其题品可也。今于人物之后，间以进士题名、土物、宫观、府郭寺、郊外寺、县记、冢墓，凡十二卷后，忽出仙事以下三门，遂使物典人事，淆杂不清，可谓扰而不精之甚者矣！土物搜罗极博，证事亦佳，但干将、莫邪、属镂之剑，吴鸿、扈稽之钩，传记所载一时神物，亦复难以尽信，今概入之土物，非其类矣。奇事一卷，异闻三卷，细勘实无分别，考证疏而不至于陋。诗赋杂文，既注各类之下，又取无类可归者，别为杂咏一门，虽所收不恶，亦颇嫌漫漶无当也。

每见近人修志，识力不能裁断，而又贪奇嗜琐，不忍割爱，则于卷末编为杂志，或曰余编；盖缘全志分门，如布算子，无复别识心裁，故于事类有难附者，辄为此卷，以作蛇龙之菹，甚无谓也。

今观范氏《志》末，亦为《杂志》，则前辈已先导之。其实所载，皆有门类可归，惜范氏析例之不精也。其五十卷中，官名地号之称谓非法，人氏名号之信笔乱填，盖宋人诗话家风，大变史文格律，其无当于方志专家，史官绳尺，不待言矣。其所以为世所称，则以石湖贤而有文，又贵显于当时，而剪裁笔削，虽不合于史法，亦视近日猥滥庸妄一流，固为矫出，得名亦不偶然也。然以是为方志之佳，则不确矣。

书《姑苏志》后

王鏊《姑苏志》六十卷，首郡邑沿革，次古今守令，次科第，皆为之表。次沿革，次分野，次疆域，次山，次水，次水利，次风俗，次户口，次土产，次田赋，次城池，次坊巷，次乡都，次桥梁，次官署，次学校，次兵防，次仓场，次驿递，次坛庙，次寺观，次第宅，次园池，次古迹，次冢墓，次吴世家，附封爵氏族。次平乱，次宦绩，次人物，而人物之中，分名臣、忠义、孝友、儒林、文学、卓行、隐逸、荐举、艺术、杂技、游寓、列女、释老，凡一十三类，殿以纪异杂事，而卷次多寡，不以篇目为齐。名宦分卷为六，人物中之名臣，分卷为十，而忠义与孝友合为一卷，儒林与文学合为一卷，仓场与驿递合为一卷，如此等类，不一而足。总六十卷，亦约略纸幅多寡为之，无义例也。

《苏志》名义不一，即范氏成大以苏州为《吴郡志》，已失其理，而前人惟讥王氏不当以《苏州府志》为《姑苏志》，所谓贵耳而贱目也。然郡县志乘，古今卒鲜善本，如范氏、王氏之书，虽非史家所取，究于流俗恶烂之中，犹为矫出。今本《苏州府志》之可取者多，亦缘所因之故籍足采撷也。然有荒谬无理，不直一笑，虽末流胥吏，略解文簿款式，断不出于是者，如发端之三表是也。

表一曰郡邑沿革,以府县为郡邑,其谬不待言矣。表以州国郡军府路为目,但有统部州郡而无县邑,无论体例不当,即其自标郡邑名目,岂不相矛盾耶?且职官有知县,而沿革无县名,不识知县等官何所附耶?尤可异者,表之为体,纵横以分经纬,盖有同年月而异地,或同世次而异支,所谓同经异纬,参差不齐,非寻常行墨所能清析,故藉纵横经纬以分别之。如《守令表》,必以郡之守丞判录,县之令丞簿尉,横列为经;而以朝代年月,纵标为纬。后人欲稽莅任年月,由纵标而得其时世;由横列而知某守某令某丞某录,或先或后,或在同时,披表如指掌也。假有事出先后,必不同时,则无难列款而书,断无经纬作表之理。表以州国郡军府路分格,夫州则苏州也,国则吴国也,郡则吴郡也,军府路则平江路府也,此皆一苏州府地,先后沿革之名。称吴国时并无苏州,称苏州时并无吴郡,称吴郡时并无平江路府,既无同时异出参差难齐之数,则按款罗列,阅者自知。今乃纵横列表,忽上忽下,毫无义例,是徒乱人耳目;胥吏文簿,不如是颠倒也。古守令表,以太守、都尉权摄分格;夫太守都尉,固有同官年月,至于权摄,犹今之署印官也。有守即无权守,有尉即无摄尉;权摄官与本官,断无同时互见之理,则亦必无纵横列表之法。今分列格目,虚占篇幅,又胥吏之所不为也。职官列表,当以时制定名;守令之表,当题府县官表,以后贯前可也。今云古守令表,于文义固无碍矣,至于今守令表,则今乃指时制而言也,仍以守令称明之知府知县,名实之谬,又不待言矣。府官但列知府,而削同知以下;县官

但列知县，而削丞簿之属，此何说也？又表有经纬，经纬之法，所谓比其类而合之，乃是使不类者从其类也。故类之与表，势不两立。表则不能为类，类则无所用表，亦胥吏之所通晓也。科第之表，分上中下，以古今异制，简编繁重，画时代以分卷可也。其体自宜旁书属籍为经，上书乡会科年为纬。举人进士，皆科第也，今乃以科第为名，而又分举人进士列为二表，是分类之法，非比类也。且第进士者，必先得举人；今以进士居前，举人列后，是于事为例置，而观者耳目且为所乱，又胥吏所不为也。凡此谬戾，如王氏鏊，号为通人，未必出其所撰，大抵暗于史裁，又浸渍于文人习气，以表无文义可观，不复措意，听一时无识之流，妄为编辑，而不知其贻笑识者，至如是也。故曰："文人不可与修志也。"

至于官署建置，亭台楼阁，所列前人碑记序跋，仍其原文可也。志文序述，创建重修，一篇之中，忽称为州，忽称为郡，多仍范《志》原文，不知范《志》不足法也。按宋自政和五年以前，名为苏州，政和五年以后，名为平江路府，终宋之世，无吴郡名。范《志》标题既谬，则志文法度，等于自郐无讥，王氏不知改易，所谓谬也。

又叙自古兵革之事，列为平乱一门，亦不得其解也。山川田赋，坊巷风俗，户驿兵仓，皆数典之目；宦迹流寓，人物列女，皆传述之体。平乱名篇，既不类于书志数典，亦不等于列传标人，自当别议记载，务得伦序；否则全志皆当改如记事本末，乃不致于不类之讥。然此惟精史例者始能辨之，尚非所责于此志也。其余文字小疵，编摩偶舛，则更不足深求矣。《苏志》为世盛称,是以不得不辨,非故事苛求,好撼先哲也。

书《滦志》后

家存《滦志》四帙,板刻模糊,脱落颠倒,不可卒读,盖乾隆四十七年,主讲永平,故滦州知州安岳蔡君薰欲属余撰辑州志,因取旧志视余,即其本也。

按《明史·艺文志》有陈士元《滦州志》十一卷。陈字养吾,湖广应城人,嘉靖甲辰进士,历滦州知州,有盛名,著述甚富,多见《明志》,而史不列传。《应城县志》,有传而无书目,然县人士至今犹侈言之。余少侨应城,求其所著,一无所见。闻前知县江浦金嶒,尽取其家藏稿以去,意甚惜之。今此志尚称陈君原本,康熙中,知州侯绍岐依例续补,虽十一卷之次,不可复寻,而门类义例,无所改易。篇首不知何人撰序,有云:"昔宦中州会青螺郭公,议修《许州志》。公曰:海内志书,李沧溟《青州志》第一,其次即为《滦志》。"似指陈君原本而言。其书与人,均为当世盛称,是以侯君率由而不敢议更张也。今观其书,矫诬迂怪,颇染明中叶人不读书而好奇习气,文理至此,竟不复可言矣。陈君以博赡称,而《滦志》庸妄若此,其他著述,不知更何如也。而郭青螺氏又如此妄赞,不可解矣。

其书分四篇:一曰《世编》,二曰《疆里》,三曰《壤则》,四曰《建置》。《世编》用编年体,仿《春秋》书法,实为妄诞不根。篇首大书云:"帝喾氏建九州,我冀分。"传云"书者何?

志始也"云云。以考九州分域,又大书云:"黄帝逐荤粥。"传云:"书荤粥何? 我边郡也。"又大书云:"周武王十有三祀,夷、齐饿死于首阳,封召公奭于燕,我燕分。"此皆陈氏原编,怪妄不直一笑。《春秋》鲁国之书,臣子措辞,义有内外,故称鲁为我,非特别于他国之君。且鲁史既以国名,则书中自不便于书国为鲁,文法宜然,非有他也。郡县之世,天下统于一尊,珥笔为州县志者,孰非朝廷臣子,何我之有? 至于公、穀传经,出于经师授受,隐微之旨,难以遽喻,则假问答而阐明之,非史例也。

州县之志,出于一手撰述,非有前人隐义,待己阐明,而自书自解,自问自答,既非优伶演剧,何为作独对之酬酢乎? 且刘氏《史通》,尝论《晋纪》及《汉晋春秋》,力诋前人摩拟,无端称我,与假设问答,俱在所斥。陈氏号为通博,独未之窥乎? 国史且然,况州县志乎! 周武王十有三祀,文尤纰缪。殷祀周年,两不相蒙。《洪范》为箕子陈畴,书法变例,非正称也。陈氏为夷、齐之故,而改年称祀,其下与封召公,同蒙其文,岂将以召公为殷人乎? 且夷、齐不食周粟,饿死首阳,盖言不受禄而穷饿以死,非绝粒殉命之谓也。大书识其年岁,不傎甚乎? 即此数端,尚待窥其余乎?

其《世编》分目为三:一曰前代,二曰我朝,三曰中兴。其称我朝者,终于世宗嘉靖二十八年;其题中兴者,断始嘉靖二十九年,实亦不得其解。《疆里》之目有六:曰域界,曰理制,曰山水,曰胜概,曰风俗,曰往迹。《壤则》之目有七:曰户口,曰田赋,曰盐法,曰物产,曰马政,曰兵政,曰驿传。

《建置》之目十一：曰城池，曰署廨，曰儒学、曰仓库，曰铺舍，曰街市，曰坊牌，曰楼阁，曰桥渡，曰秩祀，曰寺观。而官师人物，科目选举，俱在编年之内。官师则大书年月，某官某人来任，其人有可称者，即仿《左传》之例，注其行实于下，科目则曰，某贡于学，某举于乡，某中某榜进士，其有可称者，亦同官师之例，无则阙之。孝义节烈之得旌者，书于受旌之日。而闇修之儒，能文之士，不由科目，与夫节孝之妇，贞淑之女，偶不及旌，则无入志之例矣。

尤有异者，侯君续陈之《志》于明万历四十七年，大书我太祖高皇帝天命四年己未，分注前明年号于下。复大书冯运泰中庄际昌榜进士；又书知州林运聚来任。夫前明疆宇，未入我朝版图，国朝史笔，于书明事不关于正朔者，并不斥去天启、崇祯年号。藉曰臣子之义，内本朝而外前明，则既书天命年号于上，事之在前明者，必当加明字以别之，庶使阅者知所主客，是亦一定理也。今冯运泰乃明之进士，林应聚乃明之知州，隶于本朝年号之下，又无明字以为之区别，是直以明之进士知州，为本朝之科第职官，不亦诬乎！

至《滦志》标题，亦甚庸妄，滦乃水名，州亦以水得名耳。今去州字而称《滦志》，则阅题签者，疑为滦水志矣。然明《艺文志》以陈士元撰为《滦州志》，则题删州字，或侯绍岐之所为，要以全书观之，此等尚属细事，不足责也。

书《灵寿县志》后

书有以人重者，重其人而略其书可也；文有意善而辞不逮者,重其意而略其辞可也。平湖陆氏陇其,理学名儒,何可轻议?然不甚深于史学,所撰《灵寿县志》,立意甚善,然不甚解于文理。则重陆之为人,而取作志之本意可也。重其人,因重其书,以谓志家之所矜式,则耳食矣!

余按陆氏《灵寿县志》十卷,一曰《地理》,纪事方音附焉,二曰《建置》,三曰《祀典》,四曰《灾祥》,五曰《物产》,六曰《田赋》,七曰《官师》,八曰《人物》,《人物》之中,又分《后妃》、《名臣》、《仕绩》、《孝义》、《隐逸》、《列女》,九《选举》,十《艺文》。而《田赋》、《艺文》,分上下卷,《祀典》、《灾祥》、《物产》均合于一,则所分卷数,亦无义例者也。其书大率简略,而《田赋》独详,可谓知所重矣。叙例皆云:"土瘠民贫,居官者不可纷更聚敛,土著者不可侈靡争竞。"尤为仁人恺悌之言。全书大率以是为作书之旨,其用心真不愧于古循良吏矣。篇末以己所陈请于上,有所兴废于其县者,及与县人傅维云往复论修志凡例终编。其兴废条议,固切实有用;其论修志例,则迂错而无当矣。余惧世人徇名而忘其实也,不得不辨析于后。

如篇首《地理》,附以方音可也,附以纪事,谬矣!纪事,乃前代大事,关灵寿者,编年而书,是于一县之中,如史之有本纪者也。纪事可附地理,则《舜典》可附于《禹贡》,而历史本纪可入地理志矣。书事贵于简而有法,似此依附,简则简矣,岂可以为法乎?《建置》之篇,删去坊表,而云所重在人,不在于坊,其说则迂诞也。人莫重于孔子,人之无藉书志以详,亦莫如孔子;以为所重有在,而志削其文,则阙里之志可焚毁矣。坊表之所重在人,犹学校之所重在道也;官署之所重在政也,城池之所重在守也;以为别有所重而不载,是学校、官廨、城池皆可削去,《建置》一志,直可省其目矣。寺观删而不载,以谓辟邪崇正,亦迂而无当也。《春秋》重兴作,凡不当作而作者,莫不详书,所以示鉴戒也。如陆氏说,则但须削去其文,以为辟邪崇正,千百载后,谁复知其为邪而辟之耶?况寺观之中,金石可考,逸文流传,可求古事,不当削者一也。僧道之官,定于国家制度,所居必有其地,所领必有其徒,不当削者二也。水旱之有祈祷,灾荒之有振济,弃婴之有收养,先贤祠墓之有香火,地方官吏多择寺观以为公所,多遴僧道以为典守,于事大有所赖,往往见于章奏文移,未尝害于治体,是寺观僧道之类,昔人以崇异端,近日以助官事,正使周、孔复生,因势利导,必有所以区处,未必皆执人其人而庐其居也。陆氏以削而不载,示其卫道,何所见之隘乎?《官师》、《选举》,止详本朝,谓法旧志,断自明初之意,则尤谬矣。旧志不能博考前代,而以明初为断,已是旧志之陋;然彼固未尝取其有者而弃之也。今陆氏明见旧志而删其名姓,其无理不待辨矣。自古诸侯不祖天子,大夫不祖诸侯,理势然也。方志诸家,于前代帝王后妃,但当著其出处,不可列为人物,此说前人亦屡议之;而其说讫不能定,其实列人物者谬也。姑无论理势当否,试问人物之例,统载古今,方志既以前代帝王后妃列于人物,则修《京兆志》者,当以本朝帝后入人物矣,此不问而知其不可,则陆志人物之首后妃,殊为不谨严也。

至于篇末，与傅维云议，其初不过所见有偏，及往复再辨，而强辞不准于情理矣。其自云："名臣言行，如乐毅、曹彬，章章于正史者，止存其略。"维云则谓："三代以上圣贤，事已见经籍者，史迁仍入《史记》。史迁所叙孝武前事，班固仍入《汉书》，不以他见而遂略。前人史传文集，荒僻小县，人罕尽见，艺文中如乐毅《报燕王书》，韩维《僖祖庙议》，不当刊削。"其说是也。陆氏乃云："春秋人物，莫大于孔子，文章亦莫过于孔子，《左传》于孔子之事，不如叔向、子产之详，于孔子之文，不如叔向、子产之多。相鲁适楚，删书正乐，事之章章于万世者，曾不一见。《孝经》、《论语》、《文言》、《系辞》昭昭于万世者，曾不一见，以孔子万世圣人，不必沾沾称述于一书，所以尊孔子也。"此则非陆氏之本意，因穷于措辨，故为大言，以气盖人，而不顾其理之安，依然诋毁阳明习气矣。

《左传》乃裁取国史为之，所记皆事之关国家者，义与《春秋》相为经纬。子产、叔向，贤而有文，又当国最久，故晋、郑之事，多涉二人言行，非故详也，关一国之政也。孔子不遇于时，惟相定公为郏谷之会，齐人来归汶阳之田，是与国事相关，何尝不详载乎？其奔走四方，与设教洙、泗，事与国政无关。左氏编年附经，其体径直，非如后史纪传之体，可以特著《道学》、《儒林》、《文苑》等传，曲折而书，因人加重者也。虽欲独详孔子，其道无由，岂曰以是尊孔子哉？至谓《孝经》、《论语》、《文言》、《系辞》不入《左传》，亦为左氏之尊孔子，其曲谬与前说略同，毋庸更辨。第如其所说，以不载为尊，则《帝典》之载尧、舜，谟、贡之载大禹，是史臣不尊尧、舜、禹也。二南正雅之歌咏文、武，是诗人不尊周先王也。孔子删述《诗》《书》，是孔子不尊二帝三王也，其说尚可通乎？且动以孔子为拟，尤学究压人故习。试问陆氏修志初心，其视乐毅、曹彬、韩维诸人，岂谓足以当孔子耶？

又引太史公《管晏传赞》有云："吾读《管子》《牧民》《山高》《乘马》《轻重》《九府》及《晏子春秋》，其书世多有之，是以不论。"可见世所有者，不必详也。此说稍近理矣。然亦不知司马氏之微意，盖重在轶事，故为是言。且诸子著书，亦不能尽裁入传，韩非载其《说难》，又岂因其书为世所有而不载耶？文入史传，与入方志艺文，其事又异；史传本记事之文，故裁取须严，而方志艺文，虽为俗例，滥入诗文，然其法既宽，自可裁优而入选也。必欲两全而无遗憾，余别有义例，此不复详。